Im Frühjahr 1945 wirkten sie als Statisten im letzten Kapitel des untergehenden Nazi-Reiches mit. Sie waren Teil einer «Kinderarmee», Hitlers letztem Aufgebot. In einem «Reichsausbildungslager» (RAL) der Hitlerjugend im südmährischen Bad Luhatschowitz waren die 16- und 17-Jährigen in Schnelllehrgängen zu Soldaten geschliffen worden, zusammen mit über 1000 Gleichaltrigen. Anschließend kassierte die Waffen-SS die Kindersoldaten und verheizte sie in einem Krieg, der zu diesem Zeitpunkt längst verloren war. Es ist das bislang kaum erzählte letzte Kapitel des Zweiten Weltkriegs. Im September 1944 ordnete die NS-Führung, ihr nahes Ende vor Augen, die «Erfassung aller Männer zwischen 16 und 60 Jahren» an. Erzogen treu im Glauben an Führer und Vaterland, folgten Tausende diesem Aufruf. In Wahrheit waren diese Kinder jedoch weder «wehrfähig», geschweige denn «Männer». Acht ihrer Geschichten werden in diesem Buch erzählt.

Harald Stutte ist Historiker, Journalist und Autor. Er wurde mit dem Reportagepreis der Vereinigung Deutscher Reisejournalisten ausgezeichnet. Er lebt und arbeitet in Hamburg.
Günter Lucks, Jahrgang 1928, war nach einer Ausbildung bei der Post bis zur Rente in der Druckerei und bei der Poststelle des Axel Springer Verlags beschäftigt. Eine Einladung der Bundeswehr in Gründung, ihr als Offizier beizutreten, hatte er abgelehnt.
Beide Autoren gemeinsam haben 2010 bei Rowohlt den Band «Ich war Hitlers letztes Aufgebot. Meine Erlebnisse als SS-Kindersoldat» publiziert.

Harald Stutte | Günter Lucks

Hitlers vergessene Kinderarmee

Rowohlt Taschenbuch Verlag

Originalausgabe
Veröffentlicht im Rowohlt Taschenbuch Verlag,
Reinbek bei Hamburg, Februar 2014
Copyright © 2014 by Rowohlt Verlag GmbH,
Reinbek bei Hamburg
Lektorat Frank Strickstrock
Umschlaggestaltung ZERO Werbeagentur, München
(Umschlagabbildung: Getty Images / Hulton Archives / John Florea;
bpk / Benno Wundshammer)
Satz aus der Adobe Garamond Pro (InDesign)
bei Pinkuin Satz und Datentechnik, Berlin
Druck und Bindung CPI books GmbH, Leck
Printed in Germany
ISBN 978 3 499 63025 5

3. Auflage Mai 2014

Inhalt

Vorwort 7

Ein Schuh am Dorfteich 13
Auf Spurensuche in Tschechien und Österreich

Der Soldat-Darsteller 42
*Willi Witte: Plötzlich saß Göring im
Lager-Theatersaal*

Ein langer Marsch zurück nach Hause 70
*Günter Dullni: Tausend Kilometer zu Fuß
durch ein geschlagenes Land*

Gefangen auf der «Brücke von Remagen» 97
*Peter Hatzsch: Als Sklavenarbeiter im
Rostower Kohlerevier*

Der Sound der freien Welt 122
*Karl-Heinz Gülland: Gefangenschaft mit
Dolce Vita am Adriastrand*

Kein einziger Schuss «für Führer und Vaterland» 146
Berthold Meier: Der gerade Weg eines Unpolitischen

Das Kainsmal am Oberarm 168
Günter Lucks: Die Verführungen der Ideologien

Der Tag, an dem das Lachen starb 195
Gottfried Heinrich: Gefoltert von Amerikanern

Der Tod im Nacken 226
Heinz Schütze: Im «Wachschlaf» die Lager überlebt

Das letzte Aufgebot der Waffen-SS 249
Zwei Runen und ein Schrecken, der nie verebbte

Ein Treffen in Leipzig 272

Danksagung 279

Bildnachweis 281

Vorwort

Kindersoldaten sind nach der Definition von UNICEF, Terre des hommes und Amnesty International «alle Kämpfer und deren Helfer, die unter 18 Jahre alt sind». Deutschland setzte im 2. Weltkrieg, besonders am Ende, massiv auf den Einsatz von Kindersoldaten. In ihrer Lage der militärischen Ausweglosigkeit war die NS-Führung bereit, die Jugend und damit Deutschlands Zukunft auf dem Schlachtfeld zu opfern.

Der deutsche Publizist Günter Gaus (und nicht der ehemalige Kanzler Helmut Kohl, der ihn in anderem Zusammenhang übernahm) prägte einst den schönen Satz von der «Gnade der späten Geburt». Und beschrieb damit das Glück seiner Generation, des Jahrgangs 1929, zu spät geboren zu sein, um noch im Dienste der NS-Herrscher im Krieg verheizt worden zu sein. Übersehen wurde dabei, dass diese Gnade nur einem Teil dieser Generation zuteil wurde. Denn schätzungsweise 60 000 Jugendliche im Alter zwischen 15 und 17 Jahren, der von 1927 bis 1929 geborenen Jungen also, fielen allein in den Kämpfen der letzten Kriegswochen. Überwiegend waren sie von Herbst 1944 bis Kriegsende Mai 1945 einberufen worden.

Die Militarisierung der Jüngsten begann im nationalsozialistischen Deutschland früh, wurde aber erst mit der Ausrufung des «totalen Krieges» nach der Niederlage von Stalingrad Anfang 1943 für die Jugend zum tödlichen Ernst. Bis zu 200 000 Jungen der Jahrgänge 1926 und 1927 – der damals 15- und 16-Jährigen also, später kam noch der Jahrgang 1928 hinzu – wurden im Reich als Luftwaffen- und Marinehelfer eingesetzt, einer früheren Idee des Reichsluftfahrtministeriums aus dem Jahr 1942 folgend. Vor allem als Luftwaffenhelfer (LWH) sollten sie die deutschen Städte vor den alliierten Bombenattacken schützen, weil die zuvor in den Fliegerabwehrstellungen dienenden Männer an der Front gebraucht wurden. Der Einsatz der Schüler und Teilzeit-Kanoniere erfolgte überwiegend in unmittelbarer Umgebung ihrer Schulstandorte oder Heimatorte, nur teilweise wurden sie kaserniert, überwiegend konnten sie zu Hause wohnen. Sie waren allerdings keine Soldaten, wurden auch nicht vereidigt, trugen aber Uniformen.

Doch schon bald wurden auch reguläre Verbände jugendlicher Kämpfer gebildet. Nach einer Idee des Reichsjugendführers Artur Axmann, der dem «Führer» zum Geburtstag eine militärische Einheit aus Hitlerjungen «schenken» wollte, wurde im Juli 1943 auf Freiwilligen-Basis die Panzerdivision «Hitlerjugend» aufgestellt. Anderen Quellen zufolge geht der Plan, eine nur aus Jugendlichen zusammengesetzte SS-Division zu bilden, auf eine Idee des SS-Gruppenführers Gottlob Berger zurück, die sein Chef, Reichsführer SS Heinrich Himmler, begeistert aufgriff. Dabei soll Himmler von Zustand und Motivation der deutschen Jugend gar nicht viel gehalten haben. In einem internen Schreiben an Martin Bormann, den Chef der Reichskanzlei, beschwerte sich Himmler über die «körperliche Verfassung» der Jugend, die «im Durchschnitt schlechter als vor dem Krieg» sei. Himmler: «Die körperliche und rassische Auslese ließ von vorne herein einen nicht unerheblichen Prozentsatz (40 Prozent) für die Werbung ausscheiden.»

Zudem machte es diese Generation, obwohl sie im Nationalsozialismus aufgewachsen, sozialisiert und durch ihn indoktriniert worden war, den Werbern schwer. So beklagte Himmler die «geistige Haltung (sei) schlecht. Unverkennbare Einflüsse durch das Elternhaus, Kirche usw. machen sich bemerkbar ...» So kam es immer wieder vor, dass «die Gemusterten weinten und sich andererseits freuten, wenn sie nicht kV (kriegsverwendungsfähig) geschrieben werden konnten.»

Die im Juli 1943 aus 16- bis 18-jährigen Hitlerjungen gebildete «Jugendarmee» wurde zunächst in Belgien stationiert und später in 12. SS-Panzer-Division «Hitlerjugend» umbenannt. Im Juni 1944 wurde die Division in Caen in der Normandie in ihre «Feuertaufe» geschickt. Die von den Alliierten «Babydivision» genannte Truppe erlitt schon nach kurzer Zeit mit 4000 Toten enorme Verluste. Als sie im Herbst 1944 kämpfend auf das Reichsgebiet zurückwich, hatte sich ihre Mannschaftsstärke bereits halbiert.

Für den Historiker Peter Lieb war das der «am stärksten nationalsozialistisch indoktrinierte Verband der gesamten deutschen Streitkräfte».

Nach den schweren Verlusten des Jahres 1944 forcierte die NS-Führung die Bemühungen, den Jahrgang 1928, also die 16-Jährigen, für den Dienst in Waffen-SS und Wehrmacht zu gewinnen – immer noch auf der Basis von Freiwilligkeit. Doch der Druck auf die jungen Menschen war enorm, regelmäßig traten NSDAP-Funktionäre und Offiziere der Wehrmacht und der SS vor den Jugendlichen auf. Vor teilweise bizarrem Hintergrund: So berichtete Adolf Roos aus dem unterfränkischen Esselbach, in der Turnhalle der Kreisstadt Marktheidenfeld, in der sich der 15-Jährige im Juni 1944 anwerben ließ, habe ein überdimensionales Transparent mit folgendem Spruch gehangen: «Stalin jetzt wird's ranzig – es kommt der Jahrgang 28!» Ob durch solch plumpe Parolen oder durch den erhöhten Anwerbedruck – tatsächlich schaffte es die NS-Führung, dass sich bis Herbst 1944 70 Prozent des Jahrgangs 1928 freiwillig zum Kriegsdienst meldeten.

Am 25. September 1944 folgte der Erlass Hitlers zur Bildung des Volkssturms, das Prinzip Freiwilligkeit wurde aufgegeben. Die nunmehr 16-jährigen Jugendlichen des Jahrgangs 1928 galten ab sofort als «letzte Blutreserve», wie es in einem internen Schreiben der Partei-Kanzlei hieß. Ziel war es, aus diesem Jahrgang bis Ende März 1945 300 000 Kämpfer für Waffen-SS und Wehrmacht zu gewinnen. Hitler sagte am 8. Oktober 1944: «Die Jugend unserer nationalsozialistischen Bewegung hat an der Front und in der Heimat erfüllt, was die Nation von ihr erwartet. Vorbildlich haben eure Kriegsfreiwilligen in den Divisionen ‹Hitlerjugend›, ‹Großdeutschland›, in den Volksgrenadierdivisionen und als Einzelkämpfer in allen Wehrmachtsteilen ihre Treue, ihre Härte und ihren unerschütterlichen Siegeswillen durch die Tat bewiesen ...»

1945, das drohende Ende vor Augen, ging die NS-Führung noch einen Schritt weiter. Selbst die 14- und 15-Jährigen wurden bei HJ-Kampftrupps und den Panzerabwehr-Kommandos verheizt. In einem Aufruf des Reichsjugendführers Artur Axmann heißt es: «Ich weiß, dass der Jahrgang 1929 dem Jahrgang 1928 in seiner Entschlossenheit, für die Freiheit und eine glückliche Zukunft zu kämpfen, in nichts nachstehen wird. Der Feind steht in der Heimat und bedroht unmittelbar unser Leben. Bevor wir uns vernichten oder knechten lassen, wollen wir zäh und beharrlich bis zum endlichen Siege kämpfen.»

Anlässlich der Aufnahme des Geburtenjahrgangs 1935 in die Hitlerjugend erklärte Axmann am 26. März 1945: «Der Sinn der diesjährigen Verpflichtung liegt darin, die Jugend Adolf Hitlers muss das Zentrum des nationalen Widerstandes sein. Leidenschaftlich bekennt die Jugend, wir kapitulieren nie. Dieser Vernichtungskrieg lässt keine bürgerlichen Maßstäbe mehr zu ...» Mit der irrsinnigen Konsequenz, dass zwischen 1939 und 1945 an den Fronten des Krieges über eineinhalb Millionen junge Deutsche der Jahrgänge 1920 bis 1929, die das 19. Lebensjahr noch nicht erreicht hatten, ihr Leben ließen.

In diesem Buch schildern acht Betroffene ihre Erlebnisse als Kämpfer in «Hitlers vergessener Kinderarmee», in Gefangenschaft und in der Nachkriegszeit. Es ist die letzte, noch lebende und lange Zeit vergessene Generation von Kriegsteilnehmern, gedacht als Kanonenfutter und Auffüllreserve der Waffen-SS, die jetzt ihr Schweigen bricht.

Bemerkenswert ist, dass ausgerechnet jene Generation, die als «letzte Blutreserve» des Nazi-Reiches dem Untergang geweiht zu sein schien – die Jahrgänge 1928 und 1929 also –, später zu den maßgeblichen Trägern des deutschen Nachkriegsgeistes wurde. Walter Kempowski, Heiner Müller, Christa Wolf, Günter Gaus, Karlheinz Böhm, Hardy Krüger, Oswalt Kolle, der Entertainer Harald Juhnke, die Kirchentagsikone Dorothee Sölle, ja im erweiterten Sinne auch die Literaten Günter Grass und Martin Walser (beide Jahrgang 1927) – sie alle und noch mehr gehörten dieser «verlorenen Generation» an. Und prägten doch das vom Ungeist der NS-Ideologie sich befreiende Nachkriegsdeutschland maßgeblich.

Ein Schuh am Dorfteich
Auf Spurensuche in Tschechien und Österreich

Es gibt eine Region, da wirkt die Alpenrepublik Österreich so platt wie die Tafel eines riesigen Tisches. Das Weinviertel Niederösterreichs im nordöstlichen Winkel des Landes wird geprägt von den Niederungen der Flüsse Thaya, March, Donau und ähnelt über weite Strecken den waldlosen Tiefebenen der Magdeburger Börde oder Nordwestsachsens. Ihren Namen verdankt die Region der Tatsache, dass sich hier Mitteleuropas größtes Weinanbaugebiet befindet. Weniger bekannt sein dürfte, dass unter dem fruchtbaren Lössboden Mitteleuropas größte Erdölvorkommen schlummern, die hier seit der ersten Hälfte des vorigen Jahrhunderts abgebaut werden.

Das Dreiländereck zwischen Tschechien, der Slowakei und Österreich ist eine von den Verkehrs-, Waren- und Touristenströmen bislang nur wenig frequentierte Region an der Peripherie der EU. In den 70er Jahren und im Schatten des Eisernen Vorhangs war es der vielleicht entlegenste Winkel der freien Welt. Gleich oberhalb der Kellergasse am Dorfrand der Grenzgemeinde Katzelsdorf begann der Ostblock – in Gestalt der mit Stacheldraht, beleuchteten Grenzstreifen und auf langen Holzbeinen thronenden

Wachtürmen gesicherten Staatsgrenze zur damals kommunistisch regierten Tschechoslowakei. Kellergassen heißen Wege in den Dörfern des Weinviertels, in denen sich ein unterirdischer Weinkeller an den anderen reiht – für Ortsfremde sehen sie aus wie normale Wohnhäuser, auch wenn die großen Holztore eher an Garageneinfahrten erinnern.

Für den hier aufgewachsenen Gerhard Hofmeister war hinter Katzelsdorf schlicht die Welt zu Ende. Das Land hinter dem Stacheldraht schien so fern und unerreichbar wie der Mond. Manchmal warfen die Buben Dinge über den «Eisernen Vorhang», die man nicht mehr brauchte – ein paar alte Schuhe, einen kaputten Fußball oder die Mütze des Jungen, der stets geärgert wurde. Doch vor solchen Streichen warnten die Erwachsenen im Dorf stets, denn hinter der Grenze, da herrschte eine unbekannte, etwas unheimliche, ganz sicher aber unberechenbare Macht, vor der selbst die Eltern einen mit Angst gemischten Respekt pflegten. Dafür konnten sich die Kinder sicher sein, dass die Dinge, die über den Grenzzaun flogen, auf Nimmerwiedersehen verschwanden, ihr irdisches Dasein sich de facto auflöste. Ab und zu wagten die Buben einen Blick in diese fremde Welt, mit dem Fernglas beobachteten sie die tschechischen Soldaten auf den Hochständen, die nur unwesentlich älter waren als sie selbst. Oder die tschechischen Bauern auf ihren rückständig aussehenden Traktoren, die ihre Felder bestellten. Als Mutprobe galt, ein paar Schritte hinter die Grenzpfähle in Richtung Zaun zu laufen – und schnell wieder zurück.

An einem milden Maitag des Jahres 1980 beobachtete der damals zwölfjährige Gerhard mit seinem zweieinhalb Jahre jüngeren Bruder Michael Arbeiter bei Ausschachtungsarbeiten an der «Lacke». Kleine Auffangteiche für das alljährliche Abfischen sollten so entstehen. Denn die «Lacke», das ist ein fußballfeldgroßer Dorfteich, der von einem zweiten ebenfalls fußballfeldgroßen Dorfteich nur durch einen schmalen Damm getrennt wird. Beim alljährlichen Abfischen im Herbst wird die «Lacke» durch Aufbrechen des Damms einfach abgelassen, die Fische können dann mit Köchern «geerntet» werden.

Als die Arbeiten in der Mittagszeit ruhten, spielten die Kinder in der freigelegten Grube – und stießen im morastigen Untergrund auf einen schwarzen Schuh, einem groben Arbeitsschuh ähnlich. Die Schuhspitze ragte etwas aus der Erde. Die Neugier packte sie, wer träumt in diesem Alter nicht von Schätzen, ungelösten Kriminalfällen, verschwiegenen Räuberverstecken?

Ein eiskalter Schauer bemächtigte sich ihrer, als sie die Schuhspitze nach oben klappten und sich ihnen ein Zehenknochen entgegenstreckte. Beim weiteren Graben stießen sie auf einen zweiten Schuh. Beim Versuch, diesen aus der Erde zu ziehen, entdeckten sie einen mächtigen Knochen, der im Schuh mündete, umhüllt von vermoderten, schmutzig grauen Stofffetzen. Viel Phantasie war nicht nötig, um sich auszumalen, dass es sich nur um menschliche Gebeine handeln konnte. Als Michael auf eine Schädeldecke stieß, gab es keinen Zweifel mehr daran, dass hier ein toter Mensch lag. Gerhard Hofmeister war sich in diesem Moment sicher, einem Kriminalfall auf die Spur gekommen zu sein. In seiner Phantasie sah er bereits die künftigen Schlagzeilen: «Mord in Katzelsdorf». Die Kinder fanden in unmittelbarer Umgebung der menschlichen Überreste einen schmutzigen, aber noch intakten Füller, eine Silbermünze im Wert von fünf Reichsmark aus dem Jahr 1940, darauf abgebildet die Potsdamer Garnisonkirche. Weiter eine verrostete Mundharmonika und eine blecherne Erkennungsmarke. Die damals neunjährige Hedwig Kreuzwegerer, die mit ihrem Fahrrad die Stelle passierte, erinnert sich auch an einen Goldzahn, der im Kiefer des Schädels steckte.

Sie alarmierten die Bauarbeiter. Und ab sofort ruhten die Baggerarbeiten. Die Kinder wurden umgehend von der Grabungsstelle ferngehalten. Katzelsdorf, die Gemeinde im Schatten des Eisernen Vorhangs an der Peripherie der freien Welt, hatte für Tage ein Dorfgespräch. Und ganz allmählich kehrten bei den älteren Katzelsdorfern die Erinnerungen an eine Zeit zurück, über die zuvor im Dorf wenig oder gar nicht gesprochen worden war. Die Spuren, auf die die Buben da gestoßen waren, führten über 35 Jahre in die letzten Tage des 2. Weltkriegs zurück. Denn das beschauliche Niederösterreich, das den Krieg bis zum April 1945 relativ unbeschadet im «toten Winkel» der großen europäischen

1) Einschusslöcher in der Giebelmauer eines Weinkellers in Altlichtenwarth: Gerhard Hofmeister auf den Spuren der letzten Kriegswochen.

Tragödie überstanden hatte, war damals für zwei Wochen zu einem heftig umkämpften Schauplatz im Todeskampf des untergehenden «Dritten Reiches» geworden.

Gepackt von Schauder und Neugier, begann Gerhard Hofmeister zu forschen. Denn das, was er mit seinem Fund angestoßen hatte, war nicht zu vergleichen mit dem langweiligen Pauken historischer Jahreszahlen im Geschichtsunterricht der Volksschule. Das war Geschichte, ausgeschmückt mit Geschichten, Schicksalen und Tragödien. Augenzeugen erzählten ihm, dass der junge Mann, dessen Gebeine die Jungen gefunden hatten, im April 1945, also kurz vor Ende des Krieges, in Katzelsdorf erschossen worden war. Mit einem Schuss in die Stirn, wie die Jungen anhand des Schädels bereits rekonstruiert hatten. Damals hatten in der Region heftige Kämpfe mit der Roten Armee getobt, die, mit großer Geschwindigkeit einer Feuerwalze gleich aus der südöstlich angrenzenden Slowakei kommend, Niederösterreich überrollte.

Es waren jedoch nicht Sowjetsoldaten, die das Leben dieses jungen Deutschen ausgelöscht hatten. Er war zusammen mit zwei weiteren Kameraden erschossen worden, weil er, die Sinnlosigkeit dieses Krieges vor Augen, auf seine innere Stimme gehört hatte. Und die hatte wohl einfach nur Heimweh und war kriegsmüde. Für die letzten Fanatiker in Hitlers Armee war dieser Mann ein Deserteur. Heute weiß Gerhard Hofmeister, dass der junge Mann, dessen Soldatenmarke sie am Hals fanden, Reinhold Götze hieß und aus Dresden stammte. Noch zu Zeiten der Teilung Europas nahm Hofmeister zu der in der damaligen DDR lebenden Witwe des erschossenen Soldaten Kontakt auf. Die alte Frau, die längst wieder verheiratet war, war gerührt, endlich über das Schicksal ihres als verschollen geltenden einstigen Lebensgefährten Auskunft zu erhalten. Erst jüngst hat Gerhard Hofmeister erfahren, dass ein weiterer der am Dorfteich erschossenen Soldaten Albrecht Manys hieß und am Tag seiner Hinrichtung 18 Jahre jung war.

Katzelsdorf, Anfang April 1945. Noch war es ruhig in Niederösterreich. Nur aus der Ferne, aus den Westkarpaten, die am östlichen Horizont das slowakische Kernland säumen, war ein tiefes Grollen zu hören, einem Gewitter ähnlich. Mit jedem Tag schwoll dieses Grollen an, gelegentlich unterbrochen von Stunden oder gar Tagen der Ruhe, bevor es umso heftiger wieder einsetzte und davon kündete, dass das unvermeidliche Ende des «1000-jährigen Reiches» bevorstand. Der Krieg sollte da nur noch einen Monat dauern. Am 7. April hatten die sowjetischen Truppen bei Hohenau, heute direkt im tschechisch-slowakisch-österreichischen Ländereck gelegen, die March überquert. Eine Woche später fiel Hohenau. Ein Triumph für die sowjetischen Strategen, denn vor ihnen lag das an Bergen und Wäldern arme Weinviertel, kaum ein natürliches Hindernis blockierte den Weg nach Wien, Prag oder Pilsen. Gleichzeitig eine schier unlösbare Aufgabe für die Verteidiger, die sich in dieser baum- und hügellosen Landschaft der sowjetischen Walze entgegenstellten. Es war die Zeit, in der sich der Hauptstoß der Roten Armee in Mitteleuropa von der Oder kommend auf Berlin konzentrierte. Hier in Niederösterreich, einem Nebenkriegsschauplatz, schickten die bereits arg dezimierten deutschen und verbündeten Verbände auch Kindersoldaten in die Schlacht, 15- bis 16-jährige Knaben, die man eben noch in Schnelllehrgängen im mährischen Bad Luhatschowitz das Einmaleins des Kriegshandwerks gelehrt hatte – schießen, ducken, laufen. Das hatte sie aber längst nicht zu vollwertigen Soldaten werden lassen. Großspurig hatte man diese Knaben dennoch der Waffen-SS eingegliedert, als Teil der «Kampfgruppe Böhmen und Mähren» der SS-Panzergrenadierdivision «Hitlerjugend». Einst war der Waffen-SS der Ruf als Hitlers soldatische Elite vorausgeeilt, nun aber, 1945, war sie längst zu einem Auffangbecken von Hilfssoldaten geworden – mit Halbwüchsigen und ausländischen Überläufern.

In jenen Apriltagen 1945 spielte die damals zehnjährige «Anni» Anna Hofmeister mit ihren Freundinnen auf der Straße, es waren die ersten warmen Tage nach einem hier in Niederösterreich oft harten, eisigen und langen Winter. Sie scherzte mit den Soldaten, die nur ein paar Jahre älter waren als sie und die seit Tagen im Dorf aus und ein gingen. Die Soldaten waren freundlich, sprachen fremde deutsche Dialekte, sächsisch zum Beispiel, die Kinder fanden das lustig. Die Jungen in den viel zu großen Uniformen bedienten sich aus den reichlichen Weinvorräten, die die Dorfbewohner seit Generationen in ihren Kellern lagerten. Die Keller befinden sich in der Regel acht bis 30 Meter unter der Erde, wo Sommer wie Winter stets dieselbe Temperatur herrscht, etwa elf Grad.

Doch an einem dieser Apriltage kamen der kleinen Anni und ihren Freundinnen Soldaten entgegen, die sahen weder freundlich noch beschwipst aus, sondern ernst. Drei unbewaffnete Soldaten wurden von zwei anderen Uniformierten eskortiert. Die Begleitsoldaten trugen je ein von einer großen Kette gehaltenes Metallschild um den Hals, einem Latz ähnlich. «Feldgendarmerie» stand darauf, wie die Kinder lasen. Die Uniformen der eskortierten Soldaten hatte man ihrer Hoheitszeichen beraubt, sie selbst trugen keine Waffen und schauten zu Tode betrübt drein. «Wo geht ihr denn hin?», fragte eines der Mädchen. «Zum Sterben», antwortete eine tränenerstickte Knabenstimme, unterbrochen vom Befehlston eines Feldgendarmen: «Halt's Maul!»

Anschließend schickten die grimmig dreinblickenden Bewacher, im Volksmund wurden diese Militärpolizisten «Kettenhunde» genannt, die Kinder barsch von der Straße. «Macht, dass ihr wegkommt. Na wird's bald.» Die Kinder rannten nach Hause, spürten sie doch, dass da etwas Schreckliches vor sich ging. Sie erzählten ihren Eltern, was sie soeben gesehen hatten. Die Straßen leerten sich, die Katzelsdorfer waren keine Helden. Zudem war es nicht die Angst vor den eigenen Leuten, die wie ein drohendes Unwetter über dem Dorf lag, sondern vor dem, was da aus Richtung Osten auf sie zu rollte.

Im Wein liegt Wahrheit, und manchmal ist die Wahrheit ganz simpel: zum Beispiel, dass Jugendliche in den Uniformen einer Armee, die einen begonnenen Krieg längst verloren hat, nur Angst haben und nach Hause wollen. Vielleicht lag es am «Grünen Veltliner» und am «Welschriesling», dem die jungen Soldaten so reichlich zusprachen, dass immer mehr der jungen Soldaten verschwanden. Sie zogen ihre Uniformen aus, warfen die viel zu großen Helme in die Weinberge, beschafften sich bei den Bauern Zivilklamotten und ergriffen über Nacht die Flucht. «Was machen wir hier eigentlich?», war eine der meistgestellten Fragen unter den Teenagern, erinnert sich der Hamburger Günter Lucks. Der damals 16-jährige Lucks war Teil dieser Kinderarmee, die es nach Niederösterreich verschlagen hatte. «Unter uns gab es keinen, der fanatisch an den Endsieg glaubte», so Lucks. Die SS-Offiziere brüllten: «Die Russen da drüben sind ein feiger Haufen. Ihre Mäntel haben sie mit Stricken zusammengebunden, sie wollen nur Beute machen und laufen beim ersten Schuss panikartig davon.» Doch solche Versuche, in den angsterfüllten Kindern den Kampfgeist zu wecken, verpufften wirkungslos. Ohne Feindberührung schmolz die Kampfstärke der «Kampfgruppe Böhmen und Mähren» wie Eis in der Frühlingssonne. Ein großer Teil der jungen Männer hatte wohl längst begriffen, dass sie Schachfiguren, Bauernopfer in einem Vernichtungskrieg waren. Und dass es sich nicht mehr um die Geländespiele der Hitlerjugend handelte, nach denen man im Zweifel die Sachen packen und nach Hause gehen konnte.

An jenem Morgen hatten die Feldjäger in Katzelsdorf fünf Heimkehrwillige erwischt. Zwei von ihnen hatten sich in einem letzten verzweifelten Versuch noch losreißen können und waren in einer der verwinkelten Hohlgassen des Dorfes verschwunden. Dafür sollten die drei Aufgegriffenen die ganze Härte des deutschen Standgerichts zu spüren bekommen – auch wenn die Feldjäger geahnt haben mussten, dass der Krieg nur noch Tage dauern konnte. Auf dem Damm zwischen den Dorfteichen mussten sich die Delinquenten hinknien. Katzelsdorfer erzählten später, eines der Opfer habe auf Knien noch um Gnade gefleht – dann seien die Schüsse gefallen. Erstmals in diesem Krieg, der fast schon ausgestanden war, hielten die Katzelsdorfer für einen Moment den Atem an. Der damals zwölfjährige Eduard Hofmeister sah später in unmittelbarer Nähe des Hofes seiner Großeltern einen Leiterwagen stehen, darauf lagen die Leichen toter junger Soldaten.

Es waren nicht die ersten Kriegstoten im Weinviertel. Der damals neunjährige Heinrich Rebel aus dem Katzelsdorfer Nachbarort Altlichtenwarth beobachtete im Frühjahr 1945 aus einem Versteck, wie der polnische Zwangsarbeiter Ladislaus an einem Kirschbaum am Silberberg kurz hinter der Kellergasse gehängt wurde. Alle im Dorf kannten Ladislaus, der im Kaufhaus Pribizier als Verkäufer arbeitete. Ihm wurde zur Last gelegt, ein Verhältnis mit einer Altlichtenwartherin gehabt zu haben. Heinrich Rebel hat bis heute nicht vergessen, wie er das Genick seines polnischen Freundes aus seinem Versteck in fünfzig Metern Entfernung knacken hörte. Der Frieden im Weinviertel war nur ein schöner Schein.

Szenenwechsel: Hundert Kilometer nordöstlich von Katzelsdorf, der mährische Kurort Lázně Luhačovice an einem sonnigen Morgen im Spätsommer 2012. Von der mit bunten Sommerblumen durchwebten Waldwiese in einer Lichtung inmitten der dichten mährischen Mischwälder aus gesehen, bietet das kleine Städtchen im Tal den Anblick eines Postkartenidylls. Harmonisch schmiegen sich elegante Gründerzeitvillen an einen sanften Hang, der den Ort im Nordwesten begrenzt. Ihre versetzte Lage ist kein Zufall, denn so werden die Terrassen der Häuser von morgens an bis weit in die Nachmittage hinein von der Sonne beschienen. Ein kleiner Bach, die Stavnice, durchschneidet den Ort, von kleinen Brücken überspannt. Etwas weiter östlich im Zentrum Lázně Luhačovices strahlt seit über hundert Jahren das imperiale Palace-Hotel Noblesse aus, markiert selbstbewusst das Herz des kleinen Ortes rund um den zentral gelegenen «Platz des 28. Oktober», benannt nach dem Gründungstag der Tschechoslowakei 1918 aus der Erbmasse der untergegangenen Donaumonarchie Österreich-Ungarn.

Vor 68 Jahren – um die Jahreswende 1944/45, der 2. Weltkrieg näherte sich dem Ende – ist Bad Luhatschowitz zum Schicksal dieser jugendlichen Soldaten geworden, die später in Niederösterreich ihr Leben ließen, in Gefangenschaft gerieten oder mit viel Glück entkamen. Denn hier begann ihre Odyssee. Damals sah es in Bad Luhatschowitz ähnlich friedlich aus wie heute, zumindest auf den ersten Blick. Die Jugendstilvillen säumten auch damals schon das Tal an der überwiegend gefrorenen Stavnice, der Krieg hatte diesen Ort bis zu jenem Zeitpunkt verschont. Nur wer genau hinhörte, der konnte aus Richtung Südwesten, wo

2) Blick auf den tschechischen Kurort Lázně Luhačovice; im Hintergrund vor dem Wald das Palace-Hotel.

jenseits der slowakischen Grenze die Karpaten beginnen, jenes leise Grollen der unaufhaltsam näher rückenden Front vernehmen, das allmählich ein anderes Grollen ablöste – den im Herbst 1944 niedergeschlagenen Aufstand gegen das Regime von Jozef Tiso, des slowakischen Verbündeten Hitler-Deutschlands.

Im Ort wurde damals viel deutsch gesprochen. Tausende Jugendliche aus dem gesamten Reichsgebiet hatte man hier zusammengezogen. Bereits nach der Zerschlagung der Tschechoslowakei, der Einverleibung der überwiegend von Deutschen besiedelten Gebiete und der Besetzungen des tschechischen Teils durch die deutsche Wehrmacht war

Bad Luhatschowitz im Herbst 1944 de facto von der Hitlerjugend übernommen worden. In einem sogenannten Reichsausbildungslager (RAL) sollte der Unterführernachwuchs herangezüchtet werden. Damals wimmelte es in der nur etwa 5000 Einwohner zählenden Kleinstadt von uniformierten Kindern und Jugendlichen. Im großen Palasthotel waren der Stab und auch einige Einheiten untergebracht. Die prächtigen Jugendstilvillen, zumeist gebaut in der Zeit der österreichisch-ungarischen Doppelmonarchie, waren beschlagnahmt worden. Die Eigentümer mussten sich nach Ersatzunterkünften umsehen. Das sorgte natürlich für Frustration und Wut unter den Bewohnern des Kurortes, das Verhältnis zu den Besatzern und den jugendlichen Gästen war entsprechend gespannt.

Der damals 16-jährige Günter Lucks aus Hamburg, der zuvor ein Jahr lang in Brünn gewohnt hatte und sehr gut tschechisch sprach, erinnert sich an keine Kontakte zu Einheimischen – außer man war auf der Suche nach etwas Tauschbarem. Eines Tages sprachen ihn zwei Tschechen an, in einem wienerisch gefärbten Deutsch. Sie boten ihm einige Schachteln Zigaretten an, begehrte Vorkriegsware mit der Aufschrift «Österreichische Tabaksregie!», garantiert von guter Qualität. Doch er hatte kein Geld. Und während er überlegte, wie man anderweitig ins Geschäft kommen konnte, hörte er die beiden Männer auf Tschechisch tuscheln. «Hlupák» (Blödmann) verstand er, womit ganz sicher er gemeint war, dem könnte man doch etwas «zum

Pusten» («něco za foukat») abknöpfen. Sie reagierten beinahe panisch, als Lucks sie fragte: «Za střelitne vid?» (Meint ihr etwas zum Schießen?) Schleunigst suchten sie das Weite. Vermutlich waren es Schieber, die den tschechischen Untergrund mit Waffen versorgten.

Bad Luhatschowitz begegnete den jungen deutschen Besatzern unterkühlt bis frostig, und das nicht nur der winterlichen Temperaturen wegen. Das empfand auch Willi Witte aus Westerland auf Sylt so, der damals, ebenfalls 16-jährig, im Ort ausgebildet wurde: «Die jungen Tschechen verhielten sich uns gegenüber absolut distanziert. Wir hätten natürlich gerne mal mit den hübschen Mädchen geflirtet. Aber die waren uns gegenüber eiskalt. Nicht einmal die zehn- oder zwölfjährige Tochter unserer Hauswirtin ließ sich ansprechen.» Dem damals 15-jährigen Karl-Heinz Gülland aus dem nordthüringischen Kyffhäuserkreis ist vor allem die Eiseskälte des mährischen Winters in Erinnerung geblieben: «Es war ein eisiger Januar, ich hatte mir den linken Fuß erfroren ...» Jeden Tag mussten sie im tiefen Schnee durch die umliegenden Wälder laufen, robben, springen, «abends hatten wir nasse Klamotten, die in der Nacht stocksteif froren, da unsere Unterkünfte nicht beheizt wurden».

Abgesehen von den Strapazen der jugendlichen «Soldaten-Azubis» glich Bad Luhatschowitz damals einer Insel der Ruhe inmitten einer aus dem Ruder gelaufenen Welt. Der Ort lag im sogenannten «Reichsprotektorat», einem vom Deutschen Reich direkt verwalteten und regierten Landstrich, der nach der Zerschlagung der Tschechoslowakei übrig geblieben war. Warum die Leitung der Hitlerjugend sich bei der Suche nach einem geeigneten Ort für ein sogenanntes «Reichsausbildungslager» (abgekürzt RAL) ausgerechnet für Bad Luhatschowitz entschied, ist nicht dokumentiert. Vermutlich spielte aber eine Rolle, dass die Jugendlichen hier sehr weit weg von daheim waren, was die Gefahr bannte, dass sich jemand, von Heimweh übermannt, spontan zur Heimreise entschloss. Nicht nur die Distanz war ein Handicap, auch hätte sich der Heimkehrer ohne Sprachkenntnisse durchschlagen müssen, in einem nicht gerade freundlich gesinnten Umfeld. Zudem war von Vorteil, dass in Bad Luhatschowitz keine Bombenattacken drohten, weil die Alliierten die tschechische Zivilbevölkerung, die ja auch NS-Opfer war, schonte.

Die Einrichtung der «Reichsausbildungslager» geht auf eine Idee des Reichsjugendführers Artur Axmann zurück, der am 20. März 1941 das erste Lager dieser Art im anhaltinischen Dessau besuchte. Ziel war es, Hitlerjungen, also Jugendliche und Kinder, für den gehobenen militärischen Dienst auszubilden. «Lehrgang für Wehrertüchtigung» nannte Axmann das im Erlass I J 2160 vom 22. Mai 1942. «Betrieben wurden die über das Reich verstreuten Lager zunächst von Reichsjugendführung und Wehrmacht», wie der Historiker Dr. René Rohrkamp erklärt. «Später übernahm die Waffen-SS die Kontrolle der Reichsausbildungslager.

Dort wurden die Unterführerbewerber von SS-Ausbildern betreut», so Rohrkamp. Die Verschiebung der Machtverhältnisse hatte auch etwas mit dem Attentat auf Hitler von 1944 zu tun, in dessen Folge der Reichsführer SS, Heinrich Himmler, Chef des Ersatzheeres wurde. Rohrkamp: «Mit der Kontrolle über die Reichsausbildungslager hatte die SS direkten Zugriff auf den Nachwuchs und begann, frisches Personal in die Waffen-SS zu holen – in alter Konkurrenz zur Wehrmacht.»

Das RAL Bad Luhatschowitz wurde im Dezember 1944 gegründet. In einem «Führererlass» vom 25. September 1944 hieß es, alle «waffenfähigen Männer im Alter von 16 bis 60 Jahren» hätten den Heimatboden zu verteidigen. Erzogen im Glauben an Führer und Vaterland, folgten Tausende diesem Aufruf. Doch in Wahrheit waren diese Kinder weder «waffenfähig», noch waren es «Männer». In Schnelllehrgängen wurden sie auf den Krieg vorbereitet. In Bad Luhatschowitz entschied sich das Schicksal Tausender Jugendlicher. Zwischen dem 8. Dezember 1944 und 5. März 1945 wurden in den drei Lehrgängen des neu eingerichteten RAL 7/35, so die offizielle Bezeichnung des Reichsausbildungslagers, rund 1400 junge Männer zu Soldaten gedrillt.

Hier begann ihre Odyssee, die in den meisten Fällen direkt in den Krieg führte, in den Kämpfen um die Reichshauptstadt, im Osten Österreichs oder auf dem Balkan gegen Titos Partisanen. Wer nach Bad Luhatschowitz geschickt wurde, war eigentlich für eine «Karriere» als «Unterführer des Heeres» vorbestimmt. Doch in den letzten Kriegswochen spielte das keine Rolle mehr.

Der eigentliche «Lageralltag» spielte sich im Ort ab – zwischen den Villen, die den Jugendlichen als Quartiere dienten, und dem Palace-Hotel, wo die Schulungsräume eingerichtet worden waren. In diesen Schulungsräumen wurden die Jugendlichen an den Vormittagen unterrichtet. Nach dem Mittagessen schlossen sich Übungen im Gelände an, der militärische Teil des Tages begann. Es wurde marschiert, gerannt, gerobbt, gesprungen, sich versteckt, angegriffen, sich verteidigt. Das alles glich den Geländespielen, die die Jungen von Jungvolk und Hitlerjugend kannten, als mit Fahrtenmessern die Armbinden der jeweiligen Gegnermannschaft erobert werden mussten.

Die Jugendlichen, denen ursprünglich nach Beendigung des Kurzlehrgangs die vorübergehende Heimkehr versprochen worden war, wurden kurz entschlossen an die näher rückende Front abkommandiert – kassiert als Auffüllreserve der Waffen-SS. Als leicht zu begeisterndes Kanonenfutter. Man steckte sie in Uniformen, die, falls überhaupt vollständig, oft zu groß waren. Nur einem Teil der Jungen wurde das Blutgruppenzeichen in den linken Oberarm tätowiert – untrügliches Zeichen der Zugehörigkeit zur Waffen-SS. Wer von den Jugendlichen das verräterische Zeichen aufwies, musste später den ganzen Hass der Sieger fürchten. Der Preis, den Hitlers Kinderarmee bezahlte, war immens. In militärischen Belangen vollends unerfahren, zudem hin-

und hergerissen zwischen jugendlichem Fanatismus und Todesangst, entrichtete sie einen enorm hohen Blutzoll. Wer den Krieg überlebte, schlug sich allein in Richtung Heimat durch oder begab sich direkt in Gefangenschaft. Gerieten die Jugendlichen in die Hände tschechischer Partisanen, drohte ihnen kurzer Prozess, sobald ihre SS-Mitgliedschaft herauskam. Wer nicht das Glück hatte, aufgrund seines jugendlichen Aussehens von den Russen direkt nach Hause geschickt zu werden, auf den wartete eine lange, quälende Gefangenschaft mit körperlicher Schwerstarbeit, Krankheit, Schikanen durch die Sieger und vielen Entbehrungen.

Viele der jungen Menschen ließen es gar nicht erst so weit kommen, sondern desertierten. Sie organisierten sich zivile Sachen, strebten heimwärts – und landeten zu oft, wie der schaurige Fund in Niederösterreich verdeutlicht, in den Händen der Feldpolizei.

Zurück ins niederösterreichische Katzelsdorf: Für die Katzelsdorfer waren die Schüsse der Exekution im April 1945 die Vorboten einer schweren Zeit. In den folgenden Tagen kam es im Weinviertel zu schweren, verlustreichen Kämpfen. Vor allem im Nachbarort der Katzelsdorfer, in der damals etwa 1200 Einwohner zählenden Gemeinde Altlichtenwarth, gab es blutige, sich über mehrere Tage hinziehende Kämpfe. So stand am 17. April 1945 Eduard Hofmeister auf dem Weinberg, der ans elterliche Wohnhaus grenzt, welches damals wie heute auf der höchsten Katzelsdorfer Erhebung liegt. Ihm bot sich wie stets ein weiter Blick über die Ebene des Weinviertels, lediglich aufgehalten von den damals noch zahlreichen Bohrtürmen zur Erdölförderung sowie dem Hutsaulberg im sechs Kilometer entfernten Altlichtenwarth. Trotz seiner bescheidenen 274 Meter bildet der Altlichtenwarther Hutsaulberg einen der wenigen geographischen Orientierungspunkte in dieser Region. Genau dort sah der junge Eduard Granaten einschlagen, er hörte es knallen, krachen, donnern, sah Lichtblitze und Leuchtspurmunition wie Sternschnuppen durch die Dämmerung eilen. Aus dem östlich beziehungsweise südöstlich gelegenen Rabensburg und Hohenau kommend, hatten die Russen Altlichtenwarth am 17. April überrollt.

Franz Huber aus Großkrut, Ende März 1945 wurde er gerade 16, entzog sich mit einer spektakulären Flucht dem Militärdienst. Mitte März musste er sich in der Kleinstadt Laa an der Thaya melden. Binnen Tagen lernte er im Park außerhalb Laas schießen – das Bedienen des Karabiners 98 –, musste mit Gasmaske durchs Gelände robben. Die Jungen wurden in Zelten untergebracht. Sie wurden von SS-Leuten ausgebildet, von denen ihm einer besonders unangenehm in Erinnerung blieb, weil er brutal und rücksichtslos war. Der Mann hatte im Krieg eine Hand verloren. Hubers Freund Hans Schöberl ließ während der Schießausbildung die Bemerkung fallen: «Dieser SS-Ausbilder ist der Erste, der sich von mir eine Kugel einfängt ...» Dummerweise hörte das ein Kamerad, der es sofort meldete. Schöberl wurde eingesperrt; vielleicht war dies der letzte Anstoß, der Franz Huber klarmachte, dass er bei dieser Truppe nichts zu suchen hatte. Denn immer wieder wurde die Parole bekräftigt: «Wir kämpfen bis zum letzten Mann. Es gibt kein Zurück!» Am Tag vor dem angekündigten Kampfeinsatz verließ Franz Huber zusammen mit drei Freunden aus Großkrut heimlich Laa; Uniformen und Waffen ließen sie im Zelt zurück. Sie liefen die ganze Nacht entlang der Bahngleise, mieden aber Ortschaften. Sie wussten, dass ihnen die Hinrichtung drohte, falls sie erwischt würden. Einmal sahen sie in der Ferne deutsche Soldaten, die mit Leuchtspurgeschossen herumballerten. Franz Huber ist überzeugt, dass diese Jagd ihnen galt. Drei Wochen lang versteckten sie sich in Kellern und Erdbunkern, die von den Leuten des Weinviertels weiter im Westen am Warthberg angelegt worden waren. Nachts organisierten sie sich Essen. Sie überlebten und entkamen, weil sie ihre Heimat gut kannten.

Viele zum Militärdienst gezwungene Einheimische desertierten. So auch der damals 16-jährige Franz Koller aus Altlichtenwarth. Nach einem militärischen Grundlehrgang hatte er auch im April 1945 seinen Meldebefehl in die nächstgelegene Stadt, Laa an der Thaya, erhalten, dem er auch gefolgt war. «Doch ich sah, wie unsere Truppe jeden Tag kleiner wurde. Ich sah zwei Kameraden, die saßen rauchend im Fenster ihrer Unterkunft. Sekunden später sah ich sie aus dem Fenster springen – und weg waren sie. Sie liefen einfach nach Hause», erinnert sich der alte Mann.

3) Er nutzte seine Ortskenntnis, um dem sinnlosen Opfern von Kindern zu entgehen: Franz Koller aus Altlichtenwarth.

Von den ursprünglich 55 Kameraden seines Zuges waren am nächsten Morgen nur noch 28 da. Zusammen mit seinem Freund Leopold Antony machte auch Koller sich auf den Weg, warf unterwegs Feldbluse und Helm weg, viel mehr an Uniformstücken war ohnehin nicht mehr verteilt worden.

Daheim in Altlichtenwarth versteckten seine Eltern den Fahnenflüchtigen im Stall. «So richtig bewusst war uns nicht, was wir da taten», sagte er. An Standgericht und Todesstrafe dachte niemand. Umso erstaunter war man, als am nächsten Morgen die Feldjäger vor der Tür standen. Er hörte ihre mahnenden Stimmen und stand zu diesem Zeitpunkt Todesängste aus.

Kollers Eltern wurde in aller Deutlichkeit gesagt, dass man Franz 24 Stunden Zeit gebe, sich zurück beim Zug zu melden – sonst drohe auch ihm das Standgericht. Die Eltern zogen sich mit Franz zusammen in den privaten Weinkeller außerhalb des eigenen Hauses zurück – wohin sonst in Niederösterreich? «Wir haben uns im Keller versteckt, sind da unten in die Betten gekrochen», erzählt er. Sie hatten Glück, denn am nächsten Tag räumten die Deutschen kampflos das Dorf, dem Druck der übermächtigen Russen nachgebend. «Ein russischer Soldat kam herunter, fuchtelte mit einer Pistole herum und riss uns, den im Keller sich schlafend stellenden Kindern, die Bettdecke weg», erinnert sich Koller. «Du Soldat!», schrien sie Koller an. Koller verneinte – und hatte aufgrund seines jugendlichen Aussehens Glück.

Heinrich Rebel aus Altlichtenwarth erinnert sich, dass am Altlichtenwarther Leberberg ein deutscher Tigerpanzer eingegraben war, der in Richtung Hausbrunn im Osten schoss. Kaum hatten die Russen Altlichtenwarth erreicht, beobachtete Rebel, wie der Panzer seine Stellung verließ und in Richtung Großkruth im Westen fuhr, unterwegs zündete die Besatzung zur Ablenkung noch einen Bauernhof an. Am Ortsausgang im Westen Altlichtenwarths stand eine 8,8-cm-Flak, sie schoss ein sowjetisches Flugzeug ab.

Zudem wurden die sowjetischen Angreifer mit Mörserbeschuss empfangen. Es war eine kleine Schlacht, die da um Altlichtenwarth tobte. Auf den Straßen sah Rebel viele tote Soldaten und Pferde liegen. Er sah, wie drei Russen eine Frau aufhielten, zwei umklammerten sie, ein dritter verging sich an ihr.

Vielen Dorfbewohnern erging es schlecht. Es kam zu Übergriffen, Vergewaltigungen, mindestens vier Bewohner starben. Auch Rebel harrte zusammen mit seinen Eltern im Weinkeller aus, bis die Deutschen am 18. April den Ort zurückeroberten. «Ein Wehrmachtssoldat mit Maschinenpistole kam in unseren Keller», erinnert sich Rebel. «Plötzlich bekam eine Frau, vermutlich mit Familiennamen Binder, die in Wien ausgebombt worden und nach Altlichtenwarth geflüchtet war, große Augen. Sie erkannte in dem Soldaten ihren 17-jährigen Sohn. Sie sagte: ‹Franzi, du bist es, lass das gehen, das bringt nichts mehr, zieh dich um und bleib da, es hat keinen Sinn mehr, wir geben dir Zivilkleidung.› Doch der Junge sagte: ‹Mutter, das kann ich nicht›, und verließ den Keller wieder. Er soll bei den Kämpfen um Altlichtenwarth gefallen sein.»

Weil die Wehrmachtsverbände des Hauptmanns Otto Hafner mit den sowjetischen Verbänden, die sich in den einzelnen Häusern verschanzt hatten, allein nicht fertig wurden, schickte ihm die Waffen-SS Hilfe – in Form der in Bad Luhatschowitz ausgebildeten Kindersoldaten. «Es waren Buben, blasse Kindergesichter, die Feldblusen viel zu groß. Ihre dünnen Finger verschwanden unter zu langen Ärmeln, die schmalen Gesichter unter zu großen Stahlhelmen», beschreibt Hafner sie in seinen Erinnerungen. Es waren die ersten Absolventen des mährischen Reichsausbildungslagers, die hier in Altlichtenwarth ihre Feuertaufe erhalten sollten – ein blutig endendes Unterfangen für die 15- und 16-Jährigen. «Wir treten den Russen in den Arsch», hörte Anni Hofmeister damals diese uniformierten Teenager auf dem Weg an die «Front» tönen, viele von ihnen vom Grünen Veltiner und vom Welschriesling in einen Dauerrausch versetzt. Anni Hofmeister sollte etliche der Jungen Tage später wiedersehen, mit verweinten Gesichtern und von ihren Erlebnissen gezeichnet. Andere überlebten ihren ersten Einsatz nicht. 59 deutsche Soldaten kostete allein die kurze Rückeroberung Altlichtenwarths das Leben. Auch 27 tote Sowjetsoldaten blieben im Dorf zurück, die tatsächliche Opferzahl der Russen mag um einiges höher gewesen sein. Heute noch spricht man von schrecklichen Dingen, zu denen sich die Sowjetsoldaten im eroberten Dorf hinreißen ließen. Der Hamburger Günter Lucks, damals einer der jugendlichen SS-Leute, erinnert sich mit Schrecken an die Bilder, die sich ihm boten. Viele Frauen waren vergewaltigt worden, er sah einen toten Russen, der lag kopfüber in einem Schmalztopf.

Am Ausgang des Krieges änderte die kurzzeitige Rückkehr der Deutschen nach Altlichtenwarth natürlich nichts. Zwei Tage später, an Hitlers 55. Geburtstag, überrollten die

Russen Altlichtenwarth erneut und dieses Mal endgültig. Auf einen Deutschen kamen am Ende fünf sowjetische Soldaten. Die etwa 1200 Bewohner des Ortes, geprägt von ihren ersten Erfahrungen mit den Siegern, verließen den Ort zusammen mit den deutschen Soldaten. Unter den Flüchtenden war auch die Familie von Heinrich Rebel. Er erinnert sich: «Wir waren gerade außerhalb der Ortschaft, in den ‹Hollern›. Unter den Flüchtigen war auch eine Mutter mit ihrem Sohn, der noch die Wehrmachtsuniform trug. Beide stammten aus Altlichtenwarth. Der Soldat, Karl Parrer, Jahrgang 1922, hatte seine Ausrüstung bis auf die Uniform zu Hause zurückgelassen. Plötzlich kam ein deutsches Motorradgespann den Feldweg entlanggefahren. Der Fahrer sah den Soldaten, blieb stehen, ging auf ihn zu und zog seine Pistole. Er schlug ihn rechts und links mit der Pistole ins Gesicht. Karl Parrer musste sich aufs Motorrad setzen und mitfahren. Der Vater sah das und wollte mit seinem Gehstock eingreifen, doch das Motorrad fuhr in Richtung Laa an der Thaya davon. Die Eltern erfuhren später, dass ihr Sohn bei Dürrnholz erschossen worden ist.» In einem Gutshof bei Dollersheim 130 Kilometer westlich harrten sie aus, hoffend, der Hass der Sieger möge verfliegen. Nach drei Wochen kehrten sie in den Ort zurück, nur 50 Bewohner waren im Ort verblieben, 43 Häuser waren zerschossen. Jene, die ausharrten, berichteten abermals von schrecklichen Geschehnissen. Die jungen Soldaten hatten aus Stellungen in zwei Dachböden in der Poysdorferstraße in Großkrut mit einem Maschinengewehr und Karabinern den sowjetischen Angreifern arg zugesetzt. Den Russen, die diesen Nachbarort von Altlichtenwarth von zwei Seiten aus in die Zange nahmen, liefen einige der Verteidiger dann direkt in die Arme. An den jugendlichen Soldaten, die nicht sofort von ihnen erschlagen wurden, statuierten die Sowjetsoldaten grausame Exempel. Einer wurde an den mit Spitzen versehenen metallenen Vorgartenzaun eines Hauses in der Poysdorferstraße gebunden. Anwohner vernahmen stundenlang das Wimmern des Jugendlichen, dem irgendwann in der Nacht die Zunge herausgeschnitten wurde. Erst am nächsten Morgen erschlugen ihn sowjetische Soldatinnen.

Ein Augenzeuge, der in der oberen Warendorferstraße lebte, berichtete, dass am Nachmittag des 20. April wie verrückt an die Haustür gehämmert wurde. Als er öffnete, zerrten russische Soldaten einen der jungen SS-Soldaten in die Küche des Hauses. Das im Haus lebende Ehepaar musste dabei bleiben. Dem deutschen Soldaten wurde auf einem Schemel ein Platz neben dem Ofen zugewiesen. Die Hausbewohner durften nicht mit ihm sprechen, trotzdem sagte der junge Bursche, nicht älter als 15 oder 16 Jahre, an die Hausherren gerichtet: «Hier komme ich nicht mehr hinaus, aber ich habe einige mitgenommen. Die haben mich nur erwischt, weil ich keine Munition mehr hatte.» Der russische Bewacher schlug ihm daraufhin den Gewehrkolben ins Gesicht, dass das Blut nur so spritzte. Der Soldat fiel zu Boden, der Hausherr musste ihn aufheben, auf den Schemel setzen und halten. Die anderen Russen diskutierten inzwischen in der benachbarten Stube sehr heftig und laut. Nach einer Stunde wurde der Soldat aus der Küche geholt, in den Hof geführt und dort erschossen.

Katzelsdorf liegt heute nicht mehr im toten Winkel Europas. Die Grenze oberhalb des Dorfes ist durchlässig geworden, der kleine Grenzverkehr zwischen Österreich und Tschechien fließt stetig. Durch den Nachbarort Poysdorf entlang der B7 schiebt sich unablässig die Autokarawane in und aus Richtung Zollamt Drasenhofen. Manchmal nervt die neue Freiheit auch, vor allem, wenn sie zu Dauerstaus führt. 20 Minuten dauert normalerweise die Fahrt in die malerische tschechische Stadt Mikulov, berühmt für ihre beeindruckende, auf einem Berg oberhalb der Stadt gelegene Ordensburg. In Mikulov kann man günstig shoppen, essen, tanken, Sex kaufen. Wer heute im Grenzgebiet wohnt, ist schneller in Brünn oder Bratislava als in der österreichischen Hauptstadt Wien.

Auch Bad Luhatschowitz, tschechisch Lázně Luhačovice, hat Krieg und sozialistische Nachkriegszeit unbeschadet überstanden und erstrahlt heute in alter Schönheit. Doch anders als seine tschechischen Konkurrenten Karlsbad, Marienbad und Franzensbad wirkt der Ort ruhiger, friedlicher, etwas beschaulicher. «Historisch war Luhačovice nie so hektisch wie zum Beispiel Karlsbad. Karlsbad ist eine

Stadt. Luhačovice dagegen ist ein gemütliches und friedliches Tal mit grünen, im Herbst mit farbigen Wäldern und mit der berühmten ‹Märchenarchitektur› des slowakischen Architekten Dušan Jurkovič», schwärmt Milena Hrbáčová, die seit 37 Jahren in Lázně Luhačovice lebt und heute Kulturmanagerin im Ort ist. Der Ort hat Chancen, in die Liste des UNESCO-Weltkulturerbes aufgenommen zu werden, weil er noch über ein weitgehend unverfälschtes Ensemble des sogenannten «Volksjugendstils» verfügt – Farben, naturbelassene Ornamente an prächtigen Erkern und Giebeln sind seine Markenzeichen. Österreicher, Slowaken, Russen, vor allem aber Gäste aus allen Winkeln Tschechiens besuchen heute Lázně Luhačovice. Da, wo einst Grenzen Völker, Systeme, Ideologien teilten, wird heute Europa gelebt.

Der Soldat-Darsteller

*Willi Witte: Plötzlich saß Göring
im Lager-Theatersaal*

Einer dieser jugendlichen Soldaten, die der Krieg zunächst nach Tschechien, später nach Österreich verschlagen hatte, war Willi Witte, geboren in Westerland auf der Nordseeinsel Sylt, die schon im nationalsozialistischen Deutschland als Urlauberparadies der NS-Ferienorganisation «Kraft durch Freude» beliebt war. Anfang Dezember 1944 erhielt der 15-Jährige Behördenpost – es war die Einberufung in ein Reichsausbildungslager (RAL). Zusammen mit seinen Jugendfreunden Harald Koopmann und Harald Voigt sollte er sich am 8. Dezember um 9 Uhr auf dem Bahnhof in Hamburg-Altona einfinden. Dort wurden ihnen die neuen Bestimmungsorte mitgeteilt, eine mehrtägige Irrfahrt über Dresden, Bernsdorf in der Oberlausitz, Breslau und Hranice na Moravě (Mährisch Weißkirchen) schloss sich an. Am 18. Januar 1945 kamen sie schließlich im ebenfalls mährischen Kurort Bad Luhatschowitz an.

Nachdem sie ihre Quartiere in von den tschechischen Eigentümern geräumten Villen bezogen hatten, begann eine straffe militärische Ausbildung. Sie wurden bei Eis und Schnee durch das Gelände gescheucht, lernten das Schießen mit dem MG 42 und der Panzerfaust. Die bessere

Variante dieser berüchtigten Panzerbekämpfungswaffe war mit Gefechtskopf etwa 15 Kilo schwer und konnte Panzer auf bis zu 60 Meter Entfernung knacken. Besonders begeisterten sich die Jungen für das Schießen – noch schien alles ein unterhaltsames Spiel. Sie waren im Geiste des NS-Regimes erzogen, fast jeder von ihnen wäre blindlings in sein Verderben gerannt, wäre ein solcher Befehl als Dienst am Vaterland ergangen. In ihren jungen Jahren fühlten sie sich wie ihre Idole, Hitlerjunge Utz zum Beispiel, ein «Plakatheld», mit dem das Regime überall für den Dienst bei der Waffen-SS warb. Mit Panzerfaust bewaffnet, attackiert dieser Utz einen sowjetischen Panzer. Die Propaganda, Schule und Erziehung hatten ganze Arbeit geleistet. Die Jungen glaubten tatsächlich, sie könnten die Sowjetarmee zurück bis hinter die Wolga jagen.

Sie machten die Erfahrung, dass sich die gleichaltrigen Tschechen im Ort ihnen gegenüber kühl distanziert bis feindlich ablehnend verhielten. Am 8. März 1945 endete die Ausbildung im Lager. Versprochen worden war, dass die Jungen nun wieder nach Hause kämen. Doch welch Enttäuschung, als ein Bannführer der Hitlerjugend, Moritzen mit Namen, vor die versammelte Mannschaft trat und meldete, dass der Ausbildungslagerabschluss mit 1400 Hitlerjungen der SS übergeben werde. «Der Führer hat euch schon heute zu den Waffen gerufen!», hieß es da. Zuvor faselte er mit gestelztem Pathos davon, dass sich Deutschland in höchster Gefahr befände.

Dann wurden sie aufgeteilt: 200 Mann sollten nach Wien, 50 Mann zur Panzernahkampfbrigade nach Berlin, der Rest auf den Truppenübungsplatz Beneschau bei Prag. Nach dieser Nachricht gab es lange Gesichter und auch so manche heimliche Träne. Nicht nur, dass der erhoffte Urlaub in der Heimat ausfiel, hinzu kam, dass sie von der Waffen-SS kassiert worden waren. Dabei hatten fast alle bereits einen Wehrpass für das Heer, die Marine oder die Luftwaffe in der Tasche. Auch bei Willi Witte stellte sich Enttäuschung ein. Im Zug ging die Reise in die Nähe von Prag nach Prosečnice, zu Deutsch Kienschlag. Schon beim Aussteigen sahen sie lauter SS-Uniformen. Noch auf dem Bahnhof wurden sie in Kompanien aufgeteilt. Glücklicherweise blieben Harald Koopmann und Willi zusammen. Dann ging es in die Quartiere. Tschechen gab es kaum noch auf dem Truppenübungsplatz. Es war alles verlassen und grausam öde. Ein Schneesturm tobte. Sie lagen in dem Dorf Networschitz in einem kleinen Tal. In einer ehemaligen Lederfabrik war die Großküche eingerichtet.

Ihr Zug kam in einer ehemaligen Schule unter. Es waren Doppelbetten in den Klassen aufgestellt worden. Bereits am nächsten Morgen wurden Gewehre verteilt, anschließend wurde ihnen das Blutgruppenmerkmal in den linken Oberarm tätowiert. Doch die weitere militärische Ausbildung erfolgte noch immer in HJ-Uniformen. Es war ein unwahrscheinlich harter und erbarmungsloser Schliff dort, erinnert sich Witte. Es wurde das Letzte aus ihnen herausgeholt. Am

12. März marschierte das ganze Regiment zur Vereidigung auf. Der Kommandant hielt eine Ansprache und ließ durchblicken, dass der Fronteinsatz unmittelbar bevorstand. Das Regiment nannte sich: «Konopacki, Kampfgruppe Böhmen SS Division ‹Hitlerjugend›». Man nahm ihnen auch die Wehrpässe ab und drückte dann einen Stempel der SS mit Namen und Einheit hinein.

Die Ausbildung konzentrierte sich vor allem auf Panzerbekämpfung. Die Jungen sollten mit einer Tellerhaftmine auf einen schnell fahrenden Panzer springen und sie dann am Turm befestigen. Das erforderte viel Mut, denn bei einem Absturz drohte man von den Ketten zermalmt zu werden. Ein letztes «Kriegsspiel» fand am 30. März statt, eine Großübung, die zwei Tage dauerte. Es wurde marschiert, belauert und viel herumgeballert – natürlich mit Platzpatronen. All das spielte sich zwar in einer einmalig schönen Gegend ab, aber für solche Betrachtungen war nicht viel Zeit. Als sie wieder im Quartier waren, wurden sie feldgrau eingekleidet, scharfe Munition wurde ausgehändigt.

Am 5. April um 16 Uhr nachmittags erreichte sie der Befehl zum Abmarsch. Vorher waren Essensrationen und die Waffen verteilt worden – überwiegend altmodische Schießgeräte vom Typ «Karabiner 98», die Standardwaffe des 1. Weltkriegs. Die Ausbilder blieben als Kommandeur bei der Truppe. Mit den hochdekorierten «alten Frontschweinen», teils Ritterkreuzträger, war leicht auszukommen. Sie hatten schon viel erlebt, strahlten auf die Jungen eine abgeklärte Besonnenheit aus. Anders die ehrgeizigen, fanatischen jungen Fahnenjunker, Offiziersanwärter also. Willis Spieß war einer dieser Fanatiker, der sich bereits während der Ausbildung am gnadenlosen Drill der Jugendlichen ergötzt hatte. Auf mit Holzgas betriebenen LKW ging die Fahrt durch Böhmen in Richtung Niederösterreich nach Krems. Dort an der Donau gruben sie sich ein, die Front verlief ganz in der Nähe. Witte genoss den Blick auf die Donau. Die Szene wirkte absolut friedlich, beinahe idyllisch. Sie lagen neben einer ehemaligen Flakeinheit, die überwiegend aus älteren Männern bestand. Diese schüttelten beim Anblick dieser Milchgesichter in den viel zu großen Uniformen nur die Köpfe und meinten: «Jungs, geht bloß nach Hause!» Daraufhin verbot der Spieß den Jugendlichen, mit den alten Männern zu reden.

Neun Tage lagen sie dort, ohne dass etwas passierte. Am 16. April bestiegen sie wieder die Lastkraftwagen, und die Fahrt ging in Richtung Osten bis Laa an der Thaya. Dort war es gerade zu schweren Gefechten gekommen. Und sie spürten sofort: Hier brannte es, das war der wahre Krieg. Witte und drei Kameraden erhielten den Befehl, einen verwundeten Soldaten zu bergen, dem die ganze Bauchdecke weggerissen worden war, sodass die Eingeweide herausquollen. Ihre Trage bestand aus einer Decke, jeder griff sich einen Zipfel. Der Rückzug geriet zu einem Höllenkommando, denn plötzlich wurden sie mit Granatwerferfeuer eingedeckt und überlebten wohl nur durch eine glückliche Fügung.

Sie mussten sich entlang einer der Kellergassen eingraben, einem dieser typischen Hohlwege. Willi Witte hatte Glück, sein Loch lag an der tiefsten Stelle des Wegs, die für die Feinde nicht einsehbar war, weil sie durch eine zwei Meter hohe Erdkante geschützt wurde. Von seinem Loch aus wurde diese Kante in beide Richtungen niedriger, bis sie etwa 20 Meter weiter links und rechts von Willi gar nicht mehr existierte. Etwa 30 Meter Luftlinie trennten sie in östlicher Richtung von den sowjetischen Stellungen. Vor allem ein befestigtes Nest mit einem schweren Maschinengewehr machte den Jungen zu schaffen. So sehr, dass in der folgenden Nacht Wittes gesamte Gruppe hinweggemäht wurde. Nur sein Schützenloch, in dem er sich mit einem Kameraden eingegraben hatte, war aufgrund seiner Lage verschont geblieben. Das Gefecht glich einem Tontaubenschießen, einem Massaker! Nur wenige der kriegsunerfahrenen Jugendlichen hatten die Nacht überlebt. Erst im Morgengrauen gelang es einem Trupp, das MG auszuschalten.

Nun erhielten sie ihren ersten Kampfauftrag, ein von den Russen besetztes Dorf sollte angegriffen werden. Die Minuten vor Beginn der Operation zogen sich dahin, die Jungen litten unter lähmender Angst. Nach den Erfahrungen der vergangenen Nacht hatten sie das Gefühl, in den sicheren Tod geschickt zu werden. Denn schon hatten sie gemerkt, dass sie in diesem Krieg die Gejagten waren, dass hier David vergeblich gegen Goliath kämpfte, dass hier nichts zu gewinnen war. Doch zum Kampf kam es nicht. Wider Erwarten rückten sie kampflos in den zuvor heftig umkämpften Ort Altlichtenwarth ein. Sie durchkämmten Häuser, Scheunen, Gehöfte. Auf der Straße lag ein toter russischer Offizier mit gespaltenem Schädel. Willi nahm ihm die Pistole ab, war für einen Moment stolz auf seine «Trophäe», eines der begehrten Tokarew-Modelle. «Nix da, die gehört mir», sagte ein Offizier, der hinzukam und die Pistole einsteckte. Am Ende war Willi froh darüber, er hatte auch so schon genug zu schleppen. Denn kurz zuvor hatte er sich mit seinem schweren Marschgepäck beim Sprung über einen Graben im Geäst eines Busches verfangen und dort für endlos scheinende 20 Sekunden als gut sichtbares, zappelndes Bündel festgehangen, ehe er sich selbst befreien konnte.

In den Häusern war sehr viel geplündert worden. Ein Russe war bei der Misshandlung einer Frau erwischt und umgehend erschossen worden. Und dann sah Willi, wie jemand durch ein Loch in einer von außen verriegelten Kellertür auf ihn zielte. Zumindest schien es so, denn ein Rohr richtete sich auf ihn. Geistesgegenwärtig schoss er in Richtung der Kellertür, traf aber nicht – glücklicherweise. Um Haaresbreite hätte er eine wehrlose Frau erschossen, die sich, im Keller eingeschlossen, lediglich den Soldaten zu erkennen gab und dabei unglücklicherweise ein Rohr benutzte.

Nachdem Altlichtenwarth gesichert war, bezogen sie wieder Stellung, verkrochen sich zu zweit in eines dieser Schützenlöcher, das für Tage gleichzeitig Küche, Klo und Schlafzimmer war. Ständig unter Beschuss von Scharfschützen und schweren Maschinengewehren. Ein Granatwerfer schoss sich auf Willi Wittes Loch ein. Immer näher kamen die bis kurz vor dem Einschlag kaum hörbaren Geschosse – erst links, dann rechts ans Loch heran. Willi legte sein blechernes Kochgeschirr auf die Lochkante. Es folgte ein kurzes «Peng», und der nierenförmige Metallbehälter verwandelte sich in ein verbeultes Stück Blech. Irgendwann erreichte sie die Information, dass ihr Spieß gefallen sei, in unmittelbarer Umgebung der deutschen Schützenlöcher. Unter den Jungen wurde geraunt, er sei versehentlich von den eigenen Leuten erschossen worden, weil er angeblich mit offenem Mantel und ohne Kennwort nachts herumgelaufen sei.

Vorstöße wie jener nach Altlichtenwarth waren die Ausnahme, überwiegend ging es zurück – in Richtung Westen. «Sobald eine rote Leuchtkugel erscheint: Rückmarsch!», wurde ihnen eines Nachts mitgeteilt. Sie starrten in den nächtlichen Himmel, sahen rote, weiße und gelbe Leuchtsignale, ein grünes war nicht dabei. Es wurde wieder hell, und noch immer gab es keinen Befehl zum Abrücken. Sie hörten die Russen nicht mehr schießen, schossen selbst nicht mehr zurück. Irritiert warteten sie bis zum nächsten Abend, schließlich mussten die 30 in ihren Stellungen verbliebenen Kameraden erkennen, dass der Rest ihres Zuges längst abgerückt war. Unweit ihrer Stellung konnten sie bereits die sowjetischen Lastkraftwagen hören. Sie lagen nun abgeschnitten im Jenseits hinter den feindlichen Linien. Die Gesichter der Jungen gefroren, Angst und Verzweiflung machten sich breit. Doch ihr fronterfahrener neuer Zugführer behielt die Nerven, er strahlte Ruhe aus. Sie scharten sich um ihn, marschierten nach Sonnenuntergang auf Schleichwegen los. Ortschaften und offenes Gelände wurden umgangen. Sie marschierten nach Gefühl, ohne Kompass, ohne Karte. Irgendwann stellten sie mit großem Schrecken fest, dass sie sich noch immer tief hinter den russischen Linien befanden. Sie waren zwei Tage lang in die falsche Richtung gelaufen. Die Angst, entdeckt und erschossen zu werden, trieb sie voran, ließ sie Hunger und Müdigkeit vergessen. Nach weiteren zwei Tagen Gewaltmärschen und mit jeder Menge Glück schafften sie es tatsächlich, eine winzige Lücke in den russischen Linien zu finden. Offenbar konzentrierten die Russen ihre Kräfte vor allem an Straßen und Ortschaften. Eine Front im klassischen Sinn gab es nicht, vielmehr ein wirres Zickzack mit «Enklaven» von dem Feind widerstehenden deutschen Truppensprenkeln gleich neben sowjetischen Frontspitzen, zumeist entlang von Verkehrswegen, auf denen die Truppen besonders schnell in Richtung Westen vorstießen.

Sie erreichten eine Stadt, die völlig verlassen und dunkel war – und registrierten, dass sie sich nun im Niemandsland der Front befanden. Sie fanden ein großes Verpflegungslager der Wehrmacht. Ein einsamer Soldat bewachte es. Er hatte bereits Hoheitszeichen und Schulterstücke abgetrennt, erwartete vermutlich die Sieger. Er weigerte sich, Wittes Truppe Verpflegung herauszurücken. Erhoffte er sich, mit dieser Mitgift die Sowjetsoldaten milde zu stimmen? Ihr Zugführer versprach Klärung, er sagte: «Jungs, ihr geht mal um die nächste Ecke.» Dann krachte ein Schuss, und das Verpflegungslager stand ihnen zur Verfügung. Der Zugführer gab auch später nicht preis, ob er den Mann erschossen hatte. Doch es war eine Zeit der Wolfsgesetze. Mitunter war ein Leben weniger Wert als eine Dose Schmalz. Sie aßen, was hineinging. Witte aß das Schmalz mit Händen und musste Stunden später mit Durchfall und Magenkrämpfen kämpfen.

Danach packten sie ein, was sie tragen konnten – und schon ging es weiter. Und tatsächlich fanden sie bei all diesem Durcheinander ihre Einheit wieder. Oder besser das, was davon übrig war – nämlich 16 Jugendliche.

Mittlerweile war es Ende April 1945. Der furchtbare Krieg sollte keine zwei Wochen mehr dauern. Von diesem Zeitpunkt an kannten die jungen Soldaten nur noch eine Richtung: Westen. Verwundete blieben liegen. Einen Kameraden aus ihrer Gruppe mit zerfetztem Bein trugen sie lange Zeit. Bis sie eines Tages in der Nähe von Znaim nordwestlich von Laa an der Thaya auf einem Weinberg etwa zwei Kilometer entfernt russische Soldaten sahen. Sie sprachen einen vorbeifahrenden Wehrmachtsoffizier im

Kübelwagen an, ob er den Jungen mitnehmen könnte. Er verneinte, sodass sie den Jungen anschließend zurücklassen mussten. Der Zugführer, der ihm noch seine Pistole in die Hand drücke, wollte es so.

Es war eine wilde Flucht, ständig wurden sie von Pferdefuhrwerken und Fahrzeugen überholt. Willi Witte lernte, während des Marsches zu schlafen – das ging tatsächlich. Er fragte den Zugführer, ob er und weitere vier Kameraden mit ihrem Panjewagen ein Stück vorausfahren dürften. Es wurde unter der Bedingung erlaubt, im nächsten Dorf auf die Einheit zu warten. Unterwegs begegnete er seinem Jugendfreund Harald Koopmann, dem rief er zu: «Komm doch mit bis zum nächsten Dorf!» Doch Koopmann durfte nicht oder wollte nicht.

Wie ihnen geheißen, warteten sie im nächsten Dorf auf ihre Einheit. Es wurde Abend, es wurde Nacht, doch die Einheit kam nicht. Der Morgen graute bereits, als sie Panzergeräusche hörten. Sie ließen den ersten Panzer vorbei. Beim zweiten waren sie sich sicher, dass es deutsche Panzer waren, beim dritten machten sie sich bemerkbar. Das Gefährt hielt an und nahm sie mit. Die Gruppe bestand aus Königstigern, riesigen Stahlkolossen. Sie genossen die Motorwärme in der Kälte der Aprilnacht. Die Panzerbesatzung erzählte, dass sie eben aus einem Kessel ausgebrochen seien. Da ahnten die fünf Jugendlichen, dass es ihre Einheit vermutlich gar nicht mehr gab – gefangen oder vernichtet im Kessel. Sie passierten Rückzugtrecks, die soeben von sowjetischen Tieffliegern bombardiert worden waren. Mitunter brannten noch einzelne Fuhrwerke. Er würde den Geruch von verbrannten Menschen und Pferden nie mehr vergessen. Zwei Panzer mussten im Laufe des Rückzugs gesprengt werden, weil ihnen der Treibstoff ausging. Zu guter Letzt drängelten sich die Jugendlichen und die Besatzungen der beiden gesprengten Panzer – insgesamt also 15 Mann – auf dem letzten verbliebenen Panzer. Das war natürlich eng. In einem noch von der Wehrmacht besetzten Dorf löste sich die Gruppe auf.

Zur größten Herausforderung wurde es, sich Marschbefehle zu beschaffen. Wer keinen hatte und der Feldgendarmerie in die Fänge geriet, lief Gefahr, am nächsten Baum aufgeknüpft zu werden. In einer namenlosen tschechischen Stadt im Schatten einer wunderschönen Burg bekam er einen solchen Marschbefehl ausgestellt, obwohl sich Wehrmachtsoffiziere in der Regel schwertaten, SS-Leuten einen Gefallen zu tun. In diesem Fall schien den Offizieren alles egal zu sein, denn sie waren besoffen. In einer Scheune war eine lange Tafel aufgestellt, auf dem Tisch tanzten nackte Frauen – und urinierten zielgenau in Sektgläser. Alles johlte und war gut gelaunt, eine surreale Szene. Die jugendlichen Soldaten, in einer von Keuschheit und Prüderie geprägten Welt aufgewachsen, waren schockiert. Kurze Zeit später rasselte «ihr» Königstiger mit den 20 Soldaten an Bord – fünf im Panzer, 15 saßen darauf – weiter in Richtung Westen. In der Nähe der österreichischen Gemeinde Gars am

Kamp endete ihre Flucht vorerst, hier standen bereits die Amerikaner.

Sie wurden unter freiem Himmel auf einem nur mäßig bewachten Platz arrestiert, die Waffen mussten sie abgeben. Willi Witte behielt aber seine Pistole vom Typ Luger 08 und wusste später selbst nicht, warum er sich zu solch einem unter Umständen tödlichem Leichtsinn hinreißen ließ. Vorsorglich hatte er die SS-Hoheitszeichen von der Uniform entfernt. Im Lager sprach man davon, demnächst geschlossen an die Russen übergeben zu werden. War die lange Flucht am Ende doch vergebens gewesen? Das durfte nicht sein! Witte entschied, sein Schicksal in die eigenen Hände zu nehmen, und schlich sich mit Eintritt der Dämmerung aus dem kaum bewachten Camp. Zusammen mit einem Niederländer und einem Hamburger, die offenbar auf dieselbe Idee gekommen waren. Weiter ging die Flucht, sie marschierten nur nachts, erbettelten sich Essen bei österreichischen Bauern. Das gelang ihnen auch, das Mitgefühl mit den verzweifelten Landsern war zumindest im «ehemaligen Reichsgebiet» groß. Groß war auch ihre Angst, in die Hände von aus KZ- oder Gestapo-Haft entlassenen Häftlingen zu fallen, denn die kannten mit Uniformträgern keine Gnade. Weil sie sich zu Fuß irgendwann zu langsam vorwärtsbewegten, Willi litt zudem immer noch an dem durch die Unmengen von verschlungenen Schmalz verursachten Durchfall, beschlossen sie, sich Pferde «auszuleihen», die auf einer Waldkoppel weideten. Ein deutsches Reitpferd und zwei kleine, russische Panjepferde standen da.

Willi war nie zuvor im Leben geritten. Er schwang sich auf eines der beiden Russenpferde, das bereitwillig dem anderen folgte, welches der Holländer ritt – Sättel gab es nicht. Der Hamburger ritt auf dem großen Reitpferd voran. Sie ritten meistens am Tag, im sicheren Abstand zu den Verkehrswegen, auf denen sich viele Amerikaner tummelten. Sie legten so 200 Kilometer zurück, übernachteten bei Bauern. Irgendwann war Wittes Hinterteil so wundgescheuert, dass er kaum noch sitzen konnte. Seine Kameraden behandelten ihn mit einer einfachen, aber letztlich wirksamen Methode: Er musste die Hosen herunterziehen, und dann gossen sie einen Eimer Wasser über den Allerwertesten und «bestäubten» ihn anschließend mit Mehl, einem in jenen Tagen kostbaren Gut. Später nutzten sie Wolldecken als Sättel, zusammengebundene Lederriemen dienten als Steigbügel. Des Nachts blieb Willi zumeist allein im Stall, während sich seine wesentlich älteren Freunde bei den Frauen des Gehöfts vergnügten. Sie kümmerten sich indessen stets um ihren Jüngsten und warteten geduldig, wenn der an seinem wundgescheuerten Hinterteil und Durchfall Leidende wieder einmal nicht hinterherkam.

Willi Witte und seine Kameraden waren Teil einer gewaltigen Völkerwanderung der Neuzeit, einer Massenbewegung in Richtung Westen. Sie trafen einen Landser, der hatte sich einen Leiterwagen organisiert, saß in «Räuberzivil» auf dem Kutschbock und sah dabei wie ein Bauer aus dem nächsten Dorf aus. Das sahen wohl auch die Amerikaner so, die ihn auf den Straßen bereitwillig passieren ließen, nachdem er sie selbstbewusst gegrüßt hatte. Irgendwann stießen sie auf eine Gruppe von 50 berittenen Landsern, geführt von einem Offizier, denen sie sich kurzzeitig anschlossen. Doch die Flucht in solch einem Pulk war zu gefährlich, sodass sie sich entschieden, lieber wieder allein weiterzuziehen. Ihre Reise endete in einem Dorf auf einem großen Bauernhof. Sie verkauften dem Bauern die Pferde und bekamen einen Schinken sowie einige Hundert Zigaretten dafür. Willi hatte Tränen in den Augen, als er sich von seinem Pferdchen trennte. Doch es war eine Zeit des Abschieds, eine Zeit des Umbruchs, konstant war in diesen Tagen nur die Veränderung. Und dann polterten plötzlich Amerikaner über den Hof, die sie gefangen nehmen wollten. Der Bauer hatte zuvor den Mittagstisch reichlich gedeckt und war – während die drei aßen – heimlich verschwunden, um die Amerikaner zu informieren. Offensichtlich war das seine Masche, vorbeikommende Landser in Geschäfte gegen Lebensmittel zu verwickeln – um sie später den Alliierten zu übergeben und so wieder in Besitz des Tauschguts zu gelangen.

Später saßen sie ganz ohne Bewachung vor einem weiteren Bauernhaus, in dem die Amerikaner einquartiert waren, während die Sieger im Haus tafelten. Es wäre ein Leichtes gewesen, zu fliehen. Und es reizte die drei schon, dem hinterhältigen Bauern einen kurzen Besuch abzustatten, den er sein Lebtag nicht vergessen würde. Allein, ihnen fehlte nach Monaten der Flucht die Kraft. Schließlich kamen sie in ein Sammellager und wurden getrennt, nachdem Willi Witte befohlen worden war, die Arme zu heben, wodurch seine Bewacher natürlich sofort das verräterische SS-Blutgruppenmerkmal gesehen hatten.

Seine Freunde sah er nie wieder. Als SS-Angehöriger kam er in ein großes Sammellager, in dem geschätzte 10 000 Leidensgenossen ihres Schicksals harrten. Zumindest die Überstellung an die Russen war kein Thema mehr. Dafür gab es im Lager kaum Essen und keine Decken; nachts aber wurde es kalt. Er musste an den leckeren Schinken denken, das gegen ihre Pferde eingehandelte Tauschgut, das sie dem hinterhältigen Bauern hatten überlassen müssen. Denn wenn es hier etwas zu essen gab, dann Schmalkost: Für je 100 Gefangene eine Dose Corned Beef und zwei Brote. Offensichtlich überforderte die Masse an Gefangenen die Kapazitäten der Amerikaner. Nur wer Zigaretten hatte, konnte sich zusätzliche Nahrung eintauschen. Die Bewohner der umliegenden Dörfer warfen von Zeit zu Zeit Brote herüber, die dann von den Gefangenen gerecht aufgeteilt wurden – bis zum letzten Krümel.

Wochen gingen ins Land. Einmal kam ein Amerikaner, suchte etwa tausend Freiwillige, die im Stechschritt marschieren konnten: als Statisten für seine ganz privaten

Filmaufnahmen; die Langeweile der Sieger trieb mitunter seltsame Blüten. Daheim machten solche Aufnahmen marschierender Krauts bestimmt großen Eindruck, sie waren zudem aufgrund des definitiven Endes dieser militaristischen Epoche ein unwiederbringliches, einmaliges Zeitdokument. Willi und die übrigen Statisten fühlten sich in ihrer Rolle als «Soldaten-Darsteller» in einem privaten No-Budget-Film zwar eher unwohl, ließen sich für Sonderverpflegungen und Extra-Zigaretten aber darauf ein.

Nachdem sie zwischenzeitlich auf einem ehemaligen Flugplatz untergebracht worden waren, kam Witte ins Gefangenenlager Plattling im niederbayerischen Landkreis Deggendorf. Inzwischen war es Juni. Aus Dreiecks-Zeltplanen, über die einige der Gefangenen noch verfügten, bauten sie sich Zelte. Je vier Personen fanden in einem dieser luftigen Zelte Unterkunft. Die Verpflegung war dürftig, Brot und Butter so klein wie ein Würfelzucker, dazu gelegentlich Kraut. Täglich marschierten sie zur Arbeit, die Offiziere vornweg. Man war bestrebt, möglichst weit vorne in der Formation zu marschieren, denn so konnte man die weggeworfenen Zigarettenkippen der amerikanischen Bewacher aufsammeln. Oft stand Willi beim morgendlichen Abmarsch neben einem Österreicher, der besaß eine Sicherheitsnadel, ein seltener Schatz, mit deren Hilfe er die aufgespießten Kippen bis auf den letzten Millimeter aufrauchen konnte. Dieser Österreicher sammelte auch in den Mülleimern der Ami-Küche leere Lebensmitteldosen und kochte sie mit Wasser aus, was eine fürchterliche Brühe ergab. Aber der Magen hatte wenigstens etwas zu tun.

Zusammen mit anderen Gefangenen hatte Willi ein riesiges Barackenlager mit zwei- und dreistöckigen Betten zu bauen. Als es fertig war, zogen sie selbst dort ein. Es bestand aus zehn großen Blöcken für rund tausend Gefangene, jeder davon hoch mit Stacheldraht umzäunt.

Eines Tages wurde Willi von zwei Bewachern gerufen. Viele dieser Wachen hatten jüdische Wurzeln und hatten Angehörige in Konzentrationslagern verloren. Doch das erfuhr er erst später. Die Soldaten saßen auf einem der zweistöckigen Betten, zeigten ihm eine Illustrierte mit einer Fotoreportage aus einem der befreiten Konzentrationslager. Es waren grausige Bilder, wie er sie noch nie gesehen hatte. Der eine der beiden Bewacher, er hatte seine Eltern in einem KZ in Polen verloren – auch das erfuhr Witte erst später –, holte wütend mit seinem großen Stiefel aus und war im Begriff, ihn direkt ins Gesicht zu treten, was sein Kamerad im letzten Moment verhinderte. Willi fühlte sich unwohl und war in diesem Moment froh, so glimpflich davongekommen zu sein. Ein anderes Mal fragte ein Bewacher, ob er ihm eine Zigarette aus dem Mund schießen dürfe – gegen Bezahlung mit Zigaretten und Schokolade. Willi sagte ja, der schießwütige Ami galt als ausgezeichneter Schütze, der ständig auf Dosen ballerte. Erst als er dastand, wurde ihm bewusst, auf welches leichtsinnige und obendrein entwürdigende Spiel er sich da eingelassen hatte. Zum Glück traf der Amerikaner die Zigarette.

Fortan wurde Willi von einem gewissen Bill «angefordert», der den Fuhrpark des Bataillons unter sich hatte. Bill nannte Willi stets «Snipe», Schnepfe, was vermutlich auf die Schießübung mit der Zigarette zurückzuführen war, die sich bei den Amis herumgesprochen hatte. Denn unter «Snipern» versteht man im Englischen die Heckenschützen, «Schnepfen-Jäger» also. «Snipe (Sneip), come on», hieß es von Bill beinahe allmorgendlich, einfache Handreichungen in der Werkstatt erwarteten ihn. Bill erzählte, dass er keine Kinder habe und in Amerika Besitzer einer großen Autowerkstatt mit Tankstelle sei. Ob er nicht mit ihm nach Amerika kommen wolle, wurde er gefragt. Doch Willi hatte Sehnsucht nach Sylt, der Nordsee, seinen Eltern. Er schlug das Angebot aus.

Witte wurde zu einer Art Botenjunge der Lagerleitung, brachte Befehle und Mitteilungen in die verschiedenen Bereiche des Lagers. Erst allmählich füllte sich der ganze Komplex mit Gefangenen aus allen Ecken der amerikanischen Zone. Das gesamte Lager, inzwischen ausgebaut für rund 10 000 Mann, bestand aus ehemaligen Angehörigen der Waffen-SS. Willi kam im Schlafraum des stellvertretenden deutschen Lagerkommandanten unter, einem Fahnenjunker, Oberstleutnant Neumann mit Namen. Dessen Vorgesetzter hieß Cäsar oder Zäsar, war ein 50-jähriger, ehemaliger Rittergutsbesitzer und war im Lager sehr beliebt.

Der 24-jährige Neumann dagegen war etwas zu neugierig, schnüffelte ständig herum, ob über seinen Vorgesetzten etwas in Erfahrung zu bringen war, das ihm zur Last gelegt werden konnte. Er selbst gab an, Kommunist und Journalist zu sein, und träumte davon, nach der Rückkehr in die Heimat wieder seinen Beruf ausüben zu können.

Willi und sein neuer «Mitbewohner» hatten versucht, es sich in ihrem Zimmer gemütlich zu machen, jeder hatte sein Zwei-Etagen-Bett, mit Wolldecken wurde der Raum in zwei «Privatbereiche» geteilt. Im Nebenzimmer logierte ein Leutnant, dessen Aufgabe es war, zu übersetzen. Er erzählte, früher einmal Rollschuhkunstläufer gewesen zu sein, jetzt waren ihm im Russlandfeldzug an beiden Füßen alle Zehen abgefroren. Der Leutnant hatte sich mit einem amerikanischen Offizier angefreundet. Beide hatten wohl festgestellt, dass sie das waren, was man heute als «Aufreißer» bezeichnet, richtige Frauentypen also. Eines Abends sah Witte sie im Jeep davonfahren – beide in amerikanischen Uniformen. Der Ami hatte tatsächlich für seinen deutschen Freund eine passende, nagelneue Offiziersuniform organisiert. So sind sie dann nach München gefahren, um Mädchen kennenzulernen. Das haben sie mehrere Male wiederholt.

Durch seine Arbeit als Bote kam Willi Witte im Lager viel herum. Besonderes traurig war das Schicksal dreier junger Soldaten, die nicht viel älter waren als er. Sie waren schwer kriegsversehrt. Zwei von ihnen hatten beide Arme und Beine verloren, waren nur noch ein Kopf auf einem Rumpf. Und trotz ihres Schicksals waren sie stets zu Scherzen aufgelegt und strahlten Zuversicht aus. Rührend wurden sie von ihren Kameraden versorgt. Alle möglichen Hilfsmittel zur Lebenserleichterung hatte man für sie gebaut. Der Dritte hatte es etwas leichter, weil er noch seine beiden Arme hatte. Für ihn hatten seine Kameraden ein Brett mit Rädern versehen. Damit konnte er sich wenigstens in der Baracke bewegen.

Im Lager gab es auch Russen, Angehörige der «Russischen Befreiungsarmee» (ROA) des Generals Wlassow. Wlassow war ein ehemaliger sowjetischer Generalleutnant, der in der sowjetischen Winteroffensive im Januar 1942 von der Sowjetpresse noch als Held gefeiert worden war, später in deutsche Gefangenschaft geriet und dort die ROA aufbaute, in der bis zu 125 000 ehemalige Rotarmisten auf Seiten Hitlers gegen Stalin kämpften. Sie waren ganz sicher keine überzeugten Nazis, meistens hatten sie wegen der schrecklichen Zustände in den deutschen Kriegsgefangenenlagern die Seiten gewechselt, um ihr Leben zu retten.

Bei diesen Russen im Frammeringermoos nahe Landau war Witte besonders gerne. Sie bildeten eine regelrechte Dorfgemeinschaft. Sogar einen Pastor gab es, der überdies in dem Lager mit seiner Frau zusammenlebte. Dieses Ehepaar studierte mit einer Reihe von anderen Gefangenen ein Theaterstück ein, das schließlich mit der Erlaubnis der Amerikaner aufgeführt wurde. Willi Witte wohnte der Uraufführung vor etwa 500 weiteren Zuschauern bei. Zum Schluss des Stückes sang die Frau des Pastors: «Heimat deine Sterne ...», wobei die Tränen reichlich flossen. Als die schöne Russin geendet hatte, brandete tosender Applaus auf, der in Geschrei und Gejohle überging, was ihr, einzige Frau im Lager, wohl etwas Angst machte. Ein Jeep voll mit amerikanischen Soldaten rauschte heran, um den vermeintlichen Aufstand niederzuschlagen. Aber sie brauchten mit ihren durchgeladenen MPs nicht einzugreifen, als sie hörten, was der Auslöser war. Was mit den Russen später geschah, kann nur vermutet werden. Es liegt nahe, dass sie, wie es zwischen den Alliierten vereinbart war, an die Sowjetunion ausgeliefert wurden, wo ihnen drastische Strafen drohten – die Hinrichtung, im weniger schlimmen Fall viele Jahre Arbeitslager.

Die Zustände im Plattlinger Lager waren im Vergleich zu russischen Lagern beinahe paradiesisch. Die Bewachung war nicht streng. Ohnehin hätte sich niemand aus dem Staube gemacht, denn jedermann wollte ordnungsgemäß mit Papieren entlassen werden, sonst bekam man draußen keine Lebensmittelkarten. SS-Leute, die aus den ehemaligen Ostgebieten kamen, sahen freilich mit Bangen ihrer Entlassung entgegen, weil sie keine Idee hatten, wohin sie gehen sollten. Zudem war mittlerweile die Versorgung im Lager besser als draußen. Und es gab auch welche, die diese vergleichsweise komfortable Situation schamlos ausnutzten. Eines Nachts wurden Willi und alle Mitgefangenen von schwerbewaffneten Amerikanern aus den Betten gejagt. Folgendes war passiert: Männer aus der Arbeitskolonne, die jeden Morgen in Zehnerreihe zum Zählen das Lager verließ, hatten bei ihrer Arbeit draußen einige Frauen kennengelernt. Diese fünf bis zehn Frauen hatten Lageruniformen angezogen und waren abends mit zum Tor hereinmarschiert – eine gleiche Anzahl Gefangener war draußen geblieben. Am nächsten Morgen sollte dann wieder getauscht werden. Doch die Aktion war aufgeflogen. Die erwischten Frauen mussten, nackt oder im Hemdchen, in einem Stacheldrahtverhau innerhalb des Lagers stehen. Am nächsten Morgen marschierte das gesamte Lager an ihnen vorbei. Auch die Männer bekamen Strafen, mussten ein paar Tage in eine Arrestzelle. Vorübergehend herrschte jetzt im Lager ein strengeres Regiment, was Bewachung als auch Privilegien betraf. Doch die Aufregung legte sich bald wieder.

Etwa Mitte Januar 1946 wurde Willi Witte in ein anderes Lager verlegt. Auf großen, dreiachsigen LKW ging die Fahrt zum ehemaligen Konzentrationslager Dachau. Willi kam in eine Baracke, die unmittelbar neben dem Außenzaun und gegenüber von einem großen Wirtschaftsgebäude lag – zusammen mit acht Jugendlichen. Den Rest der Belegschaft bildeten ältere Soldaten, ausschließlich SS-Angehörige, quer durch alle Dienstgrade. Im Lager wurde zu dieser Zeit viel ehemalige NS-Prominenz konzentriert, ein «Who is Who» des SS- und SA-Apparates. Auch in Willis Baracke war ein hohes Tier im Range eines Untersturmführers interniert, Träger des berüchtigten «Blutordens». Diese limitierte Auszeichnung hatte Hitler nur jenen «verdienten Kämpfern» verliehen, die bei seinem gescheiterten Putschversuch 1923 dabei gewesen waren, dem Marsch auf die Münchner Feldherrnhalle. Bei dem Mann, dessen Name Witte entfallen ist, kann es sich dem Dienstgrad nach nur um Emil Klein oder Ferdinand Rieder gehandelt haben.

Dieser Blutordensträger war jähzornig und obendrein ein Fanatiker, der bald der ganzen Baracke auf die Nerven ging. Willi und die ganze «Jugendfraktion» beschlossen, ihm einen Streich zu spielen. Eines Nachts nagelten sie seine Holzpantinen auf dem Dielenfußboden vor dem Bett an. Morgens musste es immer ganz fix gehen: Wecken, Aufstehen, Zählappell. Alle waren an dem betreffenden Tag früh aufgestanden, als plötzlich aus der anderen Ecke der Baracke ein ohrenbetäubender Lärm herüberflutete. Der Untersturmführer war in die festgenagelten Schuhe gesprungen und umgehend auf dem Bauch gelandet. Aus Wut darüber fing er an, die gesamte Einrichtung zu demolieren. Die amerikanischen Wachen luden ihre MPs durch und stürmten in die Baracke. Und vermutlich hätten sie ihn auch glatt erschossen, hätte er den Arm gegen sie erhoben. Doch die Sache ging glimpflich aus, er musste alles wieder aufräumen. Mit den Jugendlichen sprach er nie wieder ein Wort.

Die Behandlung im Lager war nicht schlecht, erinnert sich Witte. Die Verpflegung war nicht überreichlich, aber gut. Es gab auch hier Theateraufführungen, im Speisesaal der Wirtschaftsbaracke. Gelegentlich konnten die Jugendlichen außerhalb des Lagers arbeiten, zum Beispiel auf einem riesigen Benzinverladebahnhof in München. Sie genossen es, die Zivilbevölkerung zu sehen. Von den LKW winkten sie den Mädchen zu. Abends in der Baracke wurde dann gestritten, welches Mädchen wem zugelächelt hatte.

Es gab im Lager auch Gefangene, die andere Sorgen hatten – Todesangst. In einem Teil des Lagers waren viele ehemalige KZ-Aufseher untergebracht. In einem flachen, mit einer hohen Mauer besonders abgesicherten Gebäude aus Mauerstein gegenüber von Wittes Baracke war die berüchtigte Ilse Koch inhaftiert, die Frau des Lagerkommandanten vom KZ Buchenwald. Ihr wurden zahlreiche Grausamkeiten nachgesagt. So soll sie Häftlinge wie Tiere gehalten haben. Irgendwann meldete der «Flurfunk», dass auch der Mussolini-Befreier Otto Skorzeny ins Lager eingeliefert worden sei. Auch er wurde im besonders gesicherten Trakt untergebracht. Die Jugendlichen fanden heraus, dass man vom Dach des Wirtschaftsgebäudes aus den «Promi-Trakt» problemlos einsehen konnte. Sie wetteiferten darum, wer welche Nazi-Größe wo gesehen hatte.

Die wohl interessanteste Begegnung hatte Willi Witte

während eines Theaterbesuchs im Wirtschaftsgebäude. Die Jungens hatten sich schon gewundert, warum mehrere Bankreihen nicht besetzt waren. Und dann wurde da tatsächlich Hermann Göring hereingeführt, bewacht von bis zu 30 Militärpolizisten. Die Bewacher positionierten sich im Viereck um Göring herum. Das wirkte befremdlich, Göring eingerahmt von weißen Helmen. So eine hohe Figur in Gefangenschaft zu sehen war für die Mitgefangenen eine Sensation.

Obwohl sie im ehemaligen KZ Dachau untergebracht waren, gab es nie den Versuch, die Gefangenen über das schreckliche Geschehen an jenem Ort während der Naziherrschaft zu informieren. Nur während der Vernehmungen durch amerikanische Verhöroffiziere kamen ab und zu Details über die Vorgeschichte des Lagers zur Sprache. Diese Verhöre waren durchaus gefürchtet. Doch wenn alles gut lief, konnte man damit rechnen, nach Abschluss der Verhöre seine Entlassungspapiere zu bekommen.

Irgendwann Mitte 1946 hieß es, es werde ein Transport mit Leuten zusammengestellt, die in der britischen Zone beheimatet waren. Hoffnung keimte bei Witte auf, dass es endlich Richtung Heimat geht! Und er hatte Glück. Er und seine Kameraden konnten alles mitnehmen, was sie besaßen – mehrere Jacken, Hosen, eine Pelzjacke, Schuhe und mehrere neue Feldflaschen voll mit Speiseöl. Das alles stammte noch aus Plattling. Die Feldflaschen mit dem

Speiseöl hatte er vom Lagerspieß bekommen, es war für dessen Familie gedacht.

Zusammen mit etwa tausend Mann bestiegen sie Güterwagen, begleitet von nur einem amerikanischen Offizier. Die Fahrt ging in Richtung Munster. Für Willi war es die schönste Bahnfahrt seines Lebens – jedenfalls bis zu ihrer Ankunft. Denn in Munster wurden sie von einer Menge schwerbewaffneter britischer Soldaten und mehreren Panzerwagen in Empfang genommen. Das sah bedrohlich aus.

Sie wurden in eine dieser großen, halbrunden Hallen geführt, damals als «Nissenhütten» bekannt. Ein englischer Offizier mit einem Stock unter dem Arm schritt in Begleitung eines Wehrmachtsoffiziers, auch er trug einen Stock unter dem Arm, die Front ab. Fast alles, was sie besaßen, wurde ihnen abgenommen. Wut stieg in ihnen auf, doch sich aufzulehnen, wagte keiner. Und dann gab es den nächsten Tiefschlag: Der Engländer gab bekannt, dass alle gesunden und arbeitsfähigen Männer nach England zum Arbeiten abtransportiert werden sollten – ins Bergwerk! Die Nachricht schlug ein wie eine Bombe. Zur Untersuchung hatte man im Freien Tische aufgestellt, an jedem saß ein deutscher Arzt.

In diesem Lager traf Willi seinen Sylter Vetter Heinrich Nielsen wieder. Wegen einer Fußverletzung wurde er aus der Gefangenschaft entlassen. Und auch Willi Witte durfte gehen – weil er noch keine 18 war. England blieb ihnen erspart! Sie wurden mit reichlich Verpflegung eingedeckt und durften ihre Heimreise fortsetzen.

Zunächst kamen sie ins Durchgangslager Segeberg, welches auch zivile Flüchtlinge aufnahm. Das Elend, das sie da zu sehen bekamen, war unbeschreiblich. Sie verschenkten alles, was sie aus der US-Gefangenschaft noch gerettet hatten und besaßen. Mit den fertigen Papieren machten sie sich dann auf den Weg in Richtung Niebüll. Und tatsächlich konnte Willi Witte seinen 18. Geburtstag zu Hause feiern. Und zwei Wochen später bereits setzte er seine abgebrochene Lehre als Maschinenschlosser bei der Sylter Inselbahn fort.

Ein langer Marsch zurück nach Hause

Günter Dullni: Tausend Kilometer zu Fuß durch ein geschlagenes Land

Wie ködert man einen jungen Menschen für seine politischen Zwecke? Man nimmt ihn ernst, überträgt ihm Aufgaben oder eine Verantwortung, die eigentlich Erwachsenen vorbehalten ist. Der 16-jährige Günter Dullni wurde im Sommer 1944 vom Ortsgruppenleiter seiner Heimatgemeinde Wildau, gelegen unweit der damals preußischen Stadt Königs Wusterhausen südlich von Berlin, mit einem Auftrag betraut. Als Fähnleinführer der Hitlerjugend genoss Dullni das besondere Vertrauen des Parteileiters. Dullni wurde «befohlen», ein offenbar bedeutsames Päckchen, dessen Inhalt er nicht kannte, auf einer Dienststelle der NSDAP bei Kunersdorf, dem heutigen Kunowice, in der Nähe von Frankfurt/Oder abzuliefern.

Dullni war ob der ihm übertragenen Verantwortung mächtig stolz, so wie er selbstverständlich auch ein fleißiger und gewissenhafter Hitlerjunge war. Die Hitlerjugend verhieß ihm nicht nur Spiel und Spaß mit Freunden, sondern war auch für Dullni zu einer Art «zweitem Zuhause» geworden. Wo sonst durften Jugendliche Uniform tragen, konnten in Zeltlagern kampieren und bekamen bereits scheinbar «lebenswichtige» Aufträge für Volk und Vaterland übertragen? Also bestieg er den Zug in Richtung Posen und erledigte, nachdem er in Frankfurt umgestiegen war, seinen Auftrag ordnungsgemäß. Seine Kameraden blickten ehrfürchtig zu «ihrem» Fähnleinführer auf, der offensichtlich schon aktiv an der Verteidigung des Vaterlandes gegen eine Welt von Feinden mitwirken durfte.

Auf der Rückfahrt sah er im Raum Frankfurt, vor allem am Rand des Oderbruchs, bereits die zahllosen Panzersperren, Gräben und Verteidigungsstellungen. Vorboten der schweren Kämpfe, die hier Ende Januar 1945 beginnen sollten. Der Krieg, der bis dahin für Günter Dullni unsichtbar gewesen war, rückte für einen Moment näher an ihn heran. Weil ein Anschlusszug ausfiel, musste Dullni im Wartesaal des Frankfurter Bahnhofes übernachten. Überall lief Militärpolizei herum, Kettenhunde genannt. Die Männer, die diese Namen den Metallschildern verdankten, die sie um den Hals trugen, waren stets misstrauisch und kontrollierten die Wartenden scharf. Dullni beobachtete, wie sie einen Leutnant abführten, der sich nicht ordnungsgemäß ausweisen konnte. Der Junge empfand es als aufwühlend und aufregend, in «wichtiger Mission» unterwegs zu sein und zu beobachten, wie sich dieses zivile Deutschland unter dem Eindruck der näher rückenden Front veränderte.

Wieder daheim, ließ die Einberufung zur vormilitärischen Ausbildung in einem Wehrertüchtigungslager nicht lange auf sich warten. Am 18. September 1944 sollte er sich in Lauterbach auf der Insel Rügen melden, denn er hatte vorher die Marine als «Wunschstreitkraft» angegeben. Auf ihn wartete die Dreimastbark «Gorch Fock», die später als Beute unter sowjetischer Flagge unter dem Namen «Towarisch» im Dienst war und heute in Stralsund Eigentum eines deutschen Vereins ist. (Und die mit dem gleichnamigen, etwas größeren und jüngeren Segelschulschiff, das noch heute im Dienst der Bundesmarine ist, nichts zu tun hat.)

Der Kapitän begrüßte die eintreffenden Jungen, die in die Mannschaftsquartiere eingewiesen und eingekleidet wurden. Sofort begann der Borddienst, ihnen wurden die Regeln des Segelns und die seemännischen Bräuche beigebracht. Gesegelt wurde im Greifswalder Bodden, unterrichtet wurden sie in der nahe gelegenen Hansestadt Stralsund. Es war ein raues, aber schönes Leben, das schlagartig endete, als Stralsund am 6. Oktober 1944 bombardiert wurde, etwa 800 Tote und enorme Zerstörungen zu beklagen hatte. Die kurze Ausbildung der Jungen wurde abrupt beendet, und sie traten die Heimreise an. Das hatte zur Folge, dass Günter daheim in Wildau noch zwei Monate so etwas wie Frieden genießen durfte.

Anfang Dezember erhielt er die Einberufung in das Reichsausbildungslager im tschechischen Bad Luhatschowitz. Dullni gehörte damit zu den Absolventen des ersten Ausbildungslehrgangs. Am Mittwoch, 5. Dezember 1944, bestieg er in Berlin den Zug. Als dieser die Stadt verließ, sah er, dass auf eine der Ruinen gepinselt worden war: «Alles für den Endsieg!» Es las sich wie ein schriftlicher Appell, gerichtet an ihn, den angehenden Soldaten. Doch Günter Dullni empfand es als Hohn. Denn längst war auch ihm klar, dass vom Endsieg keine Rede mehr sein konnte, dass es hier nur noch darum ging, die unvermeidliche Katastrophe hinauszuzögern.

Auf den Tag genau vier Monate später, am 6. April 1945, war Panzergrenadier Günter Dullni, der eigentlich Matrose werden wollte, frischgebackener SS-Mann des Regiments von Kommandeur Walter Konopacki der «Kampfgruppe Böhmen SS-Division Hitlerjugend», auf einem kleinen Güterbahnhof in Niederösterreich, wahrscheinlich in Retz. Ein Zwischenstopp. Es war ein schöner, sonniger Frühlingstag. Soldaten torkelten über die Gleise, ein Unterscharführer lallte den Neuankömmlingen zu: «Nehmt euer Kochgeschirr, am Markt gibt es Wein in großen Mengen.» Dullni und seine Kameraden gingen dem Strom der Torkelnden und Lallenden entgegen. In der Mitte des Marktplatzes, umrahmt von imposanten mittelalterlichen Gebäuden, führte eine Steintreppe in den Keller hinab. Der Kellerboden stand bereits drei Zentimeter tief unter Wein, schon der Gestank benebelte die Sinne, betrunkene Gestalten lagen in der Plörre. Irgendwo plätscherte es, an einem der großen Fässer war der Hahn nicht geschlossen worden.

Dullni watete mit seinen Knobelbechern zu dem großen Fass, füllte sein Kochgeschirr mit dem Welschriesling und verließ den Keller. Während sie draußen auf ihre Weiterfahrt warteten, fuhr ein Zug vorbei, und in den Güterwagen sahen sie von SS-Mannschaften bewachte KZ-Häftlinge. Erstmals in seinem Leben sah er derart ausgemergelte, gestreifte Gestalten. Tief traurig blickten sie aus dem Wagen in seine Richtung. Der Wein im Kochgeschirr half dem Jungen, das Gesehene schnell zu vergessen. Auch sie bestiegen wenig später einen Zug. Er brachte sie ins Weinviertel. Dort wurden sie auf Lastkraftwagen verladen, und die Fahrt ging stets in die Richtung, aus der ein zunächst leises Donnern und Grollen stetig anschwoll. Den Rest des Weges ging es zu Fuß weiter. Marschierende Wehrmachtseinheiten kamen ihnen entgegen. Als die Soldaten die Jungen in den viel zu großen Uniformen sahen, entfuhr einem alten Fronthasen: «Jetzt gewinnen wir den Krieg!» Es war schon dunkel, als sie den kleinen Ort Zistersdorf erreichten. Ihr Unterscharführer klärte sie auf: «Wir verteidigen hier das letzte Gebiet des Reiches, in dem Erdöl gefördert wird.»

Sie bezogen in einem Bauernhof am Dorfausgang Stellung, dort waren Schützengräben ausgehoben worden. Nachtwachen wurden eingeteilt, dann fiel Dullni in einen komaartigen Schlaf. Aus dem er herausgerissen wurde, als jemand rief: «Der Russe kommt!» Als zweiter MG-Schütze eilte er zum MG-Stand. Tatsächlich tauchten am Hügel gegenüber in der Morgendämmerung Gestalten auf. Erstmals standen die Jugendlichen dem Feind gegenüber, sie feuerten wie besessen. Eine Schrecksekunde lähmte sie, als das MG streikte – Ladehemmung. Mit hektischen Griffen beseitigte Dullni den Schaden, dann feuerte das Ding wieder. Als es richtig hell wurde, war der Spuk vorüber. Günter Dullni war aufgebracht, sein Herz hämmerte, kam ewig nicht zur Ruhe. Hinzu kam ein Gefühl unbändigen Hungers, denn die Jungen hatten seit dem Vortag nichts mehr gegessen. Da es keine Verpflegung mehr gab, organisierten sie sich selbst etwas aus den umliegenden Bauernhöfen – Büchsen mit Wurst und Fleisch.

Ohne es zu registrieren, war er binnen Stunden zu einem funktionierenden Rädchen im Getriebe dieses Krieges geworden. Am Abend wurden sie abgelöst und setzten sich mit Lastern bis in die 30 Kilometer westlich gelegenen Leiser Berge ab, die mit bis zu fast 500 Metern Höhe die einzige Erhebung dieser weitläufigen Tiefebene bilden. Dullni wurde als Meldegänger eingeteilt. Stundenlang harrten er und seine Kameraden in 1,50 Meter tiefen und breiten Erdlöchern aus, während sie unter schwerem sowjetischem Granatwerferbeschuss lagen.

Günter Dullni musste eine Meldung seines Unterführers Heinz Mohn zum Gefechtsstand bringen und bekam noch einen sowjetischen Kriegsgefangenen zugeteilt, den er abliefern sollte. Der Kerl tat ihm leid. Er flehte, ihn doch laufenzulassen, bot ihm seine Armbanduhr dafür an. Dullni schätzte auch ihn auf 16, höchstens 17 Jahre, sie hätten Freunde sein können. Lange rang er mit sich, dem Flehen nachzugeben, nicht wegen der Uhr, die obendrein recht schäbig aussah, das Mitgefühl nagte in ihm. Doch er fürchtete, dass solch ein Akt der Gnade Ärger nach sich zog – und lieferte den Russen am Ende wie befohlen ab. Zurückgeschickt wurde er mit dem Befehl an seine Truppe, sich gegen Mitternacht nach Westen abzusetzen. Gebückt näherte er sich den Stellungen seiner Kameraden, als es plötzlich direkt vor ihm blitzte und krachte. Er stürzte in das Schützenloch, sein Gruppenführer Heinz Mohn fing ihn auf: «Günter, bist DU das? Ich dachte, du bist ein Russe, denn wir haben hier schon einige erwischt. Ich habe eine Handgranate nach dir geworfen. Wie ist es möglich, dass dir nichts passiert ist?» Es war ein Wunder, dass er diese Aktion überlebt hatte.

Tage später. Im Weinviertel, in einer alten Kaserne direkt an der Grenze nach Tschechien, harrten sie aus, bis sie vom Oberbefehlshaber der Befehl ereilte, sich umgehend von den Russen abzusetzen – und die Einheit den Amerikanern zu übergeben. Es war ein warmer Dienstag, der 8. Mai 1945 – Deutschland hatte kapituliert. Im Morgengrauen wurden sie auf LKW verladen, im Affenzahn rasten diese in Richtung Westen, Ziel Haugsdorf. Doch bereits nach der Hälfte der etwa 26 Kilometer langen Strecke, die direkt an der ehemaligen tschechischen Grenze entlangführte, wurden sie von Russen beschossen und mussten in das waldreiche Gebiet um die tschechische Stadt Znaim ausweichen. In einer Waldlichtung löste der Kompanieführer die Einheit auf: «Versucht euch in kleinen Gruppen zu den Amerikanern durchzuschlagen ...»

Die Jungen waren schockiert. Hektisch trennte man sich von allem, was die Mitgliedschaft in der Waffen-SS verraten könnte. Günter Dullni entschied, sich allein und im Schutze der Nacht auf den Weg zu machen. Viele der Jungen wirkten sehr panisch, die Flucht mit ihnen verhieß nichts Gutes. Nach dem Motto «Rette sich, wer kann» hatten sie sich in größeren Gruppen umgehend auf den Weg gemacht. Dullni indes nahm sich vor, bedacht vorzugehen. Und er deckte sich mit Lebensmitteln ein, die in der Einheit noch reichlich vorhanden waren.

Eigentlich wusste er in diesem Moment nur, dass er in südwestliche Richtung zu marschieren hatte, um die amerikanischen Linien zu erreichen. Doch wie findet man ohne Karte und Kompass nachts diese Himmelsrichtung? Er orientierte sich am Sternenhimmel, verlängerte die «Achse» des Großen Wagens und fand den Polarstern, der stets im Norden liegt. Sein HJ-Lagerwissen half ihm jetzt. Er lief also los, durch dichtes Unterholz, über Lichtungen, sah einen Hochstand, den er im großen Bogen umging. Im Morgengrauen pausierte er, schlief kurz, aß etwas und lief dann weiter, bis die Sonne im Zenit stand.

Er konnte es nicht fassen: Er wanderte durch einen von der Frühlingssonne zartgrün beleuchteten Mischwald, hörte die Vögel zwitschern und sah von bunten Blumen durchwebte Wiesen. Die Natur tat so, als gäbe es dieses Morden rund umher gar nicht. Er fühlte sich wie der einzige Mensch auf diesem Planeten – bis plötzlich ein sowjetischer Soldat vor ihm stand, «Stoi!», hörte er. Das war es, ging ihm durch den Kopf, du hast dich zu sicher gefühlt, jetzt haben sie dich. Der Russe forderte ihn auf, näher zu kommen, ein zweiter, etwas jüngerer Russe lag im Gras. Sie sprachen kurz miteinander. Sie durchsuchten ihn, nahmen ihm aber nichts weg. Dann sagt der Ältere «Chleb», reichte ihm ein großes Stück Brot und einen Becher Tee. Günters Aufregung, seine Todesangst, legte sich. Er spürte, dass sie über ihn redeten. Irgendwann sagte der ältere Russe in gebrochenem Deutsch: «Nach Hause», und wischte mit der Hand durch die Luft. Die Geste war unmissverständlich, er solle verschwinden. Dullni hatte Tränen in den Augen, bedankte sich und ging zunächst langsam, dann immer schneller werdend in Richtung eines Dorfes. Er musste an das denken, was ihm seine Ausbilder über die Russen gesagt hatten: Entmenschte Horden seien das, von Soldaten könne keine Rede sein. Jetzt hatte er seine erste Begegnung mit ihnen gehabt und war auf zwei Menschen mit Herz gestoßen. Das Erlebnis machte ihm Mut, vielleicht endete ja doch noch alles gut, trotz dieser verhängnisvollen und nicht gewollten SS-Mitgliedschaft.

Kurz hinter den beiden Sowjetsoldaten passierte er ein Bauernhaus, eine Frau winkte ihm, er solle kommen. «Hast du Hunger?», fragte sie und bewirtete ihn üppig. Sie sagte, sie sei Sudetendeutsche und ihr Mann sei in Gefangenschaft, sie sei also allein mit ihren beiden Kindern. Er wusste damit, dass er sich immer noch in der Tschechoslowakei befand, war offenbar in die falsche Richtung gelaufen. «Ich habe Angst. Kannst du mir nicht helfen? Wo sollen wir nur hin?», flehte die Frau. Doch Dullni musste ihr erklären, dass sein Leben vermutlich gefährdeter war als das ihre. Und dass er mit seiner SS-Vergangenheit alles andere als ein Schutz für die drei sein würde, sondern eher das Gegenteil, eine Belastung. Schweren Herzens zog er weiter und nahm sich vor, künftig vorsichtiger zu sein.

Er hatte die waldreiche, bergige Gegend hinter sich gelassen, vor ihm lag jetzt flaches Land. Eine weitere Nacht kündigte sich an. Am Rande eines Dorfes sah er ein Gehöft mit einer einzeln stehenden Scheune, in der er übernachten wollte. Doch ehe es dazu kam, sprach eine Frau ihn an: «Was suchst du hier?»

Er schilderte seine Situation und wurde gebeten, mitzukommen. Das Wohnhaus entpuppte sich als großer Gasthof. Günter Dullni erfuhr, dass er inzwischen wieder in Österreich war und dass sich Russen im Dorf befänden. Die Amerikaner ständen etwa 25 Kilometer weiter westlich in Allentsteig, wurde ihm mitgeteilt. Er wurde vom Hausherren und seinen beiden Töchtern bewirtet und anschließend sogar in ein Zimmer unter dem Dach gebracht. In böser Vorahnung legte er sich in seinen Sachen auf das Bett, denn mitten im Tiefschlaf stürmte die Wirtin mit den

Worten ins Zimmer: «Die Russen sind in der Küche!» Mit der Wirtin voraus schlich er die Treppe hinunter. Aus der Küche vernahm er lautes Stimmengewirr.

Auf dem Hof drückte sie ihm die Hand, sagte: «Geh in die Scheune auf den Heuboden. Hoffentlich entdecken sie dort dich und die Mädchen nicht ...» Sie verschwand in der Dunkelheit. Starr vor Schrecken, stieg er auf den Heuboden, suchte sich einen Schlafplatz – und fiel in tiefen Schlaf. Er wurde erst vom Hahn in den frühen Morgenstunden geweckt. Günter riskierte einen Blick hinab in die Scheune und sah viel Kriegsgerät. Und plötzlich blickte er in die nicht eben freundlich dreinschauenden Augen eines sowjetischen Soldaten. An Flucht war nicht mehr zu denken. Mit den Worten «dawei dawei» wurde er aus der Scheune heraus bis an den Ortsrand getrieben. An einer Straße stand ein großes militärisches Rundzelt, ein russischer Streckenposten. Im Zelt saßen schon gut ein Dutzend deutsche Soldaten, die von einem Posten bewacht wurden. Der Posten beruhigte die Gefangenen, «nach Hause, nach Hause», sagte er, doch Günter glaubte ihm nicht und dachte jede Sekunde an Flucht. Das Zelt war zur Straße hin offen, er saß genau auf der anderen Seite des Rundbaus. Doch in der Wand hinter ihm gab es einen Spalt im Zelt, dahinter sah er Gestrüpp.

Als sich ein LKW dem Posten näherte, war der Wachsoldat beschäftigt und trat auf die Straße. Dullni nahm sich ein Herz und verschwand durch den Spalt. Dann rannte er los, steuerte das nächste Gehöft an und tauschte bei einem alten Mann seine Militärsachen gegen Zivilkleidung. Doch diese Tarnung genügte ihm noch nicht, er schnitt die Hosenbeine ab, um wie ein Teenager auszusehen.

Er war den Russen ein zweites Mal entkommen und gewann wieder Zuversicht, es zumindest bis zu den Amerikanern zu schaffen. Der Weg bis Allentsteig, der über ein sanft hügeliges, nur partiell bewaldetes Gebiet führte, war schnell geschafft. Er hatte allerdings nicht vor, sich den Amerikanern zu stellen, und überlegte, wie weit es von hier aus wohl bis in seine brandenburgische Heimat sein würde, als er plötzlich vor einem von Drahtzäunen weit abgesperrten Areal stand.

Ein Schild ließ keinen Zweifel mehr daran: «Truppenübungsplatz-Sperrgebiet». Das musste das Gefangenenlager Allentsteig sein! Schon brauste ein Jeep mit amerikanischen Soldaten heran. Es war zu spät, um an Flucht zu denken. Sie luden Dullni trotz seines zivilen Aufzugs in das Fahrzeug, und ehe er sich versah, befand er sich auf der anderen Seite des Drahtverhaus. Schätzungsweise 10 000 Menschen kampierten hier, nicht nur Soldaten, auch Flüchtlinge aus dem Banat und aus Siebenbürgen. «Was machst du denn hier?», sprach ein Offizier den verdatterten Jungen in kurzen Hosen an. Günter Dullni erzählte sein Missgeschick. «Dann komm doch mit zu meiner Einheit», sagte der Offizier, und sie steuerten eine kleine Mulde an. Dort wurde gerade Mittagessen zubereitet, Nudelsuppe mit Fleischeinlage. Dullni erhielt ein volles Kochgeschirr davon. Irgendwann im Laufe des Tages wurden sie über Lautsprecher darüber informiert, dass das gesamte Lager «laut alliiertem Beschluss den Russen übergeben wird».

Die Nachricht schlug ein wie ein Bombe, damit hatte niemand gerechnet. Der Offizier nahm Günter Dullni zur Seite: «Alle zivilen Flüchtlinge können das Lager verlassen. Schließe dich in der Dunkelheit einem der Trecks an, so hast du eine Chance.» Wieder schöpfte Dullni Hoffnung. Er streifte umher auf der Suche nach einem Treck, der ihn aufnehmen würde. Ein Bild des Elends bot sich ihm: Es waren vor allem Frauen, alte Leute und viele Kinder, die hier mit ihrer letzten Habe und wackeligen Leiterwagen gestrandet waren und unter denen sich jetzt eine große Unruhe breit machte.

«Kann ich mich euch anschließen?», fragte er einen alten bärtigen Mann. «Komm, Jungchen, da sind zwei Schwestern, die können deine Hilfe gebrauchen», sagte der Mann mit dem wallenden Bart, offenbar eine Art Treck-Führer.

Vor einem großen Planwagen mit Verdeck und zwei Pferden machte er Halt. «Frederike und Hanna, hier bringe ich euch einen tüchtigen Helfer.»

Prüfend schauten zwei Frauen um die 20 den Jungen an. «Komm rauf», lautete die knappe Aufforderung.

Es wurde nicht viel gesprochen, denn es gab viel zu tun,

noch am Abend sollte es losgehen. «Hoffentlich lassen sie dich am Tor durch, da du doch ein Junge bist», äußerte Hanna mit zweifelndem Blick.

«Junge? Wir haben doch ein Mädchen bei uns», fiel ihr Frederike ins Wort.

Ein großes Kopftuch verwandelte Günter in ein Mädchen, alle drei mussten kichern. Mit Herzklopfen rumpelte das Gespann zum Tor, das von Scheinwerfern hell erleuchtet wurde. Zwei US-Soldaten kontrollierten jeden Wagen, ob sich darin womöglich doch Soldaten versteckt hätten. Im Halbdunkeln der Wagenplane versuchte Dullni, sein Gesicht zu verbergen. Prüfend schauten die Amerikaner die drei an, dann erfolgte der ersehnte Wink zur Weiterfahrt. Dullni atmete erleichtert aus. Das dritte Mal war er den Siegern entkommen. Er hatte jetzt das Gefühl, es tatsächlich bis nach Hause schaffen zu können.

Die Wagenkolonne rumpelte durch die Nacht. Über das in 20 Kilometer Entfernung liegende Zwettl ging es voran; das Fernziel war Freistadt. Der mahlende Ton der eisenbeschlagenen Räder und das Schaukeln des mächtigen Holzgefährts führten dazu, dass Günter Dullni, befreit von Rastlosigkeit und Angst, wieder einmal in einen tiefen Schlaf fiel. Er wurde wach, als er Glocken läuten hörte und den Duft eines Holzfeuers in der Nase spürte. Sie hatten in der Nähe einer Straße haltgemacht, Frederike und Hanna waren dabei, Feuer zu entfachen. Als er seinen

Kopf aus dem Planwagen schob, rief Hanna ihm zu: «Du hast vielleicht fest geschlafen! Aber jetzt gibt es etwas zu essen.»

Die Frauen, erst jetzt sah Dullni, dass es sich um Zwillingsschwestern handelte, hatten eine Nudelsuppe zubereitet. Beim Essen erzählten sie ihre Geschichte. Sie stammten aus Siebenbürgen, dem deutschen Siedlungsgebiet in Rumänien. Ihre Männer hatten in der rumänischen Armee gedient und waren beide in Russland gefallen. Als die Sowjetarmee in ihre Heimat einmarschierte, schlossen sie sich der abziehenden Wehrmacht an, vorläufig war in Allentsteig Endstation gewesen. Jetzt hofften sie auf ein neues Leben bei Verwandten nahe Linz.

Es hatte seit Tagen nicht geregnet, zum Glück für die Flüchtlinge. Sie durchfuhren das Waldviertel, eine sanfte Hügellandschaft, von beeindruckenden Granitblöcken durchzogen. Viele Gespanne mit Flüchtlingen waren unterwegs, die Straßen waren nicht immer befestigt. Ging es bergab, musste sich Dullni als Bremser nützlich machen, indem er zwischen Gestell und Rad mit einem Bremsholz und viel Kraft die Geschwindigkeit des Wagens drosselte, denn die mechanische Bremse am Wagen war defekt.

Eine vom Krieg verschont gebliebene Landschaft zog an ihnen vorbei. Sie ließen die Pferde auf Waldwiesen weiden, rasteten an Flüssen, in denen sie badeten. Die Frauen kümmerten sich um das Essen, Günter machte sich als Holzsammler, Kutschführer oder eben Bremser nützlich.

Es waren friedliche Tage. Nahe einem Dorf am Rande des Weinsberger Waldes hielten sie ihre letzte nächtliche Rast vor Freistadt. Es war eine kalte Nacht, obwohl es bereits Ende Mai war. Günter Dullni hatte sich mit seiner Decke einen Schlafplatz im Planwagen gesucht, als er spürte, wie sich Frederike neben ihn legte. Sie kuschelten sich aneinander, genossen die menschliche Wärme und Nähe, blieben die ganze Nacht eng umschlungen. Erstmals seit langer Zeit hatte er das Gefühl, glücklich zu sein, in einer Zeit, in der es das Glück schwer hatte.

Am nächsten Morgen erreichten sie die mittelalterlichen Stadtmauern von Freistadt. Die Stimmung der beiden Frauen war gedrückt. Er erfuhr es, als sie an einer Weggabelung stoppten und Frederike sagte: «Günter, willst du mit uns weiter nach Linz gehen? Sonst müssen wir uns hier leider trennen ...»

Dullni erschrak, daran hatte er keine Sekunde gedacht. Er hat keine Wahl, mit ihnen konnte er nicht ziehen. Er musste nach Hause, seine Angehörigen benachrichtigen, ein neues Leben beginnen. Der Abschied war kurz, aber tränenreich. Der Planwagen verschwand rumpelnd hinter einem Bergrücken; ab sofort begann für Dullni wieder das Versteckspiel. Noch lagen etwa 800 Kilometer Wegstrecke vor ihm.

Zu Fuß und immer entlang der Straßen, denn er hoffte auf Mitnahme, ging er in Richtung bayerische Grenze durch das oberösterreichische Mühlenviertel. Ein Trecker nahm ihn mit bis hinter Rohrbach, wo Österreich eine Art Zipfel bildet, zur deutschen und zur tschechischen Grenze sind es etwa zehn Kilometer. Für eine zünftige Brotzeit und ein Nachtquartier in der Scheune mistete er den Schweinestall bei dem Treckerfahrer aus. Am Abend des nächsten Tages passierte er hinter Hanging und kurz vor dem deutschen Ort Wegscheid die Grenze. Heimat!, triumphierte er innerlich. Eine große Etappe hatte er geschafft. Es gab offenbar noch keine Grenzposten, nur eine kleine Tafel am Straßenrand informierte darüber. Kurz vor Wegscheid suchte er sich eine Scheune für die Nacht.

«Gut geschlafen?», vernahm er am nächsten Morgen die Stimme eines alten Mannes. «Ich brauche noch etwas Heu für meine Kühe. Kannst bis hinter Wegscheid mitfahren, wenn du willst», sagte er freundlich. Als sie sich trennten, rief ihm der alte Mann hinterher: «Bis Passau sind es noch 25 Kilometer, das schaffst du bis zum Abend.»

Dullni bedankte sich und machte sich auf den Weg.

Die Straßen in Deutschland waren viel belebter als in Österreich. Vor allem amerikanische Soldaten waren unterwegs. Günter Dullni versteckte sich nicht mehr. Niemand schien in diesem Jungen in kurzen Hosen einen ehemaligen Soldaten zu vermuten. Vor allem die schwarzen US-Soldaten waren freundlich, winkten und riefen dem Jungen ihr «Hello» entgegen. Doch leider hielt niemand an, um ihn mitzunehmen. Vielleicht auch besser so, dachte Dullni, denn er musste befürchten, in Gespräche über Herkunft und Ziel seiner Reise verwickelt und so doch noch als Soldat enttarnt zu werden.

Weil es bereits dämmerte und er es doch nicht bis Passau schaffte, übernachtete er im Führerhäuschen eines im Straßengraben «geparkten» oder gestrandeten Wehrmachts-LKW. Am Morgen weckte ihn die Sonne. Als er aus Neugierde die Klappe des unter dem Lenkrad befindlichen Faches öffnete, fielen zwei Päckchen heraus. Er kannte diese Art von Packungen recht gut: Es waren die «Eisernen Rationen» der Soldaten. Vor Dankbarkeit musste er weinen. Er war zwar kein strenggläubiger Mensch, aber in diesem Moment dankte er dem Schöpfer. Offenbar hatte da jemand in aller Eile auf seiner Flucht die Essensportionen vergessen! In den Päckchen befanden sich Konserven mit Kommissbrot und Schweinefleisch.

Am nächsten Tag erreichte er die Drei-Flüsse-Stadt Passau, die ihn sehr beeindruckte – vor allem die auf einer Halbinsel zwischen Inn und Donau gelegene Altstadt. Für Günter Dullni war sein Fußmarsch nicht mehr nur eine Flucht, allmählich fühlte er sich wie auf einer Reise, der ersten großen Reise seines Lebens: Er sah die Donau, barocke Herrenhäuser, Schloss Kämpelstein, ihm boten sich traumhafte Panorama-Blicke dar.

Günter fühlte sich wie ein Wanderer, der seine deutsche Heimat just in der Stunde für sich entdeckte, in der sie geschlagen und zerstört am Boden lag. Ein heraufziehendes Unwetter beendete seine Pause in Passau, er hatte sich Straubing als nächstes Etappenziel gesetzt. Und das waren immerhin noch fast 90 Kilometer. Die Straße wand sich zunächst entlang der Donau. Auf dem Pferdewagen einer Bäuerin erreichte er das 25 Kilometer hinter Passau gelegene Vilshofen, neun Kilometer weiter hinter Pleinting nächtigte er in einem Heuschober.

Tags darauf riss ihn kurz vor Plattling das Pfeifen einer Lokomotive aus seinen Wanderträumen, und er sah auf dem Schienenstrang neben der Straße einen Güterzug, auf dessen Anhängern viele Zivilisten saßen. Das wäre etwas für mich, dachte er. Auf einem Bahnhof erfuhr er, dass nur ein Güterzug pro Tag in Richtung Nürnberg fuhr. Und dass es in Straubing einen großen Güterbahnhof gab, nur dort könnten sich Zivilisten begründete Hoffnung machen, zuzusteigen. Also lagen weitere 25 Kilometer Marsch vor ihm. Erneut hatte er als Anhalter Erfolg, doch vor einem großen Bauernhof war vorläufig Endstation. Die Wehrmachtsreserven waren längst verzehrt und sein Magen quälte ihn seit Stunden, da entschloss er sich, in dem vornehmen Herrschaftshaus eines Gutshofes um Essen zu bitten. Eine resolute Frau, alarmiert durch den angeketteten Hund, trat ihm entgegen: «Was ist?», fragte sie unfreundlich.

Dullni schilderte sein Begehren. Sie fragte: «Bis du katholisch?»

Zur Ehrlichkeit erzogen, antwortete Dullni korrekt: «Nein, ich bin evangelisch.»

«Dann geh, da ist die Tür», herrschte sie ihn an.

Er hatte vieles erwartet, eine Standpauke, vielleicht einen «Bekehrungsversuch» oder mitleidige Worte. Nicht aber eine solche Abfuhr. Er nächtigte außerhalb der Ortschaften auf dem harten Boden eines grob gebalkten Hochstandes. Am Vormittag des nächsten Tages erreichte er Straubing. Auf dem vom Krieg zerstörten Güterbahnhof warteten viele Menschen auf einen Zug, der noch im Laufe des Vormittags die Stadt erreichen sollte. In der Bahnhofsmission bekam er eine Suppe und ein Stück Brot.

Auf einer Wandtafel am Bahnhof las er die letzten Neuigkeiten: Hermann Göring war verhaftet, Heinrich Himmler hatte Selbstmord begangen, im Fernen Osten ging der Krieg unvermindert weiter. Gegen 10 Uhr rollte ein Güterzug ein, für die Wartenden bildete das den Startschuss für einen Wettlauf um die besten Plätze. Günter Dullni hatte klare Vorteile gegenüber seinen Konkurrenten: Er war jung, er hatte keine Angehörigen, er hatte kein Gepäck. Also ergatterte er sehr schnell einen Platz in einem halbhohen, oben offenen Güterwagen, der zum Kohlentransport verwendet wurde. Mit ihm okkupierten Mütter mit Kindern, viele ehemalige Kriegsgefangene und Zwangsarbeiter aus Frankreich und Polen den Zug. In diesem Moment gab es keine «Einheimischen» und Fremden mehr, keine Sieger und Besiegten, nur Entwurzelte. Sie wollten alle dasselbe, sie wollten nur nach Hause.

Nach ungefähr 45 Minuten erreichte der Zug Regensburg, auch hier war der Bahnhof voller Menschen, von denen es aber nur noch ein Teil schaffte, die wenigen verbliebenen Plätze auf dem Güterzug zu ergattern. Zwei Stunden später sah er die Nürnberger Burg. Auf seiner Reise war das die erste Stadt, die einen vollständig zerstörten Eindruck machte. Dullni musste an die triumphalen Parteitage denken, die die Nazis in dieser Stadt abgehalten hatten. Jetzt wartete ein Teil dieser Volksverführer in dieser Stadt auf einen Auftritt ganz anderer Art: vor dem Tribunal der Völker.

Günter Dullni hatte Zeit, in zwei Stunden erst sollte ein Personenzug in Richtung Bamberg-Coburg gehen. Wieder verköstigte ihn eine dieser unersetzlichen Bahnhofsmissionen, es gab Erbsensuppe, ein Festessen in dieser Zeit. Es schmeckte dem Jungen so gut, dass er beinahe die Abfahrt seines Zuges verpasste. Als er ihn schließlich erreichte, musste er sehen, dass alle Wagen komplett überfüllt waren. Gehetzt und enttäuscht, streifte er um den übervollen Zug herum, bis ihn ein Mann vom Dach zurief: «Junge, komm rauf, hier ist noch Platz.» Zwischen überwiegend jungen Leuten fand er hoch oben einen Platz. Kurz vor Abfahrt ermahnte ein Schaffner die Dach-Sitzer: «Es ist lebensgefährlich, sich aufzurichten, bleibt bitte sitzen …»

Noch vor Anbruch der Dämmerung erreichten sie Coburg, das nächste Etappenziel. Die harte Holzbank im mit Menschen überfüllten Bahnhofsgebäude ließ nur wenig Schlaf zu. Dafür wurde ihm das Mitleid eines Mannes zuteil, der ihm gegenübersaß. Als Günter Dullni ihm seine Geschichte erzählte, öffnete der Mann seinen Rucksack und teilte Weißbrot, Schinken und Wurst mit dem Jungen. Und er wurde sich bewusst, wie viele der Menschen, denen er begegnet war, selbstlos ihr Essen mit ihm geteilt oder ihm anders geholfen hatten.

Von Coburg aus musste er sich wieder auf die Landstraße begeben, das etwa 50 Kilometer nördlich gelegene Suhl in Thüringen war sein nächstes Ziel. Die Füße schmerzten bereits nach wenigen Kilometern, doch wieder tauchten helfende Engel auf, sie saßen in einem amerikanischen Jeep. Die beiden Soldaten waren freundlich und ein wenig verwegen, denn im Affenzahn preschten sie über die Landstraße. Während der Fahrt drückten sie Günter etwas in die Hand, das er für eine Süßigkeit hielt, sich aber nur schwer schlucken ließ – es war sein erster Kaugummi.

In Suhl angekommen, strebte er wieder zum Bahnhof, denn er wollte Gotha erreichen, am besten mit dem Zug. Doch an diesem Tag würde kein Zug mehr Suhl verlassen. Auf der Suche nach einem Nachtquartier, der Bahnhof war im Krieg schwer beschädigt worden, fand er einen etwas verwilderten, mit einem Vorhängeschloss versperrten Schuppen auf dem Bahngelände. Er untersuchte das Gebäude und fand auf einem Balken über der Tür unter dem Dach tatsächlich einen kleinen Schlüssel. Er öffnete die Tür und traute seinen Augen nicht: Der Schuppen beherbergte, bis unter das Dach fein säuberlich aufgestapelt, die ihm vertrauten Wehrmachtsverpflegungspakete. Er packte in seinen Rucksack, so viele er tragen konnte, versteckte den

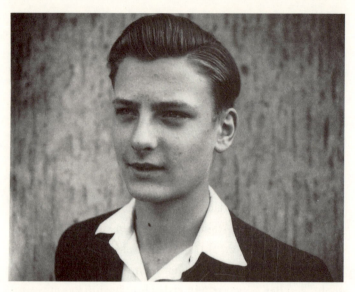

4) Günter Dullni 1946.

Schlüssel wieder und machte sich auf den Weg zu einem verlassenen Schrankenwärterhäuschen unweit des Bahnhofsgeländes. Als er eintraf, begann es bereits zu dunkeln. Und beinahe wäre er über die beiden Menschen gestolpert, die dort ebenfalls Unterschlupf gefunden hatten: eine junge Frau und ihr fünfjähriger Junge. Dullni freute sich, endlich einmal anderen Menschen helfen zu können. Sie breiteten bei Kerzenschein die Kostbarkeiten der Verpflegungspakete aus: Blutwurst in Dosen, haltbares Kommissbrot, Salami. Aus Dankbarkeit umarmte die junge Frau ihn. Und er hatte das Gefühl, dass ihm eine menschliche Berührung fast genauso gefehlt hatte wie eine Mahlzeit.

Am nächsten Morgen setzten sie die Reise gemeinsam fort. Mit dem Güterzug erreichten er und seine beiden Begleiter Gotha, bis Rockstedt musste er zu Fuß gehen – allein. Dort wohnten gute Freunde seiner Eltern. Er blieb auf ihrem kleinen Bauernhof in der Gemeinde südwestlich des Kyffhäuserkreises rund zwei Wochen, denn er hatte aufgrund seiner SS-Vergangenheit Angst, die amerikanische Zone zu verlassen. Noch war Thüringen fest in amerikanischer Hand, seine brandenburgische Heimat indes war Teil der sowjetischen Zone.

Als am 1. Juli die Nachricht die Runde machte, dass die Amerikaner Thüringen verlassen würden, begann Dullni, sich in Eigenregie seiner SS-Tätowierung zu entledigen. In einem Akt der Verzweiflung versuchte er sich das Blutgruppenzeichen mit einem Bügeleisen aus dem linken Oberarm zu brennen. Das bereitete ihm höllische Schmerzen, zudem misslang die «Operation», die Wunde entzündete sich. Schlimmer noch, es war ihm nicht gelungen, alle Spuren des verräterischen Buchstabens zu beseitigen. Schließlich vertraute er sich seiner Gastgeberin an, gemeinsam besuchten sie einen Arzt, der die Wunde behandelte und die verbliebenen Farbspuren gründlicher beseitigte. Was blieb, war eine Narbe.

Anfang Juli 1945 erreichte Günter Dullni seine Heimatstadt Wildau. Er hatte es tatsächlich geschafft, hatte in einem Gewaltmarsch fast tausend Kilometer Strecke zurückgelegt, war den Siegern mehrfach entkommen, hatte ihm bislang unbekannte Regionen seines Heimatlandes kennen- und schätzen gelernt. Zudem empfand er eine tiefe Dankbarkeit für die vielen Menschen, die ihm uneigennützig und unter Risiken für die eigene Person geholfen hatten.

Die Freude seiner Eltern und seiner kleinen Schwester Eva war riesig, zumal sie von ihm zuvor keinerlei Lebenszeichen erhalten hatten. Doch bald schon wich die Freude neuen Sorgen. Denn wenige Tage nach Dullnis Rückkehr wurde der Vater eines Abends von den Russen abgeholt und ins sibirische Prokopjewsk verschleppt. Man bezichtigte ihn, ein unverbesserlicher Nazi zu sein.

Kaum war der Vater verschwunden, läutete es erneut an der Tür: zwei sowjetische Soldaten und ein deutscher Polizist standen da. «Mitkommen!», wurde Dullni grob aufgefordert. Es ging in den Keller der sowjetischen Kommandantur. Erst nach vier Tagen, die er in einem dunklen Verlies zusammen mit einem ehemaligen Schulkameraden und einem polnischen Zwangsarbeiter zubrachte, wurde er verhört – und erfuhr den Grund seiner Verhaftung: «Du Werwolf?», lautete die immer wieder gestellte Frage. Jemand hatte ihn denunziert, dieser Nazi-Sabotage-Organisation anzugehören, die wohl eher in den Vorstellungen der Nazis als in Wirklichkeit existierte. Zehn Tage blieb er in Haft, dann durfte ihn die Mutter abholen, der Verdacht hatte sich als unbegründet erwiesen. Aber es blieb bei Schikanen: Dullni wollte Lehrer werden, mit Verweis auf seine «braune Vergangenheit» wurde ihm das verweigert.

5) Günter Dullni heute.

Die Zeiten blieben unruhig: Währungsreform im Westen und im nahen Westberlin, die Blockade, die Verschleppung des Vaters, die Angst davor, als Waffen-SS-Mitglied denunziert zu werden, berufliche Perspektivlosigkeit, die anhaltende wirtschaftliche Not in der Ostzone – in Günter Dullni kämpfte die Liebe zu seiner brandenburgischen Heimat und zur Familie mit dem Drang, im Westen einen Neuanfang zu wagen. Ende August 1948 entschloss er sich mit einer zwei Jahre älteren Freundin zur Flucht. Duisburg-Rheinhausen wurde seine neue Heimat, das Krupp-Stahlwerk sein Arbeitgeber. Seine Mutter hatte ihn zur Flucht ermutigt. Sein Vater aber, der nach Jahren Verschleppung nach Wildau zurückkehrte, verzieh es dem Sohn bis an sein Lebensende nicht, Mutter und Schwester «im Stich» gelassen zu haben.

Wie Günter Lucks begann auch Günter Dullni erst im hohen Alter, seine Geschichte aufzuarbeiten – auch er in Form eines Buches. «Mit 16 im Strudel der Zeit» ist 2011 in der «Kindle Edition» erschienen.

Gefangen auf der «Brücke von Remagen»

Peter Hatzsch: Als Sklavenarbeiter im Rostower Kohlerevier

Ein Leben lang suchte Peter Hatzsch sein Glück nicht auf der Erde, sondern darunter. Denn er entstammt einer Bergmannsfamilie aus dem sächsischen Aue unweit von Zwickau. Schon in seiner Jugend war für Hatzsch daher klar, dass es für ihn nur einen Beruf geben konnte: Bergmann. Auf andere Gedanken kam man vermutlich nicht, wenn man in jener Zeit in der Stadt Freiberg aufwuchs, die einst auf Europas größten Silbervorkommen stand und die aufgrund dessen im Mittelalter größer, reicher, bedeutender als ihre sächsischen Schwestern Leipzig oder Dresden war. In Freiberg erinnert vieles an diese «silbrigen Zeiten», die einst «Otto der Reiche» einläutete, der bis heute vom Brunnen vor dem Rathaus herabblickt. Hatzsch wurde seinem Traumberuf später auch nicht untreu – obwohl auch die schlimmste Zeit seines Lebens im Zeichen des Bergbaus stand. Hatzsch nennt es Schicksal, sein Schicksal.

Ende 1945, Lager 7251/III im Herzen des Donbass-Reviers im Osten der Ukraine. Der 16-jährige Peter Hatzsch soll hier Steinkohle abbauen, mit fast nichts außer der Kraft seiner Hände. In einem Stollen, der zum Stehen zu klein ist und in dem die Tagwässer stete Rinnsale bilden, in denen die Hauer liegen. Hatzsch schuftet hier Seite an Seite mit anderen deutschen «Plennys», Kriegsgefangenen, und mit ehemaligen Sowjetsoldaten, die dafür büßen, dass sie lebend in die Hände der Deutschen gefallen sind. Darunter sind auch Frauen wie Nadja, deren einziges Verbrechen darin bestand, während der Besatzungszeit von den Deutschen zur Zwangsarbeit verpflichtet und ins Reich zu deutschen Bauern deportiert worden zu sein. Für Väterchen Stalin, der einst selbst den Nazi-Führern die Hand reichte und mit ihnen Europa aufteilte, war jeder seiner Untertanen ein Verräter, der sich lebend in die Hände der Deutschen begeben hatte. Der Sowjetmensch war zum Helden geboren – und falls nicht, musste er dafür büßen.

Mit Nadja und Lonja ergab sich eine Freundschaft, beinahe Brüderlichkeit, wie es sie wohl nur bei Leidensgenossen in ähnlich verzweifelten Situationen gibt. Peter und sie teilten in den Mittagspausen alles: Hatte einer ein Stück Speck, bekam jeder ein Stück. Genauso war es mit Käse oder Tabak. Peter Hatzsch bekam seine ersten russischen Sprach-Lektionen, natürlich waren das am Anfang zumeist Flüche. Dafür bekamen die beiden von Peter eine Vorstellung von der Welt da draußen jenseits der Lagergrenze.

Es gab keine Arbeitszeiten; geschuftet wurde, bis die Norm erfüllt war. Eine bestimmte Menge von Hunten, so werden die Förderwagen genannt, musste beladen werden –

und zwar von allen Brigaden des Lagers 7251/III inmitten der Donbass-Region, einer Art ukrainischem Ruhrgebiet. Erst dann begab sich der traurige Tross auf den etwa einstündigen Heimweg. Jeder nahm ein großes Stück Holz oder einen Brocken Kohle mit, ein Teil davon wurde am Lagertor abgeliefert, wo erstmals durchgezählt wurde. Was an Brennmaterial übrig blieb, war für die Beheizung der Baracken gedacht. Geheizt wurde zu jeder Jahreszeit, denn die stets nasse Kleidung musste über Nacht trocken werden.

Auf dem Ofen stand stets ein großer Eimer mit heißem Wasser. Viele Gefangene machten sich aus getrockneten Pflanzen einen Tee. Andere kochten ihren Tabak, ein Stück aufgesparte Seife oder Salz, tranken dann diesen Sud, um so krank und nach Hause geschickt zu werden. Bis sich herumsprach, dass man vom Sud aus Tabak oder Seife unter Umständen starb. Die Salzwassertrinker bekamen schreckliche Ödeme an den Beinen, die mitunter aufplatzten. Sie kamen ins Lazarett, wurden anschließend aber nicht nach Hause, sondern ins Straflager geschickt – wegen Selbstverstümmelung. Abends bekamen die Gefangenen zwei Schüsseln Suppe und eine Schüssel Kascha (ein Brei aus Graupen) oder Kraut. Ganz selten mal Mais oder Hirse.

Danach wurde in der Baracke angetreten und letztmalig gezählt. Es war eine Katastrophe, wenn der Zählende nicht die erwartete Zahl Gefangener vorfand. Dann dauerte es eine Ewigkeit, bis Klarheit herrschte. Doch stets lag ein Zählfehler zugrunde, denn niemand wäre auf die idiotische

Idee gekommen, sich auf den 2000 Kilometer weiten Fußmarsch in Richtung Heimat zu begeben, mitten durch das größte Völkergefängnis Europas, über mehrere Landesgrenzen hinweg durch Staaten, deren Sprachen man nicht sprach und die soeben einen Krieg überstanden hatten, der vom deutschen Boden ausgegangen war. Nein, auf eine so verrückte Idee kamen nur die Schriftsteller daheim, wie das in der Nachkriegszeit in Deutschland populäre Buch «So weit die Füße tragen» zeigte.

Einmal wurde Peter von seinen Freunden im Stollen gefragt: «Pjotr, skolko Russki du kaputt, tack. Tack, tack …», wobei Lonja gestikulierend das Schießen einer Maschinenpistole simulierte. Wahrheitsgemäß antwortete der: «Ich nix Soldat gewesen, ich Zivilist.» Beide schlugen sich vor Lachen auf die Schenkel. Sie riefen Kollegen aus anderen Stollen hinzu, er musste seine Antwort wiederholen, schließlich wurde sogar der Steiger, ein Zivilist in der Position des Vorarbeiters, gerufen. Und immer wieder wurde johlend gelacht, bis Hatzsch erfuhr, dass «Zivilist» im Russischen wie Syphilitiker klang.

Tatsächlich hatte Peter in diesem Krieg keinen einzigen Schuss auf alliierte Soldaten abgefeuert, war nicht einmal ein richtiger Soldat gewesen. Seinen Marschbefehl hatte der damals 15-Jährige Anfang März 1945 erhalten. In seiner HJ-Winteruniform – Farbe: «Flak-blau», so wie sie die jugendlichen Flakhelfer trugen – war Peter Hatzsch am 16. April im mährischen Reichsausbildungslager Bad Luhatschowitz angekommen. Es war genau der Tag, an dem er seinen 16. Geburtstag feierte. Er sollte dem letzten Ausbildungslehrgang angehören, denn das Lager befand sich zu diesem Zeitpunkt schon in Auflösung. Von fern war bereits Geschützdonner zu hören.

Doch den Jungen beschäftigten zu diesem Zeitpunkt ganz andere Dinge: Er erhielt eine neue olivgrüne Drillichuniform, ein nagelneues Paar Stiefel, Gasmaske, Stahlhelm – und ein fabrikneues Sturmgewehr 44, die begehrteste Handfeuerwaffe, die es im Nazireich zu vergeben gab. Denn viele erfahrene Landser mussten sich noch mit dem wenig geliebten, weil schweren und etwas umständlich zu bedienenden Karabiner 98k (k stand für Kurzversion) herumplagen. Alle Jungen kannten sich damals natürlich in solchen Dingen aus. Man kannte die Panzertypen, kannte jedes Uniformdetail und natürlich jedes Gewehr – ob von Freund oder Feind. Die vormilitärische Erziehung und die schleichende Militarisierung der Gesellschaft (z. B. sammelten alle Jungen Zigarettenbildchen, die es auch mit Wehrmachtsmotiven gab), hatten ihre Wirkung nicht verfehlt.

Die Waffen, die Hatzschs Lehrgang erhielt, waren aber offensichtlich, entsprechend der desolaten Lage, in der sich das Reich befand, völlig übereilt ausgeliefert worden: Die Stahlteile hatte man nicht mehr brüniert, also gegen Rost versiegelt, vielmehr glänzten sie stahlblau. Auch das Holz des Schaftes war unbehandelt. Das helle, ursprüngliche Eschenholz musste mit Schmirgelpapier behandelt werden, sonst zog man sich Splitter ein.

Ihr Ausbilder war ein Invalide, der im Krieg ein Auge und einen Arm verloren hatte. Vielleicht lag es am Verdruss über die eigene Versehrtheit oder am Wissen über die Ausweglosigkeit der militärischen Situation: Jedenfalls gebärdete sich dieser Feldwebel der Fallschirmjäger den Jungen gegenüber als Sadist; er war ein Typ wie der Unteroffizier Himmelstoß aus Erich Maria Remarques Antikriegsroman «Im Westen nichts Neues». Den Jungen wurde umgehend deutlich gemacht, dass sie endgültig angekommen waren in der grausamen Realität dieses Völkermordens. Und dass es von nun an um Leben und Tod ging. Zwei 16-Jährige waren des Nachts aus dem Lager verschwunden, vermutlich des Drills überdrüssig. Einer von beiden fiel der Feldgendarmerie in die Arme, den sogenannten Kettenhunden, die ähnlich gefürchtet wurden wie der Feind. Der Junge wurde vor dem versammelten Jahrgang standrechtlich erschossen. Ohne Feindberührung hatte dieser Ausbildungslehrgang seinen ersten Toten.

Die Ausbildung war quälend: Sie krochen den ganzen Tag durch die vom Frühlingsregen aufgeweichten Böden. Der Abmarsch zur Front fiel jedoch aus, weil es keine Front mehr gab, weil sich alles in Auflösung befand. Und zwar unaufhaltsam. Erst war es nur aus der Ferne zu hören, doch allmählich kam es immer näher: das schauerliche Heulen der «Katjuschas», wie die gefürchteten mobilen Raketenwerferbatterien genannt wurden. Eines Morgens Ende April räumten sie das Lager, der Wehrmachtsbericht vermeldete mal wieder eine der «strategischen Frontbegradigungen im südmährischen Raum». Es wurde viel «begradigt», in diesen letzten Kriegswochen. Doch nichts verlief in geordneten Bahnen, es war eine chaotische Flucht in Richtung Westen. Obwohl sie kaum etwas vom wahren Zustand des Reiches erfahren hatten, war jedem klar: Wenn es zu Ende geht, musst du im Westen sein! Bei Amerikanern oder Briten, nur nicht den Russen in die Hände fallen.

Lange marschierte Peter Hatzsch in Richtung Westen, Stunden, Tage. Er war willenlos, folgte wie fremdbestimmt der Truppe. Irgendwann wurden sie von motorisierten Einheiten überholt, die bereits weiße Lappen an ihren Antennen befestigt hatten. Die Männer berichteten, dass der Führer gefallen sei. Der Verband löste sich auf, die Jungen warfen ihre Waffen weg. Peter war erleichtert, dass der Krieg zu Ende war, ohne dass er einen Schuss hatte abfeuern müssen. Doch erst jetzt begann der eigentliche Kampf ums Überleben, denn sie wussten, dass sie von den Siegern keine Gnade zu erwarten hatten – zumal in den Uniformen der berüchtigten Waffen-SS. Sie waren noch halbe Kinder, erstmals allein für so lange Zeit dem Elternhaus entrissen. In einem fremden Land, in dem sich über Nacht der Hass auf alles entlud, was deutsch sprach.

Es war am 8. Mai, da sammelten sich auf dem Truppenübungsplatz Milovice nordöstlich von Prag die wenigen im Protektorat – so der Name, den die Nazis dem nicht direkt Deutschland angegliederten Teil Tschechiens gegeben hatten – verbliebenen Wehrmachtsverbände. Ein hoher Militär mit randloser Brille, geschätzte 50 Jahre alt, hielt eine Ansprache. Die Soldaten tuschelten ehrfurchtsvoll, man raunte, der Mann mit der Feldmütze da vorn sei der Generalfeldmarschall Ferdinand Schörner. Sie wussten nicht, dass der Vorzeige-General der Nazis, Befehlshaber der Heeresgruppe A, an Hitlers Todestag in einer Art «letzter Amtshandlung» zum Oberbefehlshaber des Heeres ernannt worden war. Eines Heeres allerdings, das sich in Auflösung befand und nur noch in eine Richtung stürmte: westwärts.

Unter den Jungen galt Schörner im Reich längst als eine Art Popstar, als Macher, der sich von den Orden tragenden adligen Generälen der alten Schule grundlegend unterschied. In Wahrheit war er ein fanatischer, rücksichtsloser Draufgänger, der mit Deserteuren keine Gnade kannte und noch in den letzten Kriegstagen sinnlos ganze Kompanien verheizte. Der «blutige Ferdinand» galt selbst unter erzkonservativen Politikern der späteren Bundesrepublik wie Verteidigungsminister Franz Josef Strauß als «Ungeheuer in Uniform».

Schörner hielt an jenem Tag eine betont markige Rede, in der er die bedingungslose Kapitulation des in Trümmern liegenden «Großdeutschlands» bekannt gab – nur Stunden später floh der gebürtige Bayer als Zivilist verkleidet in Lederhose und mit Gamsbart-Hut, wurde aber Tage später in Österreich aufgegriffen und von den Amerikanern an die Russen ausgeliefert.

Für die Jungen eher von Bedeutung war der Teil von Schörners Ansprache, in dem er verkündete, dass diejenigen, die sich bis 11. Mai, 24 Uhr, westlich der Moldau aufhielten, in amerikanischer Gefangenschaft verblieben. Nach einem «Heil» (ohne Sieg und Hitler) wurde weggetreten.

Peter Hatzsch formulierte für sich Ziele: nach Deutschland gelangen, unbedingt in die amerikanische Zone, wo immer sie lag, falls möglich das Erzgebirge erreichen. Bekannt war lediglich, dass die Amerikaner einen großen Teil Sachsens besetzt hielten – noch! Er marschierte also los. Auf eigene Faust, weil er sich davon mehr versprach, was aber in Kriegszeiten aller Soldatenlogik widersprach – denn allein war man Freiwild.

Ihm blieb gar keine andere Wahl. Niemand nahm ihn mit. Denn statt eines Jungen ließen die zurückflutenden Landser, die sich alle fahrbaren Untersätze längst unter den Nagel gerissen hatten, lieber Rot-Kreuz-Schwestern oder Wehrmachtshelferinnen in die Fahrerhäuschen der LKW. In der nächsten Nacht erreichte Hatzsch die kleine Stadt Davle 21 Kilometer südlich von Prag. Dort überspannte eine riesige Brücke mit geschwungenen Stahlträgern die etwa 60 Meter breite Moldau. Es ist die Brücke, auf der in den 60er Jahren der Kinohit «Die Brücke von Remagen» gedreht wurde. Die spätere Kino-Kulisse wurde zu Peters Schicksal. Er hatte alle Hoheitszeichen von der HJ-Uniform entfernt, zog sogar die Schuhe aus, band die Schnürsenkel zusammen und legt sie sich um den Hals, um geräuschlos in der Dunkelheit die Brücke passieren zu können. Er hatte bereits die Mitte der Brücke erreicht, da hörte er hinter sich einen russischen Befehl – in einem Tonfall, der keinen Zweifel an der Entschlossenheit derjenigen zuließ, die da sprachen: «Stoi! Ruki werch!» Er hatte zuvor diese Worte nie gehört und verstand doch intuitiv, was sie bedeuteten: «Stehen bleiben, Hände hoch!» Er tat wie ihm geheißen, dabei rutschten ihm die Jackenärmel hoch. Seine Armbanduhr am rechten Arm, ein Konfirmationsgeschenk, wurde sichtbar und wurde ihm umgehend abgenommen.

Doch es waren keine sowjetischen Soldaten, welche die Brücke bewachten und seinen ungeschickten Versuch, sie nachts zu passieren, vereitelten: es war tschechische Heimwehr in Zivil mit rot-weiß-blauen Armbinden. Mit vorgehaltenem, entsichertem Karabiner wurde er zurück nach Davle gebracht. Dort sperrte man ihn in einen Stall, in dem bereits ein Deutscher saß. Im Laufe der Nacht kamen immer mehr dazu, am Ende befand sich ein Dutzend deutscher Soldaten und Zivilisten in diesem Arrest, darunter ein Luftwaffenoffizier mit Ritterkreuz im Ledermantel – eine wirklich eindrucksvolle Erscheinung. Doch Mantel, Orden und Stiefel wurde er am nächsten Morgen los, so wie allen abgenommen wurde, was irgendwie von Wert zu sein schien. Etwas außerhalb der Stadt mussten sie die Leiche eines KZ-Insassen ausgraben, der dort vor Tagen erschossen und eilig verscharrt worden war. Mit der Leiche auf den Schultern wurde die elfköpfige Truppe dann zurück in die Stadt Davle geschickt. Passanten säumten den Weg, immer wieder gab es Tritte, Prügel, Schmähungen. Peter Hatzsch hatte das erste Mal Todesangst. Sie sollte für Jahre zum bestimmenden Gefühl werden.

Am nächsten Tag erreichte die Nachhut der sowjetischen Armee mit den legendären Panjewagen, teils von Pferden, mitunter aber auch von Kamelen gezogen, die Stadt. Ein Lastwagen sammelte schließlich die Gefangenen ein. Sie hatten bereits längere Zeit nichts zu essen und zu trinken bekommen. Man brachte sie nach Prag in ein großes Sportstadion. Auf dem Weg dorthin sah Peter viele an Bäumen erhängte SS-Männer. Ihm schwante: Das drohte auch ihm, würde seine SS-Mitgliedschaft bekannt werden. Das Stadion war gefüllt mit Tausenden von Menschen, fast ausschließlich Deutschen, mitunter auch Soldaten verbündeter Armeen. Es war ein Sammelsurium deutscher Uniformträger: Er sah Heeres-, Marine-, Luftwaffen-, Hitlerjugend-, Arbeitsdienst-, Polizei-, Zoll-, Reichsbahn-, Rot-Kreuz-Uniformen, auch Mitglieder der Organisation Todt, der militärisch organisierten Bautruppe der Nazis. Nur wenige Menschen trugen Zivilkleider. Die Menschen standen so dicht gedrängt, dass es nicht einmal Platz gab, sich hinzusetzen. Ein Haufen menschlichen Elends, essend, schlafend, siechend, Bedürfnisse verrichtend. Zwei Tage blieb er in dem Stadion, dann begann ein endlos scheinender Marsch – ohne erkennbare Richtung. Der Menschenwurm wurde mal in nördliche, mal in südliche, überwiegend aber in östliche Richtung verschoben. Ähnliche, über die Tschechoslowakei verstreute Gefangenensammellager wurden aufgelöst und in den Strom eingegliedert. Die ganze Strecke, die er seit Luhačovice in westliche Richtung gegangen war, ging es jetzt auf Umwegen zurück.

Sie bekamen nichts zu essen, sie bekamen nichts zu trinken. Selbstversorgung war das Gebot der Stunde. In einigen Ortschaften brachten die Bewohner Brot und Kartoffeln – im Tausch gegen Eheringe, Uhren, Gürtel, aber auch überlebenswichtige Kleidung wie Jacken oder Stiefel. Peter hatte nicht viel zu bieten, bis auf die intakte Uniformjacke, die er bald vermissen würde. Er lernte seine ersten Überlebensregeln: nicht am Ende der Kolonne aufhalten, nicht am Anfang und auch nicht an den Rändern. Dort gab es Prügel von Passanten, mit Holzlatten, Schaufeln, gelegentlich flogen auch Steine. Ruhepausen gab es nicht. Stoppte der Menschenwurm nachts, legte man sich hin, wo man gerade war – ob Pfütze, Schlammloch, Pferdemist. Sie tranken aus Pfützen, Teichen, Bächen, bald hatten alle Durchfall. Die Russen verteilten Lebensmittel, obwohl sie selbst kaum etwas zu beißen hatten, doch stets wurde nur die Spitze des Zuges bedacht.

Ende Juli erreichten sie Brünn. In einer ehemaligen SS-Kaserne kamen sie zwei Wochen unter. Es gab Verpflegung, Duschen, sie fanden Schlaf, die Haare wurden radikal kurz geschoren. Dann ging es vom Bahnhof aus in mit Stroh ausgelegten Viehwaggons durch die Slowakei und Ungarn bis nach Râmnicu Sărat in Rumänien. Das nächste Lager wartete. Es stand unter Aufsicht der Rumänen. Vermutlich, um sich als ehemalige Verbündete Deutschlands möglichst nachhaltig bei den Siegern anzudienen, behandelten die Rumänen ihre Gefangenen besonders brutal – bei jeder Gelegenheit wurde geprügelt. Dauerregen hatte das Lager in eine Sumpflandschaft verwandelt, es gab keine Toiletten, alle Gefangenen litten an flüssigem Durchfall. Als Mittel dagegen hoffte man auf die Wirkung von Holzkohle, die an Feuern gebrannt wurde, die Gefangenen liefen mit schwarz umrandeten Mündern herum. Zwei Wochen später ging es über einen kurzen Zwischenstopp in ein anderes Lager nach Constanța am Schwarzen Meer.

Hier wurden die Gefangenen auf ein umfunktioniertes sowjetisches Ausflugsschiff gebracht, dessen Heimathafen Odessa war. Und dann trat der Binnenländer Hatzsch seine erste Seereise an, gern hätte er so etwas unter anderen Vorzeichen erlebt. Die Gefangenen mussten unter Deck bleiben, als hätte da jemand aus diesem willenlosen Haufen über die Reling springen und schwimmend das Weite suchen können. Peter machte es sich in einem Regal bequem, in dem einst Küchenutensilien untergebracht worden waren. Sie passierten die Krim und steuerten das weiter östlich gelegene Noworossisk an, wo bereits ein Güterzug für den Weitertransport bereitstand. In den Waggons gab es fest installierte Pritschen, wie in einer Baracke. Ziel war das fast 700 Kilometer entfernte Stalingrad. Doch offensichtlich war etwas mit der Planung schiefgegangen, ein anderer Zug mit einem ursprünglich anderen Ziel war bereits entladen worden, sodass im Lager kein Platz mehr war. Also schlossen sich die Türen wieder, und die Reise ging wieder zurück in Richtung Schwarzes Meer, dieses Mal an den nördlichen Zipfel. Als Peter Hatzsch den Zug Tage später endlich verlassen durfte, sah er riesige Kohlen- und Abraumhalden: Nowoschachtinsk in der Region Rostow. Es war Anfang Oktober. Und Peter fielen die Worte seines Vaters ein: «Du wirst Knappe.» Das war ihm stets Verheißung gewesen. Doch unter diesen Vorzeichen wurde es zum Fluch. Er konnte sich lebhaft vorstellen, unter welchen Bedingungen in sowjetischen Bergwerken geschuftet wurde.

Das Lager bestand zur Hälfte aus einem Quarantäne-Teil, in der anderen Hälfte wurden Gefangene der Stalingradtruppe, der in Rumänien und später im Kurland aufgeriebenen Wehrmachtsverbände festgehalten. Als sie ankamen, standen die Insassen dicht gedrängt am Lagerzaun, und so manches Hallo zwischen Vater und Sohn, zwischen ehemaligen Mitschülern oder Bewohnern derselben Städte war zu vernehmen, als die «Tschechen» einrückten. Viel Zeit, um Neuigkeiten auszutauschen gab es nicht, denn der erste

Weg führte in die «Banja», das Bad. Dann wurden die alten Kleidungsstücke gegen neue getauscht. Den Gefangenen wurden wieder die Haare gestutzt, anschließend wurden sie mit einer schrecklich stinkenden Paste eingeschmiert, vermutlich ein radikal wirkungsvolles Entlausungsmittel.

Jeder bekam eine lange, am Fußende mit einem Bändchen zuzubindende Unterhose, ein langärmliges Unterhemd, beides aus dünnem Leinen. Dazu eine kragenlose Sommerbluse der Armee und eine Stiefelhose aus Armeesommerstoff. Auf dem Rücken und oberhalb des Knies war jeweils ein WP aufgemalt – sie waren jetzt «Woienna Plenny», Kriegsgefangene. Schließlich noch ein Schiffchen (Käppi), ein paar Fußlappen und ein paar Stoffschuhe mit Holzsohlen. Mit Decke, Aluschüssel und Holzlöffel versehen, ging es anschließend zur Baracke. Peter Hatzsch traute seinen Augen nicht: Doppelstockbetten mit frisch gefüllten Strohsäcken und Kopfkissen, die Fenster hatten sogar Vorhänge. Ein Gefühl von Urlaub überkam ihn beinahe, als das Essen kam – Brot mit dicken Graupen.

Am nächsten Tag begannen die Befragungen. «Kak Familia», «Kak Imja», «Kak Otschestwo», für Peter Hatzsch klang das wie die üblichen Beschimpfungen. Er musste innerlich grinsen: Was meinten die nur mit diesen «Kack»-Fragen? Doch er lernte schnell, dass es sich beim «kak» um das russische «wie» handelte. Der Fragen-Marathon endete mit der vorübergehenden Auslöschung des Namens Peter Hatzsch. Falls er mit Namen aufgerufen wurde, dann war er fortan «Pjotr Friedrichowitsch Gatsch», denn die Russen ersetzen stets das «H», das sie nicht kennen. Zumeist war jedoch ab sofort G 1232 die Kennung dieses «Plenny».

Den Gefangenen wurde ein Film vorgeführt, der kurz nach der Befreiung des Konzentrationslagers Auschwitz im Januar 1945 gedreht worden war. Es war das erste Mal, das Peter Hatzsch mit der grausamen Hinterlassenschaft der NS-Diktatur konfrontiert wurde – schonungslos. Die Aufnahmen zeigten Berge menschlicher Skelette, dazu erbarmungswürdige Geschöpfe aus Knochen und Haut, die ausgemergelt in die Kamera starrten, überwiegend aber den tausendfachen Tod. Während viele seiner Kameraden die Aufnahmen für Propaganda hielten, ein Produkt stalinistischer Fälscher, setzte bei Peter ein Nachdenken ein. Die Bilder verstörten ihn, entzweiten ihn mit der ideologischen Überzeugung, die ihn seine Jugend lang begleitet hatte. Es begann sich bei Peter Hatzsch eine tiefsitzende, nachhaltige Aversion gegen nazistisches Gedankengut festzusetzen.

Vierzehn Tage in diesem vergleichsweise angenehmen Lager reichten, um wieder ein wenig zu Kräften zu kommen – dann drohte unweigerlich das Arbeitslager, der eigentliche Bestimmungsort eines «Plenny». Peter musste vor einer Untersuchungskommission erscheinen, bestehend aus Offizieren und einem «Wratsch», einem Arzt. Nackt musste man vor dieses Gremium treten und beide Arme heben. Die Aufgabe des Arztes bestand darin, die Gefangenen in den Po zu kneifen. Nach dem jeweiligen Zustand des Hinterteils – Muskeln und Fettgewebe betreffend – wurde entschieden, in welcher Kategorie die Gefangenen landeten: I und II galten als arbeitsfähig, mit «III» war man als «Muselmann» arbeitsunfähig und konnte auf baldige Heimreise hoffen. Doch man musste schon einen recht erbärmlichen Eindruck hinterlassen, um der gestrengen Kommission dieses Privileg abzuringen. Peter Hatzsch gehörte nicht dazu und wurde am nächsten Morgen auf einen LKW verladen, und ab ging es ins Lager 7251/III, nur so viel war bekannt.

Sie waren überrascht, als der LKW am Abend inmitten einer unendlich weiten Steppe hielt, in der sich die Blicke der Gefangenen an keinem Dach, keiner Siedlung, keiner Baracke festhalten konnten. Ein Lager existierte dennoch, doch es befand sich überwiegend unter der Erde. Ihnen offenbarte sich eine Welt, aus der alles Lebenswerte, Schöne verbannt worden war. Sie schliefen aneinandergekauert. Die Nacht war die Zeit, in der sie Lebenskraft tanken konnten. Sie gehörte den Familien, den eigenen Sehnsüchten und Wünschen. In den Nächten, auch wenn es noch so kalt und die Lage noch so bedrückend war, flohen sie in eine andere, eine bessere Welt.

Doch diese Flucht endete stets mit dem Wecken, und das geschah im neuen Lager am ersten Tag sehr früh. Die Neuzugänge sollten auf einzelne Arbeitsbrigaden verteilt werden, doch zuvor galt es am ersten Tag Formalitäten zu klären: «Kak Familia», «Imja», «Otschestwo» (Familienname, Name, Vatersname) – das Übliche. Die Haare wurden abrasiert, die Männer wurden entlaust, die Unterkünfte wurden belegt. Beim Anblick der neuen Kameraden gefror ihnen das Blut: In der dunklen Baracke blickten schwarze Gesichter sie an, aus denen nur das Weiß der Augäpfel hervorstach. Und ihnen wurde schnell klar, dass da keine Afrikaner saßen, sondern offensichtlich Bergmänner, die die Farbe der Kohle angenommen hatten. Und in die der Kohlenstaub bereits so tief eingedrungen war, dass wohl kein Waschen mehr half. Bereits am zweiten Tag im Lager waren sie ein Teil dieser Armee von Grubensklaven. Nachdem sie am Morgen eine Schüssel Suppe, 600 Gramm schwarzes, nasses Brot, einen Löffel Zucker und eine Portion Tabak empfangen hatten, mussten sie sich brigadeweise am Lagertor aufstellen. Dann wurde abgezählt; in Fünferreihen marschierten sie anschließend durch das Tor, vor ihnen lag ein einstündiger Marsch zum sogenannten Schacht 31. Bewacht wurden sie von Rotarmisten mit Maschinenpistole, und ständig wurden sie zu höherem Tempo angetrieben.

«Fachmännisch» verschaffte sich Peter, auf sein Wissen als Spross einer Bergmannsfamilie bauend, einen Überblick über das, was ihm in Schacht 31 erwartete: die Grube war «tonnlägig», also schräg abfallend. Die Flöze, die Braunkohlelagerstätten, waren etwa 50 Zentimeter mächtig. Die Wehrmacht hatte auf ihrem Rückzug *tabula rasa* hinterlassen: Alle Kohlegruben des Donezk-Gebietes waren gesprengt oder geflutet worden. Sie, ein Heer von Arbeitssklaven, bestehend aus Kriegsgefangenen der ehemaligen Achsenmächte, dazu Sowjetsoldaten, die in deutscher Kriegsgefangenschaft gewesen waren, und ehemalige Ostarbeiter. Angeleitet wurde das Elendsheer von zumeist älteren, «richtigen» Bergleuten, welche die Hauer stellten.

Am Schachteingang erhielten die Männer ihre Grubenlampen, es waren jämmerliche Funzeln, bestehend aus einem Eisentopf mit Docht, in dem sich Rohöl befand. Da die Flöze sehr schmal waren, mussten die Männer liegend arbeiten – auf der Seite, dem Bauch oder dem Rücken. Es war eine elende Schinderei. Und ständig lagen sie im Nassen, weil permanent Wasser durch die Grube rann. Am Ende des Flözes arbeitete der «Saboischtschik» (Bergmann), der sich mit Hammer und Meißel mühte, dem Erdreich ein paar Brocken Kohle abzuringen. Die Aufgabe der «Nawalschtschik» (Schaufler) hinter ihm bestand darin, die Kohle mit kurzstieligen Schaufeln auf eine Art Schlitten zu laden. Waren diese voll, schrie der Hauer «Pojechali», «Los geht's», und am unteren Ende wurde kräftig gezogen. Oben angekommen, wurde der Schlitten in einen Transportwagen entleert. Peter wurde ein «Prowileischtschiki», ein Schlittenzieher am oberen Ende des Schachtausgangs, auf Zuruf und durch das Zugseil verbunden mit Nadja. Den Schlitten oben entleerte Lonja, ein ehemaliger Rotarmist, der in deutscher Gefangenschaft gewesen war. Für Monate, Jahre wurden sie eine Familie, Brüder und Schwestern im Geist,

6) Peter Hatzsch heute.

die dasselbe Schicksal teilten und von den Zivilangestellten geschnitten wurden, mit Verbrechern sprach man einfach nicht. Eines Tages wollte Peter von den beiden wissen, was er dem Steiger zu sagen hätte, falls er auf die Toilette musste. Die beiden nahmen sich Zeit, ihm einen sehr langen Satz beizubringen. Peter glaubte, eine sehr höfliche Variante seines Anliegens gelernt zu haben, und trug sie dem Steiger, der als Zivilangestellter eine Art Respektsperson war, getreulich vor. Im Hintergrund hörte er schon seine Freunde vor Lachen wiehern. Bis ihm klar wurde, dass er soeben den Steiger als Hurensohn und Teufelsbraten beschimpft hatte. Ärger gab es dennoch nicht, denn der so Gescholtene hatte mitbekommen, woher der Wind wehte.

Im Lager teilte sich Peter Hatzsch alles mit seinem Pritschennachbarn Franz Leitermann, einem etwa 40-jährigen ehemaligen Fotografen aus dem Sudetenland. Das war vor allem ein dankbarer Abnehmer der Tabak- und Papirossy-Zuteilungen, die jedem zustanden, für die Peter als Nichtraucher aber keine Verwendung hatte. Leitermann überließ ihm dafür etwas von seinem Brot oder Zucker. Eines Morgens lag Franz jedoch tot neben Peter. Der Schmerz und die Trauer, die Hatzsch in diesem Moment empfand, wichen schnell dem Instinkt, nicht so enden zu wollen. Also aß er Leitermanns Suppe und nahm dessen Zucker und Tabak in Empfang. Und meldete erst danach, dass sein Bettnachbar verstorben war. Weil er nun keinen Tauschpartner mehr für seinen Tabak hatte, begann er selbst zu rauchen, auch, weil es zumindest ein wenig Abwechslung, eine Ahnung von Luxus in einer trostlosen Welt versprach.

Gearbeitet wurde vier Wochen am Stück, dann gönnte man den Gefangenen einen Ruhetag. Erst in den späten 40er Jahren wurde auf eine 14-tägige Produktionsphase umgestellt. Der freie Tag war auch nicht zum Ausruhen gedacht; Dinge mussten repariert werden, Sachen geflickt. Und es galt, die Toten aufzusammeln. 1946 wurde noch viel gestorben. Jeden Tag fand man zehn bis zwölf Tote, sie wurden einer kurzen Obduktion unterzogen und dann in Massengräbern verscharrt. 1947 besserte sich die Situation etwas, erst 1948 wurden die Zustände wirklich erträglich.

In der vom Deutschen Roten Kreuz in der 50er Jahren herausgegebenen Broschüre «Zur Geschichte der Kriegsgefangenen im Osten» heißt es zu den Verhältnissen im Donbass: «Die Steinkohleförderung stand im Vordergrund. Es war mit die schwerste Arbeit, die Kriegsgefangene in der Sowjetunion zu leisten hatten. Sie stellte an ihre Gesundheit unvorstellbare Anforderungen, da sie hierfür zum größten Teil keinerlei Voraussetzungen mitbrachten. Geschätzt wurde damals, dass in diesen Lagern 7356 und 7251 (Tagenrog und Rostow) 80 000 bis 100 000 Gefangene starben.

Wie so viele seiner Kameraden wurde auch Peter Hatzsch auf eine Odyssee durch eine ganze Reihe von Lagern geschickt. Er schuftete in verschiedenen Schächten, anschließend in Kolchosen, landwirtschaftlichen Großbetrieben; er wurde schwer krank, bekam am ganzen Körper Beulen, dann eine Blutvergiftung, wurde herzkrank. Am 15. April 1949, seinem 20. Geburtstag, erfuhr Peter Hatzsch beiläufig, dass er am nächsten Tag auf Heimreise geschickt werden sollte. Er glaubte es nicht, zu oft war er in den vergangenen vier Jahren enttäuscht worden. Bis er am Schwarzen Brett sein Kürzel sah: G-1232 «Gatsch». Tatsächlich ging es am nächsten Tag im Viehwagen – die Schiebetüren offen – über Charkow, Kursk, Briansk, Gomel, Brest-Litowsk in Richtung Westen. Am 27. April traf er in Frankfurt/Oder ein, am folgenden Tag nahm er den Zug nach Freiberg und schloss auf dem Bahnhof seine Mutter in die Arme.

Peter Hatzsch hatte einen Großteil seiner Jugend in sowjetischer Gefangenschaft und bei Zwangsarbeit unter Tage verbracht. Dennoch engagierte er sich nach seiner Rückkehr in der kommunistischen Jugend – und strebte zudem einen Beruf unter Tage an. Über einen Jugendfreund fand er Zugang zur neu gegründeten «Freien Deutschen Jugend», FDJ. Er lernte junge Menschen kennen, die wie er dem Neuen gegenüber aufgeschlossen waren – Menschen, die später zur DDR-Nomenklatura gehören sollten, was Hatzsch damals nicht ahnte. Zum Beispiel eine junge, attraktive Frau mit Namen Margot Feist, die spätere «First Lady» der DDR, die heute als Margot Honecker in Chile lebt. Ebenso einen jungen FDJ-Sekretär aus Dresden, Hans Modrow mit Namen; später sollte er als letzter Ministerpräsident die DDR beerdigen. Heinz Kessler gehörte dazu, später DDR-Verteidigungsminister; Hans Reichert, Minister für Land- und Forstwirtschaft; Inge Rosch, die später unter dem Namen Inge Lange als eine Art permanente «Quoten-Frau» unter den alten Herren im Zentralkomitee der SED saß, dem eigentlichen Machtzentrum der DDR.

Der frische Wind der Hoffnung, der vor allem junge Menschen für diesen jungen Staat begeisterte, er beflügelte auch Peter Hatzsch. Mit heißem Herzen war er dabei, diese neue Gesellschaft aufzubauen – alles sollte anders, besser werden. Freiwillig halfen die jungen Menschen, mit primitiven Mitteln im Erzgebirge die Talsperre Sosa aufzubauen. Der FDJ-Parole «Max braucht Wasser» folgend, errichteten sie singend mit Schaufeln und Hacken innerhalb von nur drei Monaten eine fünf Kilometer lange Fernwasserleitung von der Maximilianshütte in Unterwellenborn bis zur Saale. Für die jungen Menschen war es ein freiwilliger Kraftakt, für die DDR eine überlebenswichtige Frage. Denn die Hütte war nach der Demontage durch die sowjetischen Sieger das letzte verbliebene Stahlwerk in Ostdeutschland.

Trotz solcher Aktionen und Unterbrechungen absolvierte Hatzsch sein Abitur an einer «Arbeiter- und Bauernfakultät» mit «sehr gut». Sein Wunsch, danach umgehend ein Studium beginnen zu dürfen, wurde ihm aber nicht erfüllt – er sollte sich zunächst als Steiger unter Tage im Mansfeld-Kombinat bewähren. Hatzsch war bitter enttäuscht. Der persönlichen Ernüchterung wegen des verweigerten Studiums folgte die politische, als am 17. Juni 1953 das Volk gegen die Einparteiendiktatur aufbegehrte und der Aufstand blutig niedergeschlagen wurde.

Kurz entschlossen floh Hatzsch in den Westen. Es verschlug ihn nach Frankfurt am Main, wo er bei einem neu gegründeten Tiefbohrunternehmen anfing, später arbeitete er als «Bohrmeister» bei der Preußag in Darmstadt. Hatzsch wurde als Geologe und Tiefbohr-Experte eine Koryphäe, holte sein versäumtes Studium nach, während er nachts als Taxifahrer ein paar Mark hinzuverdiente. Er wurde Koordinator eines Projekts der geologischen Landesämter Bayern und Hessen, promovierte 1978 an der Kieler Christian-Albrechts-Universität und wurde zu einem gefragten

Experten, wenn es um die Untergrund-Erkundung neuer ICE-Trassen oder die Suche nach Endlagern für radioaktive Abfälle ging. Heute lebt er als Rentner in Offenbach.

Der Sound der freien Welt

*Karl-Heinz Gülland: Gefangenschaft mit
Dolce Vita am Adriastrand*

Juni 1946, Riccione nahe Rimini, Emilia-Romagna an der italienischen Adriaküste. Ein junger Deutscher, der 17-jährige Karl-Heinz Gülland, räkelt sich am menschenleeren Strand in der Sonne, zusammen mit gleichaltrigen Freunden. Sie trinken Vino Rosso, flirten mit den Mädchen aus dem nahe gelegenen Dorf, erkaufen sich für eine Tafel Schokolade oder einen Käse das Lächeln der hübschen Italienerinnen. Wie kann das sein, nur ein Jahr nach Ende des schrecklichen Völkermordens? Nein, die jungen Männer sind nicht die Vorhut der deutschen Wirtschaftswunder-Generation, die nur ein Jahrzehnt später motorisiert allsommerlich das «Dolce Vita» genießen wird. Auch Karl-Heinz Gülland und seine Kameraden sind Reste von Hitlers Kinderarmee, die im tschechischen Bad Luhatschowitz ausgebildet und als letzte Reserve in den Krieg geschickt worden war.

Während Karl-Heinz in Italiens Sonne liegt, bekommt seine Mutter, die über den Verbleib ihres Sohnes seit dem Kriegsende nichts mehr gehört hat, Besuch. Der junge Mann aus Mühlhausen ist im gleichen Alter wie Gülland, ein ehemaliger Kamerad. Beide hatten sich in Prag kennengelernt und verabredet, jeweils die Eltern über den Verbleib des Sohnes zu informieren. Doch der Mühlhauser berichtet Schreckliches: Er hatte sich bis Kriegsende in Prag aufgehalten, erzählt von grausamen Racheakten der tschechischen Bevölkerung an den Deutschen. Er habe zahlreiche jugendliche Angehörige der Waffen-SS mit durchgeschnittener Kehle in der Moldau treiben sehen. Karl-Heinz sei wahrscheinlich darunter gewesen, kaum jemand sei entkommen. Warum der junge Mann den ahnungslosen Eltern diese schreckliche Geschichte erzählte – Gülland hat es nie herausgefunden. Fest steht nur, dass er zu diesem Zeitpunkt weltweit den vermutlich höchsten Luxus genießt, der einem einfachen deutschen Kriegsgefangenen zu diesem Zeitpunkt vergönnt sein konnte. Und das verdankte er gleich mehreren Faktoren: Einerseits war natürlich Glück im Spiel. Glück, dass er überlebte, dass es ihn und seine Kameraden in Richtung Slowenien und später Jugoslawien verschlagen hatte. Dass er in britische Gefangenschaft geriet und zudem ein paar Brocken englisch sprach – genug, um sich damit aus dem Heer der Gefangenen herauszuheben und zum Dolmetscher und zum Burschen eines freundlichen, entspannten britischen Offiziers zu werden. Doch dazu später mehr.

Für Karl-Heinz Gülland begann dieser Krieg Ende April 1945 mit einem Rums – und seine Geschichte wäre hier um Haaresbreite schon zu Ende. Hier, am Prellbock des Kopfbahnhofes der slowenischen Hauptstadt Laibach,

Ljubljana in der Landessprache. Der Zug, mit dem die frischgebackenen 16-jährigen Soldaten, über Brünn, Pressburg, Wien und Graz aus Bad Luhatschowitz kommend, Laibach erreichten, prallte mit viel zu hoher Geschwindigkeit auf den Puffer am Gleisende. Die Helden von morgen in ihren viel zu großen Uniformen – der 16-jährige Karl-Heinz maß gerade mal 1,62 Meter, sein Kamerad Stahlhut aus Thüringen war sogar nur 1,47 Meter klein – wurden durcheinandergewirbelt. Es gab schmerzhafte Prellungen, wer in den offenen Türen der Viehwagen saß, wurde auf den Bahnhof geschleudert. Was für eine Ankunft für Hitlers letztes Aufgebot in Jugoslawiens nördlichem Winkel! Was war geschehen? Bei einem der zahlreichen Angriffe amerikanischer Flieger kurz hinter Graz, bei denen die Jungen im nahen Wald Deckung gesucht hatten, hatten sich die beiden italienischen Lokführer verdrückt – dem Ruf der nahen Heimat folgend und das nahe Ende des Krieges vor Augen. Doch vor den uniformierten Jungen lag noch ein Weg von 134 Kilometern Schienenstrang.

Im Zug befanden sich 200 Teenager, angeführt vom Transportleiter Franz Valland, dem einzigen Erwachsenen. Der entschied, den 16-jährigen Chemnitzer Karl als Lokführer zu berufen, denn der hatte immerhin die Hälfte seiner Ausbildung – nämlich eineinhalb Jahre – als Lokschlosserlehrling absolviert. Niemand sonst wusste, wie man so ein Feuerross in Bewegung setzt. Valland selbst griff zur Schaufel und heizte der «SB 109» ordentlich ein, die mit

90 km/h in Richtung Süden schnaubte. Doch der Lehrling, der seine Aufgabe bis zu jener verhängnisvollen Ankunft in Laibach mit Bravour gemeistert hatte, kannte offensichtlich die Tücken eines Kopfbahnhofes nicht und versäumte es daher, rechtzeitig die Geschwindigkeit zu reduzieren, sodass der Zug zwar mit etwas gedrosseltem Tempo, aber immer noch zu schnell erst durch den Prellbock zum Halten gebracht wurde. Die zwei militärischen Formationen im Zug – Kompanie Zingel und Kompanie Renter – verbuchten ihre ersten Verletzten, ganz ohne Feindkontakt. Viele der Jungen trugen Prellungen und Brüche davon. Ziel der Formation war die SS-Unterführerschule Laibach, wo sie, eben eingetroffen, zudem von amerikanischen Tiefliegern empfangen wurden.

Für Karl-Heinz Gülland folgten quälende Tage der Ausbildung. Die Jungen wurden mit alten Karabinern des Typs 98 und russischen, mit Trommelmagazinen ausgestatteten Maschinenpistolen des Typs PPSch-41 ausgerüstet. Am 30. April 1945, sie wurden gerade ins 60 Kilometer entfernte Jesice verlegt, ereilte sie das Märchen vom an vorderster Front gefallenen Führer, der sich in Wahrheit feige aus dem Leben gestohlen hatte. Die Front auf dem Balkan befand sich in Auflösung, darüber machte sich keiner der Jungen Illusionen. Folgerichtig erteilte Kompaniechef Zingel den Jungen einen letzten, gutgemeinten Befehl: «Jeder denkt ab sofort an sich selbst und versucht, gesund nach Hause zu kommen.»

Es war leichter gesagt als getan. Denn wer sich von der Truppe entfernte, lief Gefahr, von den berüchtigten Kettenhunden, der Feldpolizei, aufgegriffen und hingerichtet zu werden. Zudem war es nicht ratsam, sich fernab der Heimat überhaupt von der Truppe zu entfernen. Schnell lernten die Jungen, dass alte Soldatenregeln Gold wert waren. Zum Beispiel die, sich nie aus der Masse zu entfernen, weil sie die größte Sicherheit bot. Ältere Soldaten motorisierter Einheiten, die sie ständig überholen, verbreiteten Gerüchte. Zum Beispiel jenes, dass jeder deutsche Soldat, der bis 8. und 9. Mai nicht den Balkan verlassen habe, sich der Partisanenarmee Josip Broz Titos zu ergeben habe. Dem späteren jugoslawischen Staatslenker eilte der Ruf voraus, Gefangene – egal ob Landsleute oder Deutsche – reihenweise zu massakrieren. Die Spirale von Gewalt und Gegengewalt hatte auf dem Balkan bereits zu Beginn des Krieges schreckliche Ausmaße erreicht und übertraf, weil sie Völker, Regionen, Staaten spaltete, in vielerlei Belangen die Schreckensszenarien an der Ostfront.

Die Jungen, für die es in diesem Krieg keine Aufgabe mehr gab, außer das eigene Leben zu retten, begannen ein Katz-und-Maus-Spiel mit der Partisanenarmee. Sie flohen, den deutschen Verbänden folgend, in Richtung Norden, hatten aber aufgrund der schweren Waffen (getragen von halben Kindern) große Mühe, das Tempo einer Granatwerfereinheit zu halten, die ihnen vorausmarschierte. Doch sie brauchten die Waffen, waren diese doch die einzige Lebensversicherung, die diesem 200 Mann starken Häuflein Halbwüchsiger blieb, falls Gefahr drohte. Denn sie spürten, dass Titos Partisanenarmee ihnen im Nacken saß. Und auf Gnade brauchten diese SS-Leute in den viel zu großen Uniformen bei ihren Feinden erst gar nicht zu hoffen.

Sie «organisierten» sich Pferdefuhrwerke, die von slowenischen Bauern geführt wurden und auf denen sie ihre Waffen transportierten. Fortan kamen sie schneller voran. Am Abend des 7. Mai erreichten sie Krainburg, Kranj, dort befand sich ein riesiges deutsches Verpflegungslager. Es war schon für die Sprengung vorbereitet, um es nicht der herannahenden Tito-Armee zu überlassen. Es war wie im Schlaraffenland, sie packten ein, was sie tragen konnten, und machten sich schnell wieder auf den Weg. Vor ihnen lagen noch 35 Kilometer bis zur österreichischen Grenze. Am Morgen des 9. Mai, in ganz Europa läuteten bereits die Friedensglocken, erreichten sie den Loibltunnel, bis heute die zentrale Verbindung zwischen Österreich und Slowenien. Damals glich der 1,6 Kilometer lange Tunnel einem unbefestigten, dunklen Loch ohne Straßenbelag, gespickt mit badewannengroßen Löchern voller Wasser.

Dort gab es noch einen intakten Wehrmachtsführungsstab, der das Rückfluten versprengter deutscher Truppen zu koordinieren versuchte. Als eine der wenigen intakten Kompanien – ohne Feindkontakt, ohne Verletzte und zudem bewaffnet – wurden die Jungen sogleich eingeteilt, die Höhe zwischen Tunnel und Pass zu besetzen und so den Rückzug der nachfolgenden Truppen zu decken. Zweieinhalb Tage hielten sie diese Stellung, während noch Tausende Soldaten in panischer Flucht den Tunnel und den Pass in Richtung Österreich durchquerten. Als Nachhut machte sich die Kompanie dann selbst auf den Weg talwärts in Richtung Klagenfurt. Die Jungen staunten nicht schlecht, als sie, in Österreich angekommen, von bewaffneten Zivilisten mit rot-weiß-roten Armbinden angehalten wurden, die sie entwaffnen wollten. Auch in Österreich, Hitlers Heimat, hatten einige die Zeichen der Zeit erkannt und führten jetzt ihren privaten Krieg gegen geschlagene deutsche Soldaten, obwohl doch der Krieg längst zu Ende war.

«Macht, dass ihr verschwindet, sonst machen wir euch Beine», schrien Gülland und die anderen Soldaten und schossen über die Köpfe der österreichischen Freischärler. Und sie liefen davon. Doch solche Erlebnisse hatten die Jungen in den nächsten Tagen häufiger. In etwa so muss es im Dreißigjährigen Krieg gewesen sein, als isoliert operierende Heere marodierend durch Mitteleuropa zogen und jeder sich irgendwie versorgte oder bereicherte. Kurz hinter Ferlach erreichten sie die Drau-Ebene, als plötzlich eine jugoslawische Einheit auftauchte, die sie am Überqueren des Flusses zu hindern versuchte. Auf der anderen Uferseite sahen sie die ersten englischen gepanzerten Spähwagen auftauchen.

Sie hatten die Wahl: Auf ihrer Seite der Drau erwartete sie der Krieg in einer gnadenlosen Variante. Da drüben, in

600 Metern Luftlinie, lockte das Ende des Krieges, die Gefangenschaft bei den Briten, denen man unterstellte, sich an humanitäre Grundsätze des Völkerrechts zu halten – auch wenn es junge Mitglieder der berüchtigten Waffen-SS betraf. Die Jungen waren entschlossen, den Fluss zu überqueren, doch Titos Partisanen ließen es nicht dazu kommen. Und so erlebte Karl-Heinz Gülland am 13. Mai, fünf Tage nach dem offiziellen Ende des Krieges in Europa, seine Feuertaufe. Mit den Partisanen kam es zu einem letzten, sinnlosen Feuergefecht. 365 Jugoslawen und acht Deutsche starben dabei.

Titos Freischärler zogen sich fluchtartig aus dem südlichen Österreich zurück. Güllands Kompanie überquerte die Drau und ließ sich widerstandslos von den Engländern entwaffnen – für den 16-Jährigen war der Krieg zu Ende. Ein Aufatmen ging durch die Reihen, auch wenn die nahe Zukunft ungewiss und trostlos erschien. Sie genossen es jedoch, in kleinen Zelten auf einer großen Wiese an der Drau kurz vor Klagenfurt die erste ruhige Nacht zu erleben, nicht von Feinden gehetzt zu werden und nicht in einem Umfeld zu kampieren, von dem ihnen Hass entgegenschlug. Sie begruben ihre ersten Gefallenen und «entließen» ihre slowenischen Kutscher samt ihren Gespannen, die sie bis hierher hatten begleiten müssen, zurück in die Freiheit.

Der erste Morgen als Kriegsgefangener begann mit unsanftem Wecken, dann wurden die Jungen auf bereitstehende LKW gestoßen, die sich umgehend in Bewegung setzten. Natürlich wurde nicht informiert, wohin die Reise ging, dafür blühten die Spekulationen: in die Heimat, in die englischen Kolonien nach Afrika, oder erfolgte jetzt die Übergabe an Titos Partisanen? Für jede dieser Versionen gab es in den Reihen der Jugendlichen eine Fraktion, die sie mit Vehemenz vertrat.

Auf der Fahrt bis Villach nahe Klagenfurt am Wörthersee schienen die Vertreter der «Heimreise-Version» recht zu behalten. Doch als der Konvoi dann in Richtung italienische Grenze abbog und sie gar bei Arnoldstein im Kärntner Gailtal passierte, war die Sache klar: Die Heimat musste auf ihre jüngsten Kriegsteilnehmer warten. Niemand hatte damit gerechnet, nach Italien gebracht zu werden. Jetzt gewannen jene Oberhand, die glaubten, von italienischen Häfen aus werde man zur Zwangsarbeit in die britischen Kolonien geschickt.

Erste Etappe der LKW-Fahrt war Udine, wo sie in eine Baracke gesperrt wurden. Ein buntes Völkergemisch der ehemaligen Verbündeten kam hier zusammen: Ukrainer, Kroaten, Ungarn, Rumänen. Sie alle teilten die Hoffnung, im sonnigen Italien in britischer oder amerikanischer Gefangenschaft auf Dauer Schutz vor Stalins eisigem Atem oder vor der Rache der neuen kommunistischen Herrscher auf dem Balkan zu finden. Und sie alle wurden am Ende bitter enttäuscht, denn gemäß alliierter Absprachen wurden Osteuropäer, die gegen die Alliierten Krieg geführt hatten, ausnahmslos an ihre Heimatländer ausgeliefert. Und dort auch überwiegend abgeurteilt.

Die Ausgangssituation der jungen Deutschen war weniger düster, wirklich quälend war vor allem die Ungewissheit. Und der Durst, seit dem Moment ihrer Gefangennahme ein Dauerbegleiter. Als die Gefangenen begannen, im Sand Löcher zu graben, um an das in Meeresnähe schnell einsickernde Grundwasser zu gelangen, reagierten die Engländer endlich – und teilten Wasser aus. Ansonsten hätte die Gefahr bestanden, dass sich Seuchen ausbreiteten. Schlagartig hatte Karl-Heinz Gülland das Gefühl, seine Lebensperspektive hatte sich komplett gedreht, ab jetzt gehe es aufwärts. Zwar war die Behandlung recht rau, aber man hatte überlebt und lag unter Italiens Sonne, wenn auch in der Gewalt der Engländer.

Die Jungen ahnten, dass es so kurz nach dem Krieg europaweit Menschen gab, denen es schlechter ging. Vermutlich viel schlechter. Über Ferrara und Bologna wurden sie nach Forlì, Ende Mai nach Ancona gebracht. Unterwegs trafen sie der Hass und die Wut der Italiener, die die jungen Deutschen beschimpften, mit Steinen bewarfen, bespuckten. «Sie bringen uns nach Amerika», wussten einige. «Es geht in die britischen Kolonien Afrikas, vielleicht nach Rhodesien oder Kenia», beharrten andere. Die Nähe der Adria in Höhe der Hafenstadt Ancona sorgte nicht nur für neue Gerüchte, sondern auch für eine frische Meeresbrise gegen die Hitze, der die jungen Mitteleuropäer auf den

Ladeflächen der Lastkraftwagen ausgesetzt waren. Sie kampierten unter freiem Himmel mit Meeresblick und wurden erstmals ausreichend versorgt, auch mit Wasser und Tee. Für Karl-Heinz Gülland war es eine Premiere: Nie zuvor hatte er das Meer gesehen.

Die Situation hatte nur einen Makel: Er atmete zwar Seeluft, spürte die kühle Brise des Meeres, sah die blauen Wellen der Adria – doch sie blieben für ihn unerreichbar, weil ein Stacheldraht die Gefangenen umgab. Bewacht wurden sie von indischen Soldaten, man begegnete sich mit Achtung, beinahe freundschaftlich. Die Männer mit den Turbanen, Dastar genannt, und den Vollbärten hatten Respekt, sogar nette Worte für die jungen Deutschen übrig. Vielleicht waren das Folgen der sich verschärfenden Spannungen zwischen Indern und britischen Kolonialherren, die 1947 in der Unabhängigkeit des Subkontinents gipfelten. Das freundschaftliche Verhältnis zum Wachpersonal änderte sich, als die Inder gingen und Schwarze in britischen Uniformen übernahmen. Ihre Haltung gegenüber den jungen Männern in den Uniformen der selbst ernannten «arischen SS-Elite» war feindselig, sie genossen es, diese armseligen «Herrenmenschen» zu schikanieren.

Weiter ging die Reise über Foggia, Bari, Brindisi bis in den kleinen Ort Grottaglie, der vorläufigen Endstation. Hier kampierten etwa 40 000 Gefangene, die auf vier Lager verteilt waren: eines für Offiziere, eines für Jugendliche, die beiden anderen für die «normalen Mannschaften». Es war

Ende Mai, in der Region Puglia nahe Taranto ganz unten am Absatz des italienischen Stiefels herrschten um diese Jahreszeit bereits zwischen 35 und 40 Grad. Auf dem riesigen ehemaligen Militärflughafen, der ihr neues Freiluftgefängnis bildete, spendete kein Baum Schatten. Je zwei Gefangene mussten sich ein kleines Zelt teilen. Die Zelte mussten streng nach Vorschrift aufgebaut werden, sodass zwischen den Zeltreihen eine kleine Straße entstand. Die Versorgung war ausreichend, geradezu luxuriös waren Waschtröge mit zehn Wasserhähnen, die es für je 1000 Gefangene gab. Aus ihnen floss ganztags kühles Nass, wenn auch Meereswasser, das aber für dauerhafte Abkühlung sorgte. Mitunter legten sich Gefangene einfach in die Tröge, die wie Viehtränken aussahen. Überhaupt achteten die Engländer auf Hygiene, sogar Zahnbürsten und eine streng nach Minze schmeckende Zahnpasta wurden verteilt, die von vielen als abwechslungsreicher Snack genascht wurde, zumindest so lange, bis auch diese Neuerung ihren Reiz verloren hatte.

Immer wieder fanden Zählappelle statt. Die Gefangenen mussten sich aufstellen, während ziviles Personal zusammen mit englischen Soldaten die Reihen abschritt und nach Kriegsverbrechern suchte. Viele Nazi-Prominente hatten sich in den Wirren der letzten Kriegstage mit neuen Uniformen, Papieren, Identitäten versorgt und sich vorrangig in britische oder amerikanische Gefangenschaft begeben. Andererseits waren vor allem einst mit den Deutschen verbündete Gefangene aus allen Teilen Europas angesichts ihrer eigenen ausweglosen Lage schnell dabei, Unschuldige zu denunzieren, um sich so bei den Siegern beliebt zu machen. Zwar hatte man es versäumt, Karl-Heinz Gülland und seinen Kameraden die verräterische Blutgruppen-Tätowierung der SS zu verpassen, dennoch wurden die Jugendlichen in den Dokumenten als «Recalcitrants» mit einem großen «R» geführt – als «Widerspenstige».

Hoffnungen auf eine schnelle Heimkehr zerschlugen sich, im Juli 1945 lief alles auf einen längeren Aufenthalt in Grottaglie hinaus. Dazu passte, dass sie im Austausch für ihre mittlerweile zerschlissene Wehrmachtsgarderobe nagelneue britische Uniformen mit einem schwarzen Aufdruck erhielten, die sie als «PoW» (Prisoner of War) auswiesen, Kriegsgefangene also. Zudem konnten sie ihre «Hundehütten» gegen geräumige Zwölf-Mann-Zelte tauschen, mit Moskitonetzen und Sonnendach. Erfreulich auch, dass sich im Lager allmählich ein Lagerleben zu etablieren begann, der Alltag lebenswerter wurde. Dazu gehörten sportliche Betätigungen wie Fußball, Handball, Boxen, Ringen, ebenso Kino, Theater, Konzertabende, alles organisiert von den Häftlingen, die sich zudem gegenseitig in Englisch, Russisch, Latein, Spanisch schulten oder aus allerlei Holz- und Blechmüll wahre Kunstwerke des Alltags produzierten. Zum Beispiel Pfeifenköpfe, Zigarettenspitzen, Etuis, Schatullen. Die Engländer äußerten Bewunderung für diese geschickten Deutschen, die mit selbstgebautem Werkzeug den lieben langen Tag lang schnitzten, drechselten, nieteten. «Euch Deutschen darf man nicht zu gutes Werkzeug in die Hände geben, denn sonst habt ihr aus unseren Blechabfällen in nur zwei Wochen ein Maschinengewehr zusammengebaut», hörten sie einen englischen Offizier sagen.

Mit den jungen Leuten saßen auch die Mitglieder des Leipziger Polizeiorchesters «Paul Neugebauer» im Camp, erstmals hörte Karl-Heinz, wie der Sound der freien Welt klang – im Kontrast zu HJ-Gesängen und Nazi-Märschen. Die jungen Leute im Lager wippten mit den Füßen zu Glenn Millers «In the Mood», «Skyliner» oder «Moonlight Serenade». Engländer, Deutsche und italienische Zaungäste lauschten gemeinsam. Und waren für die Dauer eines Konzerts nicht mehr Gefangene, Bewacher oder Zivilisten, sondern waren einfach nur von der Musik verzaubert. Trotz solcher Hochgenüsse wurden die Ungewissheit, das Heimweh und letztlich auch die Langeweile zu den schlimmsten Feinden der jungen Deutschen.

Irgendwann erschien ein englischer Offizier mit seinem Dolmetscher und einer Flüstertüte, einem Megaphon. Er gab bekannt, dass ein junger deutscher Gefangener mit englischen Grundkenntnissen gesucht werde, der künftig in der Wäscherei des Lagers als Dolmetscher aushelfen solle – offensichtlich war es ein Problem, die dort arbeitenden Gefangenen in ihre Aufgaben einzuweisen. Eigentlich dachte Karl-Heinz keine Sekunde daran, sich zu melden, denn er hatte kein Vertrauen in sein Schulenglisch, obendrein fehlte ihm (wie wohl fast jedem Deutschen) die umgangssprachliche Praxis. Doch weil sein Freund Kurt Müller neben ihm die ganze Zeit herumalberte und auf Gülland zeigte, zogen die Jungen die Aufmerksamkeit der Engländer auf sich. Karl-Heinz wurde auf Englisch nach Alter, Name und Herkunft gefragt, und trotz seines Gestammels sagte der Corporal, der Sanders hieß, knapp: «Charles, you are my man, see us tomorrow morning seven o'clock. So long, but just in time!» Fertig war das Einstellungsgespräch, die Versammlung wurde aufgelöst. Karl-Heinz Gülland hatte ab sofort einen Job.

Vor Aufregung und aus Ärger darüber, was sein Kumpel Kurt ihm da eingebrockt hatte, konnte er die ganze Nacht nicht schlafen. «Was, wenn die merken, dass ich gar kein Englisch spreche?», dachte er sich. Doch seine Zelt-Mitinsassen machten ihm Mut, weil sie bereits mit Vorteilen rechneten, vor allem, was die zusätzliche Versorgung betraf. Karl-Heinz war jetzt ihre große Hoffnung.

Corporal Sanders begrüßte ihn am nächsten Tag in der Wäscherei, die etwa 20 Minuten Wegstrecke außerhalb des Camps lag, ausgesprochen freundlich. Die Wäscherei befand sich unter freiem Himmel. 80 Gefangene hatten dort Tag für Tag 800 bis 1000 Decken zu waschen; in großen Fässern mit kochendem Meereswasser, beheizt mit Dieselfeuerung. Als Waschmittel wurde das Wasser mit Kernseifenflocken versetzt. Es war eine Knochenarbeit.

Dafür wurden die Männer besser versorgt als die anderen Gefangenen, permanent gab es Tee oder Kaffee, dazu am Abend eine zusätzliche warme Mahlzeit.

Vier englische Soldaten überwachten die Wäscher. Karl-Heinz Gülland wurde ihre rechte Hand: Er führte die Kartei, gab Seife aus, zählte die Decken, rechnete bei der nahegelegenen Tankstelle die tägliche Dieselration ab, versorgte die Arbeiter mit Getränken, gab die Anordnungen von Corporal Sanders weiter. Irgendwann kannten alle «Charly», so Güllands neuer Name, der mit dem Jeep des Chefs herumflitzte und alles im Griff zu haben schien. Und weil Sanders mit seinem jungen Assistenten äußerst zufrieden war, ließ er sich immer seltener blicken und überließ Gülland die Organisation der Wäscherei. Sanders mochte den Jungen. Als er erfuhr, dass Güllands Heimat in der sowjetischen Zone lag, bot er ihm an, ihn mit nach England zu nehmen, dort könne er irgendwann Sanders Fabrik übernehmen, und vielleicht ergebe sich ja etwas mit seiner Tochter, die im gleichen Alter war. «Ihr würdet gut zusammenpassen», witzelte Sanders. Karl-Heinz glaubte, sich zu verhören.

Sehnsüchtig wurde er allabendlich von seinen Zeltkameraden erwartet, denn er brachte immer etwas Verwertbares mit: Leckereien, Zigaretten, Gebrauchsgegenstände. Vieles davon tauschte er mit Italienern aus dem Umland, denen es viel schlechter ging und die von ihm mit Essen, Uniformjacken oder Diesel versorgt wurden – im Tausch gegen Obst oder Wein. Diese fast schon paradiesischen Zeiten hielten drei Wochen an, bis im Spätherbst die Regenzeit begann, die Freiluftwäscherei aufgelöst wurde und Karl-Heinz von Corporal Sanders verabschiedet wurde. Zur Übersiedlung nach England kam es zwar nicht, aber Gülland wurde fortan zu einer begehrten «Fachkraft» mit Englischkenntnissen, weil er sich im englischen Offizierskorps bereits einen guten Ruf erarbeitet hatte. Über all seinen Privilegien vergaß er beinahe, dass er immer noch ein ganz normaler Gefangener war. Der Winter war kalt, nass und trostlos. Doch er endete glücklicherweise am Südzipfel Italiens bereits Ende Januar – mit der ersten Mandelblüte und Mittagstemperaturen, die zum Verweilen mit freiem Oberkörper einluden.

Die Temperaturen in Süditalien stiegen also, doch durch die Lager wehte plötzlich der eisige Schauer des sich abzeichnenden Kalten Krieges zwischen den Siegermächten. Die Briten teilten das Jugendlager plötzlich in einen Ost- und einen Westflügel auf. Das bedeutete, Gefangene, die in Ostdeutschland zu Hause waren, wurden in Camp 206, die anderen in Camp 216 verlegt. Sie hatten keine Ahnung, was im fernen Deutschland passierte, doch sie spürten, dass sich in der großen Politik Dinge veränderten. Und sie mutmaßten, dass es ein Vorteil sein musste, wenn man in Westdeutschland zu Hause war. Also wurden Adressen erfunden, tatsächliche oder erdachte Verwandte bemüht, um in Camp 216 verlegt zu werden. Es begannen Wochen mit einem heillosen Durcheinander. Die Briten bemühten sich akribisch, die Angaben zu überprüfen, was sehr viel Zeit in Anspruch nahm. Am Ende halfen all die Lügen und Verdrehungen nichts, alle landeten da, wo sie aufgrund ihrer Herkunft hingehörten. Auch Karl-Heinz Gülland dichtete sich eine Adresse in Essen an, übernahm die Daten einer Familie Wiegand, die als Ausgebombte vorübergehend in seiner Heimat untergekommen waren. Doch die Lüge flog schnell auf, er wusste weder Straßennamen noch Stadtteil.

Die Ost-West-Trennung sorgte nur wenige Wochen für Irritationen, ab April – es war bereits Sommer – heiterte sich die Stimmung schlagartig auf. Und das lag daran, dass die Lager geräumt wurden. Weil sich die englischen Offiziere formell bei Gülland für dessen Arbeit bedankten und ihm sogar ein Zeugnis (für spätere Bewertungen und Bewerbungen) in Aussicht stellten, wuchs bei ihm und allen anderen die Zuversicht: es geht nach Hause! Sie erhielten Marschverpflegung für drei Tage – Corned Beef, Würste, Butter, Marmelade, sogar australischen Schafskäse – und dann ging es mit der Bahn in geschlossenen Güterwagen ab Grottaglie auf Reisen.

Der Zug stoppte in Rimini, und es ging auch nach einer endlosen Warterei nicht weiter. Da wurde auch dem letzten Optimisten klar: Es gab keine Heimfahrt, lediglich eine weitere Etappe der Gefangenschaft hatte begonnen. Sie wurden in einem Zeltlager mit Meeresblick untergebracht. Und hier war sogar das wöchentliche Bad in der Adria erlaubt.

Der Ruf, ein guter Organisator zu sein und über englische Grundkenntnisse zu verfügen, hatte Karl-Heinz bis nach Rimini begleitet: «Are you Charles Gülland?», fragte ihn ein Offizier im Jeep, der ihn hatte ausrufen lassen. Er bejahte und hörte danach die Frage: «Do you speak english?» Mit einem «I take you with me» fuhren sie los. Sie hielten im Strandort Riccione vor dem Hotel Stella. Ab sofort war er Bursche und Übersetzer für zwei englische Offiziere: den Schotten Captain Henderson sowie Leutnant Garland, einen 19-jährigen Engländer, der in Indien geboren war. Zu Güllands Aufgaben gehörte es, die Zimmer in Ordnung zu bringen, die Schuhe auf Hochglanz zu polieren, den Schottenrock zu bügeln, das Essen zu servieren etc. Sie wohnten feudal in der «Casa del Duce», der ehemaligen Sommerresidenz Benito Mussolinis. Karl-Heinz und seine Kameraden lebten in einem Luxus, den er nie zuvor kennengelernt hatte. Beste sanitäre Anlagen, ein weißer Strand direkt vorm Haus. Er servierte seinen Vorgesetzten feudalste Speisen und begnügte sich mit dem, was übrig blieb – inklusive Vino Rosso aus bastumwebten Flaschen. Ein Südtiroler Profikoch aus einem Hotel gegenüber zauberte täglich mehrere Speisefolgen für die Offiziere. Einmal musste Gülland Orangen servieren, ausgehöhlt und mit einer delikaten Creme gefüllt. In einem stillen Moment hob er den Deckel an, bestehend aus der oberen Haube der Orange, steckte den Finger in die Creme-Füllung – und wurde vom Koch erwischt: «Lass deine Dreckspfoten davon. Wenn es dir so gut schmeckt, mache ich dir eine Extra-Füllung nach getaner Arbeit ...» So kam es dann auch. Der Koch servierte ihm eine mit Paradiescreme gefüllte Orange. Als er den Rest mit der Zunge herausschlürfte, spürte er im Mund etwas Ungewohntes – es war ein Stück Abwaschlappen. Das Küchenpersonal schlug sich vor Lachen auf die Schenkel, er hatte die Quittung für seine Gier und Ungeduld erhalten.

Doch das Beste an dem neuen Leben war, dass sich bei den jungen Mädchen von Riccione schnell herumsprach, das junge, freigebige und mit allen begehrten Gütern so reichlich versehene junge Männer die neuen Herren der Villa Mussolini waren. Die jungen Deutschen flirteten mit den hübschen Italienerinnen, beschenkten sie mit Schokolade und Kaugummi. Anna und Marcella, zwei hübsche italienische Teenager, kamen oft zu Besuch, brachten gleichaltrige Mädchen mit, man feierte kleine Partys. Denn die «Casa del Duce» war nie verschlossen, sie konnten kommen und gehen, wann sie wollten. Mit dem nicht sehr viel älteren Leutnant Garland verband Gülland bald eine tiefe Freundschaft. Sie blödelten viel miteinander herum, immer wieder forderte er den «fucking German Bastard» zum Ringkampf heraus. Auch zwei junge italienische Offiziere, Leutnant Maraldi und Leutnant Griccioli, wohnten in der Villa und mussten von Güllands Kameraden bedient werden. Ihre Stellung zeigte das Chaos der italienischen Nachkriegsgesellschaft. Denn es gab italienische Soldaten, die saßen als Verbündete Hitlers in alliierter Kriegsgefangenschaft. Und es gab Italiener, die konnten sich nach dem Krieg als Sieger fühlen, denn sie waren Teil jener italienischen Armee, die nach Mussolinis Entmachtung gegen Deutschland gekämpft hatte. Maraldi und Griccioli gehörten dazu. Güllands Kamerad Horst Schulze aus Altenburg, der Maraldi bediente, wurde von dem Italiener stets «Horstewitsch» genannt, denn es hatte sich inzwischen längst herumgesprochen, dass sich in Ostdeutschland die Sowjets festsetzten und einen eigenen Satellitenstaat gründen würden. «Horstewitsch, wir müssen mit dem LKW nach Neapel zum Hafen fahren, um Schiffsfracht aufzugeben.» – «Ach, in Neabel war ich ooch noch nich», antwortete Schulze im breiten thüringisch-obersächsischen Dialekt – und schon ging es los. Unterwegs rammten sie allerdings in einem Dorf eine Marktbude und mussten unter Verwünschungen und Tomatenwürfen der Bauern die Flucht antreten.

Die jungen Leute trugen jetzt nagelneue englische Uniformen mit messerscharfer Bügelfalte, selbst auf die Aufdrucke POW hatte man verzichtet. Sie konnten sich frei im Dorf bewegen. Schlecht fühlten sie sich nur, wenn sie Arbeitskommandos mit deutschen Gefangenen aus den umliegenden Camps sahen, die unter englischer Bewachung zum Arbeitseinsatz unterwegs waren. Es war Mitte Mai 1947, da erreichte sie plötzlich die Nachricht, dass die Heimkehr unmittelbar bevorstehe. Leutnant Maraldi fuhr die jungen Männer, die inzwischen alle 18 Jahre alt waren, nach Rimini zum Bahnhof. Dort wurde ein Zug in die Ostzone zusammengestellt. Die Freude auf das Wiedersehen mit der Familie mischte sich mit der Angst vor den Russen, denn sie waren sich bewusst, dass sie als ehemalige SS-Leute keine Gnade zu erwarten hatten.

Die britischen Offiziere Garland und Henderson hatten ihnen ganze Berge von Geschenken mit auf den Weg gegeben – allein Karl-Heinz Gülland brauchte einen ganzen Sack, um sie zu transportieren: Jacken, Seife, Waschlappen, Schokolade, Kaugummi, Armeesocken, sogar Kondome. Sie verabschiedeten sich wie Freunde: «Ich will dich nicht auf dem Schlachtfeld in russischer Uniform wiedersehen», flüsterte Garland. Auf dem Bahnhof winkte ihnen sogar die italienische Bevölkerung hinterher, von der sie noch vor Jahren mit Steinen beworfen worden war. «Ciao, arrivederci!», schallte es. Da war kein Hass mehr zu spüren, die Zeiten hatten sich geändert.

Noch einmal durchquerten sie bei strahlendem Sommerwetter die schönsten Gegenden Italiens: Verona, Trient, Bozen, Südtirol. Anschließend ging es durch Österreich. Als sie hinter Kufstein durch die Westzone fuhren, wurden die bis dato offenen Türen der Waggons verschlossen. Durch die kleine Luke im Waggon sahen sie fassungslos die zerstörten deutschen Städte, deprimierende Bilder. Hinzu kam die Angst vor den Russen. Bereits hinter Bebra wurden sie den Sowjets übergeben, die englischen Bewacher waren plötzlich verschwunden. Sie fühlten sich schutzlos. Viele Gefangene hatten die Gelegenheit genutzt, vor dem Überqueren der Sektorengrenze den Zug zu verlassen.

In Gerstungen standen sie erstmals sowjetischen Soldaten gegenüber. Sie waren gleichaltrig, beäugten diese braun gebrannten, gut gekleideten und eleganten, Filterzigaretten rauchenden Kriegsverlierer misstrauisch, eisige Spannung lag in der Luft. Als die Russen registrierten, dass die Zahl der tatsächlich eingetroffenen Gefangenen erheblich von der auf den Listen angegebenen Zahl abwich, schlug die Stimmung in Hass um. Es wurde gepöbelt, geschrien, immer wieder ordnete man Zählappelle an. Das war nicht zu vergleichen mit den lockeren, freundschaftlichen Umgangsformen der Engländer. Erschwerend kam hinzu, dass die Russen sehr wohl sahen, dass diese ehemaligen Soldaten dick bepackt mit Geschenken aus der Gefangenschaft nach Hause kamen. Kurzum: Die Grundlagen der später verordneten «deutsch-sowjetischen Freundschaft», in Gerstungen wurden sie an jenem Maitag 1947 garantiert nicht gelegt.

Im Zwischenlager Eisenach wurde den Heimkehrern bewusst, wie groß das Elend in Ostdeutschland war. Überall, ob am Bahnhof oder am Lagertor, standen Frauen und Kinder mit Handwagen, bereit, für ein paar Zigaretten oder etwas Essen ihre Habseligkeiten zu transportieren. Karl-Heinz verschenkte freigebig die Dinge, die er mitbrachte: Schokolade, Bonbons, Zigaretten. Denn er dachte, all das würde es reichlich geben, wenn er zu Hause war. Er hatte keine Vorstellung von der Not, die vor allem im Osten noch herrschte. Vermisst hatte er in den vergangenen zwei Jahren vor allem den Geschmack schwarzen, deutschen Brotes. Als in einem weiteren Übergangslager in Erfurt frisch gebackenes, gut duftendes Kommissbrot verteilt wurde, langten er und drei weitere Kameraden, darunter sein Freund Horst aus Altenburg, kräftig zu. Das Brot war noch warm, und es bescherte ihnen Magenkrämpfe. Mit fatalen Folgen: Die Russen sperrten sie für zehn Tage in eine Quarantäne-Baracke, da man Typhus vermutete. Die Heimkehr verzögerte sich, und die von den Engländern großzügig mitgegebene Reiseverpflegung war längst aufgebraucht. Als Karl-Heinz endlich daheim in Ebeleben ankam, empfing ihn seine Mutter am Gartentor mit dem Satz: «Du hast uns vielleicht große Sorgen gemacht.»

Kein einziger Schuss
«für Führer und Vaterland»
*Berthold Meier: Der gerade Weg
eines Unpolitischen*

Wenn man die damaligen Jugendlichen um Peter Hatzsch und Willi Witte als «Hitlers letztes Aufgebot» betrachtet, so war der am 21. August 1929 in Hamburg geborene Berthold Meier definitiv Teil des allerletzten Aufgebots. Denn er war ein Teilnehmer des letzten Lehrgangs des HJ-Reichsausbildungslagers Bad Luhatschowitz, bevor das Kriegsende diese Zweckentfremdung des mährischen Kurorts beendete. Damals war er 15 Jahre jung, ein Kind aus einem nationalsozialistischen Elternhaus. Sein Vater, ein Schneider, war früh der NSDAP beigetreten, was für ihn den Effekt hatte, mit zusätzlichen Aufträgen bedacht zu werden. Denn die Nazis liebten bekanntlich Uniformen. Und vor allem die höheren Partei-Chargen ließen sich, mitunter auch ihrer Leibesfülle wegen, ihre Uniformen gern maßschneidern. Und mit solchen delikaten Aufträgen wandte man sich eben mit Vorliebe an Parteifreunde.

Im Juli 1943 verlor die Familie während des schweren, siebentägigen Bombardements Hamburgs durch britische und amerikanische Flieger, das als «Operation Gomorrha» in die Geschichte einging, ihr Haus im Stadtteil Eims-

7) Berthold Meier heute.

büttel. Aber es kamen dabei keine Familienmitglieder ums Leben; die Familie hatte – selten in diesen Tagen! – Glück, das sie im Laufe des Krieges auch nicht verlassen sollte. Sie ließ sich im mecklenburgischen Schönberg vor den Toren Lübecks nieder, im Haus von Bertholds Großeltern.

Berthold Meier, im Sinne der NS-Ideologie erzogen, machte im Deutschen Jungvolk, der NS-Jugendorganisation, Karriere. Er lernte als Fähnleinführer früh Verantwortung zu übernehmen. Nachdem sein Vater zur Marine und sein älterer Bruder zum Heer eingezogen worden waren, war es für ihn selbstverständlich, das Vaterland zu verteidigen – sobald der «Führer» ihn rief. Und als Hitler, das nahe Ende seines «Dritten Reichs» vor Augen, tatsächlich auch die Jüngsten in den Tod schickte, war Berthold Meier sofort bereit, das Vaterland vor den heranstürmenden «Bolschewiken-Horden», wie es hieß, zu retten. Es war bereits März 1945, als ihn seine Mutter zum Schönberger Bahnhof begleitete und ihn schweren Herzens verabschiedete. Nicht mehr Abschied nehmen konnte er indes von seiner Freundin Ingrid, die zu diesem Zeitpunkt in der Schule war, in der er eigentlich auch hätte sitzen müssen. Stattdessen aber fuhr er mit dem Zug über Hamburg, Prag bis Luhatschowitz, erstaunlicherweise völlig ohne Zwischenfälle, obwohl sich das Reich bereits in Auflösung befand.

Umso verwunderter hörte er nach seiner Ankunft in Mähren am 6. März, dass inzwischen Köln von den Alliierten besetzt worden sei, obwohl er es noch Stunden zuvor mit dem Zug passiert hatte – ohne etwas vom bevorstehenden Einmarsch der Amerikaner bemerkt zu haben. Der Krieg wurde für Berthold Meier etwas Imaginäres, nicht Greifbares, und das sollte glücklicherweise auch vorerst so bleiben. Zusammen mit vielen anderen Gleichaltrigen kam Meier im Luhatschowitzer Kurhaus unter, es lag noch Schnee im Ort. Die Jungen hatten vormittags Unterricht, nachmittags wurden sie militärisch ausgebildet. Vier Wochen ging das so, dann war der Schnee geschmolzen und die Ausbildung beendet. Der Krieg war jetzt auch in dem mährischen Kurort angekommen, die Jungen wurden eilig mit der Bahn evakuiert. Die Fahrt ging in das nur 25 Kilometer nördlich gelegene Städtchen Zlin. Dort sollten die

Jungen auf verschiedene SS-Divisionen aufgeteilt werden. Man gewährte den etwa 200 Jugendlichen sogar Wahlfreiheit – hat einer eine besondere Vorliebe? Meier liebte Pferde, er hatte immer Tierarzt werden wollen. Er entschied sich für die 8. SS-Kavallerie-Division «Florian Geyer», die zuvor in der ungarischen Hauptstadt Budapest heftige Verluste erlitten hatte. Florian Geyer, das war im süddeutschen Bauernkrieg von 1525 ein durch Selbstlosigkeit und strategisches Geschick zu Ruhm gekommener Heerführer der Tauberbauern. Kurioserweise wurde er sowohl von den Nazis – sie benannten diese SS-Division nach ihm – als auch später von den ostdeutschen Kommunisten verehrt, die seinen Namen einem Grenzregiment verliehen. Berthold Meiers künftiges Leben sollte von ähnlichen ideologischen Widersprüchen geprägt werden.

Zusammen mit 14 anderen Jungen schickte man Berthold zum Ersatz- und Ausbildungsregiment 194 dieser Division nach Beneschau bei Prag; dort existierte ein riesiger Truppenübungsplatz. Erst jetzt wurden sie militärisch eingekleidet, mit den für die Waffen-SS typischen Runen am Kragenspiegel der Feldbluse und dem Adler am Oberarm, nicht an der Brust, wo er sich beim «normalen» Wehrmachtssoldaten befand. Was insofern von Bedeutung war, als Meier ab sofort als Mitglied dieser gefürchteten und verhassten Einheiten zu erkennen war, zumal er am oberen linken Innenarm auch das Blutgruppenmerkmal eintätowiert bekam. Damals, so erinnert er sich, war ihm die weitreichende Bedeutung all dieser Maßnahmen gar nicht bewusst. Er dachte, alle Soldaten würden tätowiert. Diese jungen Menschen lebten tatsächlich in einem Kokon der Unwissenheit; zu diesem Zeitpunkt sollte der Krieg noch zwei Wochen dauern.

Die Rettung des Vaterlandes, zu der sich Meier berufen fühlte, erschöpfte sich zunächst in der Pflege und Fütterung der Divisionspferde, prächtiger Reitpferde, überwiegend Hannoveraner. Aus seinem Karabiner 98, den er mit der Uniform ausgehändigt bekommen hatte, sollte er keinen einzigen Schuss abfeuern. Das blieb auch bis zum 8. Mai so, dem Tag der Kapitulation Hitler-Deutschlands.

Für Berthold Meier endete der Krieg so, wie er zwei Wochen zuvor für ihn begonnen hatte: mit einem Appell seiner Vorgesetzten, die ihm nunmehr mitteilten, dass die Truppe ab sofort als aufgelöst zu betrachten sei. Es wurde empfohlen, sich in Richtung Süden über die Moldau abzusetzen, zu den Amerikanern. Zusammen mit den älteren Kameraden der Reiterstaffel ließ er sich vom breiten Strom aus Soldaten und Zivilisten forttragen, der in Richtung Südwesten flutete. Am nächsten Tag hatten sie die Moldau südlich des Ortes Budweis erreicht und kampierten auf den Wiesen vor dem Fluss, stets auf eine Gelegenheit wartend, ihn zu durchschwimmen. Doch die Amerikaner am anderen Ufer schossen auf jeden, der sich ihnen näherte. Hier war kein Übersetzen möglich. Ihnen blieb keine andere Wahl, als sich den Russen zu ergeben. Meiers Zeit als Soldat endete, als er dem Sieger gegenübertrat: einem zu Pferd sitzenden Sowjetsoldaten, der eine Zigarette rauchte und gelangweilt zusah, wie Hunderte Wehrmachtssoldaten, die seinen «Ein-Mann-Checkpoint» passierten, ihre Waffen auf einen riesigen Haufen entsorgten. Auch Meier entledigte sich seines Karabiners. Gemeinsam marschierten sie jetzt in Richtung Osten nach Mähren. Bei Telsch am Fuß der böhmisch-mährischen Höhe bildete ein riesiges, mit Stacheldraht umzäuntes Waldstück das Gefangenenlager. Kameraden, die noch ihre Zeltplanen dabeihatten, errichteten provisorische Zelte. Berthold Meier war Teil einer Gruppe seiner alten Einheit, mit zwei älteren und drei gleichaltrigen Kameraden. Eifrig trennten diese die SS-Hoheitszeichen von ihren Feldblusen und entledigten sich ihrer Wehrpässe. Er tat es ihnen nicht gleich. Er wollte seine SS-Mitgliedschaft nicht verleugnen, sondern hoffte vielmehr, bei den Siegern auf Nachsicht wegen seines Alters zu stoßen und wegen der Tatsache, dass er keinen einzigen Schuss abgefeuert hatte. Er war 15 Jahre jung und gerade mal 15 Tage als Soldat im Krieg gewesen – konnte man ihm das zum Vorwurf machen? Und wie sollte er das je ohne Wehrpass nachweisen? Berthold Meier war ein hoffnungsloser Optimist, und er hatte die ganze Dimension des Schreckens, die von Himmlers Armeen im Zeichen der beiden Runen ausgegangen war, noch gar nicht verstanden.

Es begann eine Zeit großen Hungers. Nur gelegentlich gab es eine dünne Wassersuppe. Die Mitgefangenen fügten sich in ihr Schicksal, hielten respektvoll Abstand vom Stacheldraht, weil sowjetische Soldaten jedem, der sich ihm näherte, warnend über den Kopf schossen. Meier vertraute auf sein gewinnendes Wesen und näherte sich dem Zaun. Der Russe dort schoss nicht, rief aber «Uhri» – er wusste, was es bedeutete: Die Sowjetsoldaten hatten es vor allem auf die Uhren der Soldaten abgesehen, begehrte Beutestücke, im besseren Fall auch Tauschobjekte. Er rief und teilte gestikulierend mit, dass er am nächsten Tag wiederkommen würde, selbstverständlich mit «Uhri» – aber gegen «Brot».

Tatsächlich war am kommenden Tag dieser Russe wieder da, mit Brot in der Hand. Meier gab ihm die Uhr und erhielt dafür Brot. Das teilte er mit seinen Kameraden und erzählte ihnen von dem Deal. Tags darauf ging er wieder zum Zaun, jetzt im offiziellen Auftrag eines anderen Kameraden, und tauschte dessen Uhr gegen Brot. Meier demonstrierte erstmals sein Manager-Talent. Er wurde zum beiderseitig anerkannten «Brot-Händler», tauschte die noch vorhandenen Uhren der Soldaten, die sich nicht an den Zaun trauten (und wohl von den Sowjets auch nicht als Händler autorisiert worden wären), gegen Brot. Aus Dankbarkeit bekam Meier von dem ergatterten Brot stets eine dicke Scheibe ab. Während viele Hunger litten, krank wurden und starben, kam «Brot-Manager» Berthold Meier recht gut über die Runden.

Ende Juni, sechs Wochen später, begann der Abtransport des Lagers. Wieder hatte er Glück. Sechs Wochen vor seinem

Geburtstag kam er zusammen mit den wenigen, die ebenfalls das 16. Lebensjahr noch nicht vollendet hatten, als Erntehelfer zu einem tschechischen Bauern. Dort lernte er seine ersten tschechischen Worte. Die Jungen hatten große Angst, von den Tschechen schikaniert zu werden, weil sich herumgesprochen hatte, dass es im Gebiet der Tschechoslowakei zu schlimmen Vergeltungsakten gegen Deutsche gekommen war. Doch glücklicherweise trat das Befürchtete nicht ein. Die Bauern, bei denen Berthold und die anderen Jugendlichen unterkamen, verhielten sich überwiegend korrekt. Vor allem die jüngeren Tschechen waren eher freundlich.

Zudem schützten die sowjetischen Bewacher «ihre» Gefangenen vor gewalttätigen Übergriffen. Nur einmal, die Russen waren gerade nicht anwesend, hätte Berthold sein Glück um Haaresbreite verlassen. Ein tschechisches «Milizkommando» kam vorbei und schloss die etwa 15 «Erntehelfer» in Telsch in einem Gefängnis ein; etwa die Hälfte der Deutschen war in Meiers Alter. Die tschechischen Wachen nötigten alle volljährigen Deutschen, ihre linken Oberarme zu entblößen, die Jugendlichen entkamen dieser Aufforderung. Wer das Blutgruppenmerkmal der SS trug, verschwand auf Nimmerwiedersehen. Am Abend hörten sie Stimmengewirr vor dem Gefängnis, die sowjetischen Wachen waren da, um «ihre Gefangenen» den Tschechen wieder abzujagen. Meier und seine Kameraden atmeten auf; auch die anderen Jugendlichen waren Mitglieder der Waffen-SS gewesen.

Sein Tschechisch wurde immer besser, irgendwann setzten die Russen ihn sogar als Dolmetscher ein. Im Oktober, mit Ende der Ernte, mussten sie sich dann am Bahnhof von Telsch einfinden. «Hurra, es geht nach Hause», raunte man sich zu. Und es kamen viele zusammen, auch aus anderen Lagern. Die Stimmung war gut, es wurde gesungen und gelacht. Immer 70 Gefangene wurden in einen Viehwaggon gepfercht, ein Loch in der Ecke bildete die Toilette. Doch zum Entsetzen der Insassen bewegte sich der Zug nicht in Richtung Westen, sondern rumpelte gen Nordosten. Bereits in Ostrava, Mährisch-Ostrau, war Endstation.

Wieder ging es in ein sowjetisches Gefangenenlager. Von da an musste Berthold Steinkohle abbauen, in einem Schacht, 800 Meter tief. Die Grube hieß Stachanow, benannt nach einem sowjetischen «Helden der Arbeit», der in einer Steinkohlegrube im Donezk-Becken seine Norm um das 13-Fache übererfüllt und so eine propagandistische Bewegung ausgelöst hatte. Auch die Grube, in die Meier geschickt wurde, stand unter sowjetischer Oberhoheit, wurde aber von Tschechen betrieben.

Berthold wurde einem 50-jährigen Hauer als Schaufler zugeteilt, einem Sudetendeutschen. Sein Vorgänger war kurz zuvor verschüttet worden, und er bekam schnell eine Idee davon, wie es dazu gekommen war. Er schaufelte aus nur 60 bis 80 Zentimeter hohen Flözen die Kohle weg, alles wirkte sehr improvisiert. Als eine Woche später wieder jemand ausfiel, wurde Meier selbst Hauer, musste fortan mit dem Presslufthammer im Flöz die Kohlebrocken herauslösen. Zwölf Stunden lang dauerte eine Schicht. Wurde die Norm erfüllt, gab es vier Zigaretten. Er scherte sich nicht um die Vorbehalte der anderen, die auf stur schalteten, sondern erfüllte seine Norm, um die begehrten Zigaretten gegen Essbares tauschen zu können. Denn für diese vier Zigaretten ergatterte er eine Tagesration Brot, 200 Gramm; für 20 Zigaretten gab es ein neues Hemd. So kam er über die Runden, aber es war seine härteste Zeit. Er stand sie mit eisernem Willen durch und seltsamen Ritualen. So kaute er jeden Bissen 32-mal, weil er gehört hatte, dass das Brot auf diesem Wege im Körper besser verwertet werde und sich schneller ein Sättigungsgefühl einstellte. Außer Brot gab es morgens lediglich eine Tasse Ersatzkaffee, mittags gab es nichts, abends einen Teller Linsen oder Dörrgemüse.

Irgendwann wurden seine Vorgesetzten auf diesen fleißigen, disziplinierten, freundlichen Jungen aufmerksam und versetzten ihn in die führende Stachanow-Brigade, die Brigade mit der höchsten Produktivität. Das hatte den Vorteil, dass er fortan in einem Schrägflöz arbeitete, in dem man sogar stehen konnte. Sein Hauer, ein Tscheche, brachte ihm jeden Morgen eine mit Wurst geschmierte Stulle mit – allein dieses Leckerbissens wegen lohnte es sich, am Leben zu bleiben. Der Tscheche schmuggelte auch einen Brief an seine Eltern nach draußen, geschrieben mit Holzkohle auf einen Fetzen Papier. Bis zu diesem Zeitpunkt, dem 6. Juni 1946, Vater und Bruder waren längst zurück aus britischer Gefangenschaft, wussten seine Angehörigen nicht einmal, dass er noch lebte.

Zum Problem wuchs sich jedoch Bertholds Kurzsichtigkeit aus, denn seit den frühsten Tagen seiner Gefangenschaft vermisste er seine Brille. So lief er beim Bedienen des schweren Presslufthammers ständig Gefahr, durch das Bohren an einer falschen Stelle das ganze Flöz zum Einsturz zu bringen, was unter Umständen das Leben der ganzen Schicht gefährdet hätte. Und so bat der tschechische Hauer eines Tages, Meier zu versetzen – zurück in die Landwirtschaft.

Wieder wurde Berthold auf einem Bauernhof untergebracht, das Dorf Polanka nad Odrou nahe Ostrau wurde vorübergehend seine neue Heimat. Inzwischen sprach er beinahe fließend Tschechisch. Gelitten hat er in dieser Phase seiner Kriegsgefangenschaft keinen Tag, sagt Berthold Meier heute. Sein Aufenthalt in dem Dorf an der Oder glich eher dem Austauschjahr eines jungen Praktikanten unter einfachen Bedingungen denn einer Gefangenschaft. Er und seine vier Kameraden wurden kaum bewacht, teilweise schlief er beim Bauern, in einem Durchgangszimmer zwischen Stall und Küche, nur noch selten kam er ins Gefangenenlager. Oldrich Prausek hieß der Bauer, bei dem Meier untergekommen war, er bewirtschaftete 20 Hektar und hatte einen beachtlichen Hof. Im Sommer gingen sie in der Oder baden, sprangen von der Brücke in den Fluss. Mit Alenka, der 13-jährigen Tochter des Bauern, verband ihn eine tiefe Freundschaft. Das Mädchen gab sich große Mühe, Bertholds Tschechisch zu verbessern. Es gab auch andere Ausländer im Dorf, «zivilinternierte» Ungarn aus der Slowakei, also Angehörige der dortigen Minderheit. Meier hatte den Eindruck, sie wurden wesentlich schlechter behandelt als die jungen Deutschen, die Feinde von gestern. Regelmäßig bekam er jetzt Post von den Eltern.

Es war im Erntemonat September im Jahr 1948, Berthold führte gerade die Zügel der Pferde vor der sogenannten «Kartoffelschleuder» über den Acker, da kam Bauer Prausek aufs Feld gelaufen und rief dem Jungen zu, dass er jetzt nach Hause käme, er solle seine Sachen packen. Und ganz Pragmatiker, fügte der Bauer hinzu: «Berto, ich besorge dir schnell eine Bescheinigung vom Bürgermeister, dass du zwei Jahre bei mir in der Landwirtschaft gearbeitet hast, die wird dir im Leben helfen», und schon flitzte er los.

Berthold Meier kam zurück ins Gefangenenlager, zwei Tage musste er sich noch mit mehr oder weniger Nichtstun gedulden, bis die jungen Deutschen reisefähig waren. Kurz vor der Abreise kam noch einmal Bauer Prausek im Lager vorbei und überreichte ihm aufgeregt eine Bescheinigung, eine Art Zeugnis. Und sie sollte sich noch als wertvoll erweisen. Anschließend ging es mit einem Gefangenentransport ab Mährisch Ostrau bis nach Pirna, wo er am 21. September 1948 erstmals seit dreieinhalb Jahren wieder deutschen Boden betrat. Die jungen Leute wurden in ein Auffanglager der Sowjetarmee gesteckt; nach einer Quarantänezeit wurde er am 2. Oktober entlassen.

Berthold erhielt eine Fahrkarte nach Schönberg, 50 Mark Begrüßungsgeld, noch von Pirna aus schrieb er seinen Eltern eine Karte. Am Schönberger Bahnhof empfing ihn sein Vater. Seine Mutter war gerade aufs Land gefahren, um bei den Bauern Lebensmittel einzutauschen, Hamsterfahrten nannte man das damals. Man wollte den Jungen, der vermutlich viel gelitten hatte, daheim verwöhnen, auch wenn es karge Zeiten waren. Meier beschloss, seine Mutter zu überraschen, und fuhr ihr bis Bad Kleinen entgegen. Als er ihr dort im Wartesaal über den Weg lief, ließ sie vor Schreck die Taschen fallen – all die soeben eingetauschten wertvollen Eier gingen zu Bruch. Doch was zählte dieser Verlust schon, angesichts der Wiedersehensfreude.

An eine Rückkehr nach Hamburg dachte die Familie nicht. Sie hatte das Haus von den inzwischen gestorbenen Großeltern geerbt, zudem glaubte sie, ein einfacheres Leben im ländlich geprägten Schönberg sei dem in der darbenden und obendrein zu weiten Teilen zerstörten Großstadt Hamburg vorzuziehen. Überlegungen, bei denen ganz pragmatische Gründe eine Rolle spielten. Die politische «Großwetterlage» – ob man künftig in der Ost- oder Westzone leben wolle – klammerte die Familie Meier aus.

Szenenwechsel: 25 Jahre später, im Sommer 1973, wird der starke Mann der DDR, Generalsekretär Erich Honecker, mit dem Politbüro der DDR von einem smarten Mann im dunklen Anzug durch die Ausstellung «Chemisierung der Landwirtschaft» auf der Landwirtschaftsausstellung «agra» geführt und lässt sich die modernen agrarchemischen Zentren des «Arbeiter-und-Bauern-Staates» erklären. Ob der ehemalige Häftling des Nazi-Zuchthauses Brandenburg wusste, dass der Genosse an seiner Seite, der Erfinder und Chef-Organisator dieser landwirtschaftlichen Großprojekte, ein ehemaliges Mitglied der Waffen-SS war? Vermutlich hat es den mächtigsten Mann der DDR gar nicht interessiert, denn aus Berthold Meier – niemand anderes war sein Begleiter – war ein sozialistischer Mustermanager geworden. Vorläufiger Höhepunkt einer atemberaubenden Karriere für den Jungen, der in den letzten Kriegstagen Deutschland vor der bolschewistischen Invasion bewahren wollte.

Doch zurück ins westmecklenburgische Schönberg der späten 40er Jahre. In Schönberg ging der Kriegsheimkehrer Meier zunächst bei einem Großbauern in die Landwirtschaftslehre. Und hier half ihm die Bescheinigung des tschechischen Bauern Prausek, die ihm zwei Jahre Lehrzeit ersparte, sodass er bereits nach einem Jahr abschließen konnte. Weil er die Gehilfenprüfung mit der landesweit besten Punktzahl absolvierte, wurde er zu einer «Sonderreifeprüfung» zugelassen – wodurch er sich auch das zeit- (und

8) Berthold Meier und Erich Honecker besichtigen ein Agrochemisches Zentrum in der DDR.

lern)aufwendige Abitur sparte. 1950 begann er ein Studium der Landwirtschaft an der Universität Rostock. Geld verdiente er sich als Assistent des Professors. Mit seinem Abschluss als Diplom-Landwirt wollte Meier ursprünglich an der Universität bleiben, wurde aber von seinem Professor an das in Ostberlin neu gegründete «Zentrale Amt für Forschung und Technik» empfohlen, dem späteren Ministerium für Wissenschaft und Technik.

Inzwischen war die DDR gegründet worden. Der noch

junge Arbeiter-und-Bauern-Staat stand vor ökonomischen Herkulesaufgaben, zur zentralen Frage wurde die «Kollektivierung der Landwirtschaft» nach sowjetischem Vorbild. Das bedeutete, die eben erst zu Besitzern kleiner Anbauflächen gemachten Bauern dazu zu verdonnern, «freiwillig» großen Agrarbetrieben, «Landwirtschaftliche Produktionsgenossenschaften» (LPG) genannt, beizutreten. Ökonomisch machte das Sinn, denn durch die nach dem Krieg eingeleitete Enteignung großer Agrarbetriebe war die Eigenversorgung der DDR gefährdet, die Kleinbauern produzierten unrentabel. Die DDR suchte also händeringend Agrar-Experten. Schnell stieg der fleißige junge Mann zum Fachgebietsleiter auf.

Berthold Meier trat der «Freien Deutschen Jugend» (FDJ) bei – weil in seiner Heimatstadt die wenigen Dinge, die in der Freizeit Spaß machten, ausschließlich von der kommunistischen Nachwuchsorganisation angeboten wurden – der Tanzabend zum Beispiel. Der unpolitische Meier engagierte sich im neuen System. Eine schnörkellose DDR-Karriere also, ohne Ecken und Kanten? Keineswegs. Wer im noch jungen Arbeiter-und-Bauern-Staat lebte, zudem eine Karriere anstrebte, lief immer Gefahr anzuecken, zumal mit der Vergangenheit eines Berthold Meier. Vorausblickend hatte sich der Akademiker, längst auch Beitrittskandidat der allmächtigen Regierungspartei SED, seiner Blutgruppen-Tätowierung entledigt – zurück von der kleinen Operation blieb eine Narbe. Stets gab er bei Befragungen an, in den letzten Kriegstagen als Soldat in einer nicht näher beschriebenen «Kavalleriestaffel» gedient zu haben – die Schrecken verbreitenden Runenkürzel dabei geflissentlich verschweigend. Das ging gut, solange niemand danach fragte. Auch die noch junge DDR gab sich pragmatisch, wenn es um die Integration mehr oder weniger belasteter Eliten ging, auf die man dringend angewiesen war.

Oft kam es in Schönberg dann dennoch zu Begegnungen wie dieser, als Gleichaltrige am Nebentisch im Restaurant auf ihn deuteten und zu ihren Angehörigen laut sagten: «Guck mal, der Berto, unser Fähnleinführer ist wieder da ...»

Doch das waren Episoden, die seine Karriere nicht wirklich bremsten. Auch seine Eltern hatten schnell wieder Fuß gefasst. Sein Vater brachte es zum Obermeister des Schneiderhandwerks, seine Mutter blieb in ihrem Beruf als Lehrerin. Als Meier 1956, inzwischen zu einem Zusatzstudium nach Prag delegiert, in einem kleinen privaten Abstecher sein «altes Heimatdorf» nahe Ostrava (Mährisch Ostrau) besuchte, wurde er herzlich empfangen, wie ein heimgekehrter Sohn.

Eines Tages fragte die Sekretärin im Ostberliner Forschungsamt den jungen Fachgebietsleiter und FDJ-Sekretär Berthold Meier um Rat – ausgerechnet in einer der heikelsten Fragen, die Ostdeutsche in jenen Jahren bewegte: Sie plante die Flucht nach Westberlin. 1957 war das, noch vier Jahre sollten die Grenzen geöffnet sein. Die junge Frau hatte zuvor all ihre Möbel verkauft, ein schwerer Fehler, denn das rief in der unter Mangelwirtschaft leidenden DDR automatisch die Behörden auf den Plan. Wer seine Wohnungseinrichtung verkaufte, plante vermutlich die Flucht – so die behördliche Logik damals. Und das planten viele, geschätzte 2,7 Millionen Ostdeutsche allein bis zum Mauerbau 1961. Die ostdeutschen Behörden reagierten hilflos auf den Aderlass, rächten sich aber bitter an denen, derer sie habhaft werden konnten. Nach DDR-Strafrecht waren Republikflucht, auch die Beihilfe dazu, schwere Vergehen, die mit langen Gefängnisstrafen geahndet wurden.

Als die Volkspolizei die Wohnung der jungen Frau aufsuchte, saß dort in einem Nebenzimmer Fachgebietsleiter Meier, seines Zeichens SED-Beitrittskandidat. «Ich will abhauen», hatte sie ihm kurz zuvor gebeichtet, «Berthold, was soll ich nur machen?»

«Mach es sofort oder bleib hier», hatte Meier ihr geantwortet. Nur nicht lange herumeiern, riet er ihr noch.

«Wer sind Sie, was machen Sie hier?» Ohne die Antwort abzuwarten, nahm die Polizei auch Meier mit. Im Polizeiverhör räumte Meier lediglich ein, der Frau zum Hierbleiben geraten zu haben, den zweiten Teil seines Ratschlags unterschlug er – glücklicherweise bestätigte die junge Frau diese Version. Am nächsten Morgen wurde er aus dem Gefängnis entlassen. Juristisch blieb das für Berthold

Meier folgenlos, doch er musste vor dem Parteivorstand Rede und Antwort stehen. Er überlegte lange, wie er damit umgehen sollte. Stets hatte er in der Defensive sein Heil gesucht, hatte gehofft, das Geheimnis seiner zweiwöchigen Mitgliedschaft in der Waffen-SS käme nicht heraus. In die Mühlen des Sicherheitsapparates war er nun dennoch geraten, wenn auch aus anderem Anlass. Dabei wollte er doch reinen Gewissens in diesem Staat bleiben, wollte auf seinem Fachgebiet wirken und Karriere machen. Also entschied er sich, in die Offensive zu gehen: Ohne Not gab er bekannt, als Jugendlicher zwei Wochen Mitglied der Waffen-SS gewesen zu sein. Schlaflose Nächte schlossen sich an, würde sein Plan aufgehen?

Zunächst sah es nach einem Gewitter aus, das über ihn hereinbrach: Umgehend strich man ihn von der SED-Kandidatenliste, seine Funktion als Fachgebietsleiter durfte er aber behalten. Man hielt ihm seine Ehrlichkeit zugute und konnte in Wahrheit auch auf Experten vom Schlage eines Meier nicht verzichten. Am Ende mischte sich sogar das Zentralkomitee (ZK) der SED ein, das höchste Parteigremium, und kassierte die Streichung von der Kandidatenliste. Meier galt also auch in der SED wieder als rehabilitiert. Im Juli 1959 wurde das frühere Mitglied der Waffen-SS, der ehemalige Fähnleinführer Berthold Meier, Mitglied der SED – erhielt aber gleichzeitig für sein «Fehlverhalten» bei der geplanten Republikflucht der Sekretärin eine strenge Rüge, die höchste Parteistrafe. Verquere Logik eines Einparteienstaates! Insgesamt war seine «Vorwärtsstrategie» aber aufgegangen.

Zur «Bewährung» wurde er als Leiter in eine der wirtschaftlich schwachen LPGs verbannt – nach Seefeld bei Bernau nordöstlich von Berlin. Auch dies war ein Glücksfall für den jungen Agrar-Ökonomen, der sein bereits in der Gefangenschaft trainiertes «Management-Talent» ausspielen konnte. Binnen zwei Jahren schaffte es Meier, den Landwirtschaftsbetrieb profitabel zu machen, man schrieb schwarze Zahlen. Und so ging es weiter aufwärts: Er wurde mit der Kultivierung des Oderbruchs beauftragt, die sehr fruchtbaren Böden des einstigen Berliner Gemüsegartens östlich von Berlin waren durch die jahrelange Vernachlässigung und die Kriegsfolgen völlig versauert. Meier löste das Problem, indem er in Silowagen tonnenweise Kalk heranfahren und diesen großflächig über die Felder pusten ließ. Auch dieses Vorhaben gelang, als Anbaufläche wurde der Oderbruch durch die nun wieder mögliche Belieferung Westberlins zu einer Devisenquelle für die notorisch klamme DDR. Meiers Team, im ostdeutschen Jargon «Kollektiv» genannt, bekam den Orden «Banner der Arbeit» – damals noch eine selten vergebene, limitierte Auszeichnung.

Meiers Aufgaben wurden gewaltiger, er stieg immer höher: Er wurde zu einem «sozialistischen Top-Manager», der noch heute stolz darauf ist, nie einen Betrieb in die roten Zahlen manövriert zu haben. Meier wurde mit dem Aufbau des chemischen Agrarsektors der DDR betraut. Landesweit wurden 252 agrochemische Zentren errichtet, um den Großbetrieben unter fachlicher Anleitung und Kontrolle Düngemittel zur Verfügung zu stellen. 1967 promovierte er darüber. Er entwickelte zahlreiche Patente, gründete ein Ingenieurbüro für «agrochemische Zentren», die Partei- und Staatsführung, aber auch internationale Gäste standen bei ihm Schlange. 1984 wurde er zu einem der Gründerväter der ostdeutschen Entwicklungshilfe, verantwortlich für Teams, die weltweit im Einsatz waren, um Entwicklungsländern beim Aufbau einer Land- und Forstwirtschaft zu helfen – von Kuwait über Jordanien bis in die Mongolei. Zudem wurde er zum ostdeutschen Ansprechpartner bei der FAO, der UN-Organisation für «Food and Agriculture», die in Rom ihren Sitz hat.

Auch den Zusammenbruch der DDR, seines Arbeiter-und-Bauern-Staates, verstand Meier als Chance, sich beruflich neu zu verwirklichen. Er wurde Geschäftsführer der «Inter-Agrar-Kooperation», die Projekte in Entwicklungsländern umsetzt und bis heute eng mit dem Bundesentwicklungshilfeministerium kooperiert. Vor allem baute die Bundesregierung auf die Fundamente der ostdeutschen Freundschaft zu Staaten wie Vietnam, Kambodscha, Laos, Mongolei oder Kuba. Dr. Meier ist noch heute ein gerngesehener Gast bei Jubiläumsveranstaltungen im Berliner Entwicklungshilfeministerium. Politische Bekenntnisse, ideologische Verirrungen – Meier waren sie stets zuwider.

Vielleicht war dies für ihn die wichtigste Lehre aus seinen frühen Jahren in HJ und Waffen-SS. Berthold Meier diente in drei Systemen – und wollte eigentlich immer nur einen guten Job machen.

Das Kainsmal am Oberarm
Günter Lucks: Die Verführungen der Ideologien

So absurd es klingen mag: Für Günter Lucks, im Oktober 1928 geboren, waren sein Engagement in Jungvolk, Hitlerjugend, seine Bewerbung um eine Ausbildung für den gehobenen militärischen Dienst Protest und der Versuch auszubrechen. Es war der Protest gegen sein kommunistisch geprägtes Elternhaus. Und es war ein Ausbruchsversuch aus dem beengten Leben einer ausgebombten Familie im Hamburger Osten. Denn mit fünf Personen seiner Familie bewohnte Lucks Ende 1944 einen Ruinenkeller, nachdem sie im Juli 1943 während der schweren britischen und amerikanischen Bombardierungen Hamburgs, der «Operation Gomorrha», ausgebombt worden waren. In diesem Flammeninferno hatte er seinen Bruder verloren. Der Krieg hatte für den 14-jährigen Günter Lucks damit im Juli 1943 begonnen.

Mit Kampfliedern, Fähnchenschwingen und einem klaren ideologischen Weltbild war Günter Lucks aufgewachsen. Nur dass es eben jenem der Nazis diametral widersprach. Günters Eltern gehörten bis zur Machtergreifung der Nazis 1933 der kommunistischen Nomenklatura Hamburgs an, verkehrten mit KPD-Größen wie Edgar André und Ernst Thälmann. Und es gab im Hause Lucks natürlich

Vorbehalte gegen die NS-Jugendbewegungen und später gegen den Krieg. Was bei Günter zu dem stillen Verlangen führte, dazugehören zu wollen, so wie fast alle Jungen in seinem Alter. Mit seinen Elastolin-Soldaten spielte er den Krieg nach. Er träumte davon, wie der «Hitlerjunge Quex», damals eine bekannte NS-Filmfigur, oder wie «Utz», der auf Plakaten für einen Beitritt Jugendlicher zur Waffen-SS warb, das Vaterland zu retten. Das waren seine Jugendidole, vergleichbar mit den heutigen Popstars. Gegen den Willen seiner Mutter bewarb er sich zunächst um eine gehobene militärische Ausbildung. In den letzten Dezembertagen des Jahres 1944, gerade mal 16 Jahre jung, bekam er vom Wehrbezirkskommando in der Hamburger Milchstraße einen Marschbefehl und einen Freifahrtschein der Reichsbahn. Als Ziel war ein Reichsausbildungslager der HJ in Bernsdorf/Oberlausitz angegeben. Er staunte nicht schlecht, als sich eine Scheune als «Wehrmachtsdienststelle» entpuppte, in der ein mürrisch dreinblickender Feldwebel neben einem gelangweilten Gefreiten saß und sich die Papiere des Jugendlichen besah.

«Schon wieder einer. Wo hast du neulich die anderen hingeschickt?», hörte er den Gefreiten seinen Vorgesetzten fragen.

«Nach Breslau», vernahm er die Antwort. «Aber halt, die wollten keine mehr», hieß es dann. «Alle sollen nach Prag geschickt werden», so der Feldwebel.

Anschließend gab es eine bereits leicht erkaltete Erbsensuppe, dann bekam er einen Marschbefehl nach Prag. Zusammen mit zwei Soldaten ging es auf einem LKW nach Cottbus, dort erhielt er seinen «Durchlassschein» für das «Protektorat Böhmen und Mähren», wie Tschechien seit der Zerschlagung der Tschechoslowakei im Jahre 1938 offiziell hieß.

In Dresden saß Günter Lucks dann zwischen ermüdeten Soldaten, die zurück an die Front mussten. Alle hatten, neben ihren Ausrüstungen, Fresspakete dabei, die sie, an Bindfäden befestigt, vor ihren Beinen abgestellt hatten, um während des Schlafes nicht beklaut zu werden. Plötzlich nahm er eine Berührung am Fuß wahr. Eine Hand, in der sich ein Messer befand, kam unter der Bank hervor. Damit wurde eines der Bänder zerschnitten. Ein Soldat gegenüber bemerkte das, und man zog unter Gejohle einen halbverhungerten Fremdarbeiter hervor. An seiner schmutzigen Jacke war ein P angebracht. Das sollte wohl Pole heißen. Er wurde dann abgeführt. Was aus ihm geworden ist, ist nicht bekannt. Lucks hatte unendliches Mitleid mit ihm, konnte aber natürlich in keiner Weise helfen. Was er damals nicht ahnte: Es waren die letzten Tage des alten, barocken Dresden, das wenige Wochen später in einem gewaltigen Feuersturm untergehen sollte.

Auf Umwegen traf Lucks zwei Tage später im Reichsausbildungslager Bad Luhatschowitz ein. Es war Anfang Januar, die waldreiche Gegend der Karpatenausläufer lag unter einer dicken Schneedecke. Es war bitterkalt. Zusammen mit drei Gleichaltrigen bewohnt er die «Villa America», eines der schicken Kurhäuser, die zuvor von ihren Bewohnern zwangsgeräumt worden waren. Morgens wurden sie vom schrillen Signalton einer Trillerpfeife geweckt. Der Vormittag war ausgefüllt mit Unterricht, am Nachmittag ging es ins Gelände. Es gab auch einen Schießstand, auf dem mit Karabinern 98, dem fast 50 Jahre alten Standardgewehr der Wehrmacht, das Schießen geübt wurde. Mittagessen wurde im Casino des «Palace Hotels» gereicht.

Im «Häschen-Hüpf»-Stil das Gewehr an den ausgestreckten Armen vor der Brust, ging es durchs Gelände. Die Ausbilder, zumeist kriegsversehrte Veteranen, schonten die Jugendlichen keinen Augenblick. Und die HJ-Winteruniform, in der die Jungen durch den Schnee krochen, war nicht geeignet, vor Nässe und Kälte wirksam zu schützen. Die Jungen froren, hatten Heimweh und stets Hunger. Bei Günter entwickelte sich schnell eine Abneigung, die sich zum Hass gegen diesen Stumpfsinn auswuchs. Nichts war geblieben von der anfänglichen Euphorie, von seinen Träumen, wie der Plakatheld Utz Deutschland vor dem Ansturm bolschewistischer Panzer zu schützen. Die Realität war ganz anders. Seine Uniform wurde nie trocken, das Gewehr war groß und schwer, beim Schießen hätte ihm die Waffe einmal um ein Haar aufgrund des nur schwer einzuschätzenden Rückstoßes seine Vorderzähne herausgeschlagen. Er klammerte sich an die Hoffnung, Anfang März wieder nach Hause zu kommen. Zumindest war ihm das versprochen worden, erst danach sollte es an die Front gehen. Es dauerte etwas, bis Günter Lucks den Dreh heraushatte, wie man mit so einem Karabiner schoss. Denn diese Standardwaffe des 1. Weltkriegs war zwar unhandlich und schwer, dafür aber sehr präzise. Im Vergleich mit seinen Kameraden schoss Lucks am Ende sehr gut, er wurde sogar zu einem «Sonderlehrgang» abkommandiert: Schießen mit Zielfernrohr, heute heißen solche Scharfschützen «Sniper».

Am 5. März endete die Ausbildung. Alle Jugendlichen, etwa 1400 Teilnehmer, hatten sich im Palace-Hotel zu versammeln. Ein HJ-Bannführer erschien und nahm die Meldung der «erfolgreichen Lehrgangsteilnahme» entgegen. Er hielt eine schwülstige Rede, in der die Jugendlichen so ganz nebenbei erfuhren, dass es nicht, wie versprochen, nach Hause auf Urlaub ging, sondern dass der «Führer sie zu den Waffen gerufen» habe. Der gesamte Lehrgang werde fortan der Waffen-SS angehören. Es gab einige stolze und viele lange Gesichter, aber auch ein trotziges: Ein junger Mann meldete sich, erklärte, dass ihm seine Eltern nicht erlaubt hätten, zum Mitglied der Waffen-SS zu werden. Er wurde verspottet, als Feigling verlacht – und nach Hause geschickt. So einfach war es also, der Hölle und ihren Dienern zu entkommen. Günter Lucks hatte nicht diesen Mut, auch wenn er sich in seiner Haut nicht wohl fühlte. Er dachte an seine Großeltern, an seine Mutter, seinen Vater, die allesamt überzeugte Kommunisten waren. Was würden sie wohl sagen, wenn sie wüssten, dass er gerade Hitlers berüchtigtem Elite-Verband beigetreten war?

Doch es war nicht der Gedanke an die Familie, der ihm die größte Sorge bereitete. Vielmehr hatte er das Gefühl, geradewegs ins Unglück zu rennen – ohne darauf Einfluss nehmen zu können. Jetzt wurde der Lehrgang aufgeteilt: 50 Mann wurden zu einer Panzernahkampfbrigade nach Berlin abkommandiert. 200 Mann sollten in Richtung Wien ziehen. Sie kämpften später in Slowenien gegen jugoslawische Partisanen und kamen relativ unbeschadet in britische Gefangenschaft nach Italien, so wie Karl-Heinz Gülland, von dem bereits zu lesen war. Günter Lucks und das Gros der jungen Leute wurden in Reichsbahn-Güterwagen in die Nähe von Prag gefahren, nach Networschitz. Dort lag der Truppenübungsplatz Beneschau, der von der Waffen-SS zur Nachwuchsausbildung genutzt wurde.

Es ging also vorerst weiter mit der Ausbildung zum Soldaten. Und das war auch gut so, denn Günter hatte es nicht eilig, in diesem schrecklichen Krieg verheizt zu werden. Ihre Vorbestimmung war es, Auffüllreserve der 12. SS-Panzerdivision «Hitlerjugend» zu sein, deren Reihen stark dezimiert worden waren. «Kampfgruppe Böhmen» nannten sie sich jetzt. Manche der Jungen aus Sachsen, Ostpreußen, München, Berlin und Hamburg bildeten sich tatsächlich ein, in diesem Krieg, aus dem es für Deutsche nur noch Katastrophenmeldungen zu geben schien, die entscheidende Wendung herbeizuführen. Ein Arzt stellte ihre Blutgruppe fest, Lucks wurde mit fünf Stichen ein «A» in den linken Oberarm tätowiert. «A» wie Angsthase, wie Auserwählter, wie Aussortierter – seltsame Gedanken gingen ihm durch den Kopf. Der Schmerz, den die fünf Stiche im Oberarm verursachten, war schnell vergessen. Doch die Pein, die diese Stigmatisierung als Angehöriger der berüchtigten Nazi-Soldateska auslöste, die blieb ein Leben lang.

Sie wurden militärisch eingekleidet. Wobei der einzige sofort sichtbare Unterschied zu den Wehrmachtsuniformen darin bestand, dass der Reichsadler auf dem linken Oberarm prangte anstatt wie bei der Wehrmacht auf der Brust. Die anfangs bei der Waffen-SS typischen Ärmelstreifen mit den Divisionsbezeichnungen hatten längst ausgedient. Darüber hinaus gab es für die Jungen nur noch Restbestände an Ausrüstung. Man musste nehmen, was da war: Manch einer bekam einen Helm, die anderen Schildmützen, manch einer den typisch grob gerippten Wehrmachtspullover, andere Tarnhosen, wieder andere Stiefel oder hohe Schuhe mit Gamaschen aus italienischer Produktion. In labberige Uniformjacken gesteckt, schauten unter zu großen Helmen zumeist noch sehr kindliche Gesichter hervor, sodass diese Truppe alsbald einer Armee von Laienschauspielern glich, aber nicht einer soldatischen Elite dieses untergehenden «Großdeutschen Reiches».

Am 6. April 1945 begann der Abmarsch. Auf Lastkraftwagen mit Holzgasantrieb brachte man sie über die ehemalige tschechische Grenze nach Niederösterreich. Zwischen dem Städtchen Poysdorf und dem Dorf Großkrut sollten sie die aus den Kleinen Karpaten in der westlichen Slowakei hereinflutenden Sowjetverbände aufhalten. Doch Günter Lucks brauchte kein großes militärisches Wissen, um sich der Sinnlosigkeit dieses Vorhabens bewusst zu werden: Das niederösterreichische Weinviertel ist, wie schon früher beschrieben, eine riesige Tiefebene, es gibt kaum natürliche Unebenheiten und kaum Wald: militärisch für jeden Verteidiger ein hoffnungsloser Fall. Günter sah sanfte Weinberge, Bohrtürme markierten die Landschaft, was auch erklärte, warum das Gebiet für Deutschland so wertvoll war: Hier lagen die letzten Ölfelder des Reiches. In Dürrnholz auf der tschechischen Seite des Grenzflusses Thaya gruben sie sich an einem Weinberg ein, im Hintergrund sah er die Nikolsburg. Weil Lucks ein guter Schütze war, obendrein sogar jene spezielle Schießausbildung mit Zielfernrohr absolviert hatte, wurde er als Scharfschütze eingesetzt – allerdings mit dem normalen, technisch veralteten Karabiner 98 ausgerüstet.

Lucks hat es bis heute nicht verwunden, dass er Menschenleben auf dem Gewissen hat. Mindestens zwei sowjetische Soldaten hat er aus großer Distanz erschossen. Stets ermuntert von seinem Gruppenführer, der mit einem Fernglas ausgerüstet neben ihm lag und sagte: «Günter, da ist einer, hol den mal weg!» Eines seiner Opfer lag dann sogar noch mehrere Tage lang in Sichtweite seines Schützenloches, wie eine Mahnung: Sieh, Günter, was der Krieg aus dir gemacht hat! Lucks musste in dieser Zeit oft an seine Familie denken, seine getrennt lebenden Eltern, die bis zur Machtergreifung Hitlers aktive Mitglieder der Kommunistischen Partei gewesen waren. Der Sowjetunion galt ihre Sympathie. Jetzt lag der jüngste Familienspross hier in der Uniform der NS-Parteisoldaten und schoss auf die von seinen Eltern so bewunderten Menschen aus dem Land Lenins.

Es begann ein tagelanges Katz-und-Maus-Spiel. Lucks' Einheit irrte, dramatisch schrumpfend, im österreichisch-tschechischen Grenzgebiet umher. Günter erlebte, wie viele Kameraden starben, gefangen wurden oder desertierten. Etliche der Jungen besorgten sich in den verlassenen Häusern Zivilsachen und machten sich auf den Nachhauseweg. Was oft daran scheiterte, dass sie der Feldgendarmerie in die Hände fielen. Lucks spielte die Varianten durch: Abhauen, sich selbst eine Verwundung zufügen? Am Ende blieb er stets bei der Truppe, weil ihm ein fronterfahrener alter Kamerad gesteckt hatte, dass es bei der Truppe stets die größten Überlebenschancen gäbe. Schwarmintelligenz nennt man das heute.

In der Gegend von Znaim, nordwestlich von Laa an der Thaya, bezogen sie Stellung, es war der 2. Mai, der 2. Weltkrieg sollte keine Woche mehr dauern. Es war ein sehr warmer, frühlingshafter Tag, zudem relativ ruhig, was die militärischen Aktivitäten betraf. Lucks war befohlen worden, unverbrauchte Munition im Umfeld ihrer selbstgegrabenen Schützenlöcher aufzusammeln, es herrschte bereits großer Mangel an Nachschub, da vernahm er dieses ihm inzwischen vertraute bedrohliche Flattern in der Luft. Es krachte unmittelbar neben ihm, er verspürte einen Schlag, der ihn umriss, als sei er von einem dicken Holzknüppel getroffen worden. Granatsplitter waren ihm in die Brust eingedrungen, hatten ihm zudem den rechten Arm verletzt. Ein Kamerad nahm ihn Huckepack, sie mussten etwa 400 Meter einen Anhang hinauf – den Russen bot sich ein freies Schussfeld. Ein MG-Geschoss traf Lucks noch ins Gesäß, doch sie schafften es hinter die Front. Auf einem beschädigten, aber noch fahrbereiten Panzer wurde er zu dem etwa 20 Kilometer entfernten Verbandsplatz hinter der Front gebracht. Dort war bereits alles im Aufbruch, überall befand sich die Front in Auflösung. Im Sanka, wie Sanitätsautos kurz genannt wurden, brachte man ihn in ein Behelfslazarett. Er litt große Schmerzen, doch die Wunden waren offensichtlich nicht lebensgefährlich.

Günter wurde operiert, anschließend in einen Lazarettzug verladen, der ihn zusammen mit etwa 300 Verwundeten in die Heimat bringen sollte, zunächst in Richtung Süden, nach Österreich. Hier hätte die Geschichte des Günter Lucks eigentlich glücklich enden können – doch kurz vor Linz kehrte der Zug wieder um, weil die Stadt am Vormittag des 5. Mai von den Amerikanern eingenommen worden war. Also ging es zurück nach Tschechien. Es begann eine

Irrfahrt, die am 7. Mai kurz vor Pisek auf halbem Wege zwischen Linz und Prag endete. Wie aus Zeit und Raum gefallen, stand der Zug am 6. Mai zwischen den amerikanischen Truppen im Westen und den sowjetischen im Osten. Die Kämpfe mit der Wehrmacht hatten hier längst aufgehört, um den Zug kümmerte sich keine der beiden Seiten. Das blieb auch so, als sie am 8. Mai aus dem nahe gelegenen Städtchen Pisek Jubel hörten, über Lautsprecher vernahmen sie die magischen Worte: Kapitulation! Es war vorbei, sie hatten überlebt – zumindest bis zu diesem Zeitpunkt. Doch wirklich frei waren in diesen Tagen nur die Sieger und die Opfer der Nazis. Wer deutsche Uniformen trug, zumal jene der berüchtigten SS, für den begann jetzt die gefährliche Zeit. Das wussten auch Lucks und seine verletzten Kameraden, die von etwa 30 Sanitätern begleitet wurden.

Stunde null der Nachkriegszeit: Lucks sah den ersten amerikanischen Soldaten, der, Kaugummi kauend und grinsend, die Verlierer begutachtete, «How are you?» sagte und Fotos machte. Weitere Amerikaner kamen, ihr lockeres Auftreten nahm den Zuginsassen die Angst. Als später die Russen kamen, wehte ein anderer Wind. Sie nahmen den Gefangenen Uhren und andere Wertgegenstände ab. Ein Russe tauchte auf, schoss wild in die Luft. Günter sah durch das Fenster sein Gesicht und wusste sofort, dass er wahnsinnig war. Er stürmte in den Waggon – und schien es ausgerechnet auf Lucks abgesehen zu haben. Er hielt ihm seine entsicherte Maschinenpistole, mit der er eben noch wie wild herumgeballert hatte, an die Stirn und schrie etwas Unverständliches: «Dawai, Uri!», oder so ähnlich. In diesem Moment war es wieder da, das Gefühl lähmender Todesangst, das er beinahe schon vergessen hatte. Die Szene hatte etwas Surreales, wie ein kurzer, heftiger Albtraum. Zum Glück verschwand der Russe schnell wieder.

Immer mehr deutsche Soldaten, mehr oder weniger verletzt, schleppten sich zum Zug oder wurden vor ihm einfach abgelegt, es wurde allmählich eng. Es vergingen Tage, in denen nichts geschah. Der Zug lag im toten Winkel der politischen Ereignisse, die sich in diesen Wochen zu überschlagen schienen. Er wurde nicht beachtet, aber auch nicht versorgt. Die Sanitäter improvisierten, so gut sie konnten, doch bald schon waren die Vorräte aufgebraucht. Dafür brodelte die Gerüchteküche: SS-Angehörige würden umgehend erschossen, erzählten jene, die eben angekommen waren. «Die Amerikaner werden uns schützen», verbreiteten solche Zuversicht, die bereits länger im Zug lagen. Im Zug fühlte man sich wie der Einsatz auf einem Pokertisch, über den zwischen den Siegern entschieden wurde – nur dass diesen Trostpreis offensichtlich niemand haben wollte.

Am Ende kam es doch zu einer Entscheidung. Mitte Mai erschien ein amerikanischer Offizier und erklärte, dass alle leicht verwundeten Soldaten den Zug zu verlassen hätten – und zwar in Marschrichtung Osten! Also zu den Russen. Nur Schwerverwundete sollten im Zug verbleiben, für sie sei der Krieg tatsächlich zu Ende, die Reise ginge alsbald in Richtung Heimat. Lucks war zutiefst erschüttert, als man ihn, gegen die Empfehlung der Sanitäter, den Leichtverwundeten zuordnete, denn er konnte nur mit Mühe gehen. Es half nichts, er begab sich in russische Gefangenschaft – und ahnte damals nicht, dass er dieser Tatsache sein Überleben verdankte. Denn sein Kamerad Horst Friedemann berichtete ihm Jahre später, wie es mit dem Zug weiterging: Friedemann war Anfang Mai auf eine Mine getreten, die ihm sein Bein zerrissen hatte, die Amputation war unumgänglich. Als «Liegender», also Schwerverletzter, blieb er im Zug, der sich alsbald in Bewegung setzte. Ziel: die deutsche Grenze. An der Grenze wurde der Zug von tschechischen Milizen gestoppt, die die Insassen kontrollierten – ob SS-Angehörige anwesend waren. Dem schwerverletzten Friedemann hatten die Sanitäter den aufgrund der Blutgruppen-Tätowierung verräterischen linken Arm geschient und professionell verbunden. Als «Einbeiniger» war er nicht einer misstrauischen Ganzkörperkontrolle unterzogen worden. Zu seinem Glück, denn alle, die mit Blutgruppenzeichen erwischt wurden, erschoss man umgehend. Es muss ein schreckliches Gemetzel gewesen sein.

Es war Ende Juni 1945, für Günter Lucks begann eine Odyssee. Zunächst ging es zu Fuß in tschechoslowakische Sammellager: erst Tabor, dann Brünn. Die ersten Monate des Friedens waren für die Kriegsgefangenen eine gefährliche, unsichere Zeit, denn sie waren dem Hass, der Willkür, dem sich über Jahre aufgestauten Rachebedürfnis der Sieger ausgesetzt. Lucks war schwer verletzt, bekam aber keine ärztliche Hilfe; ganz allgemein war die Versorgung katastrophal. Die Sieger litten selber Not, waren zudem logistisch nicht in der Lage, die Massen von Kriegsgefangenen zu versorgen. Günter war Teil eines gewaltigen Stromes geworden, der sich antriebs- und willenlos von den Siegern lenken ließ. Er lebte in ständiger Angst, für seine SS-Zugehörigkeit zur Rechenschaft gezogen zu werden – mit tödlicher Konsequenz. Und ihm blieb am Ende nur eine Besonderheit, die ihn von den meisten Mitgefangenen unterschied und ihm gelegentlich Schonung zuteil werden ließ: sein jugendliches Alter und sein bubenhaftes Äußeres.

Ende September schickten die Russen alle Gefangenen, die jünger als 17 Jahre waren, nach Hause – mit Ausnahme der SS-Angehörigen. Sein Kamerad Manfred Moschke, der trotz Tätowierung die Chuzpe hatte, sich als normaler Wehrmachtssoldat auszugeben, entkam der verräterischen Körperkontrolle und wurde tatsächlich nach Hause geschickt. Lucks blieb ehrlich und litt weiter als Gefangener. Ende September wurden sie zu je 50 Gefangenen in Güterwaggons verladen; eine lange Reise begann, zunächst über Ungarn, Rumänien und quer durch die Sowjetunion. Allmählich sanken die Temperaturen, viele der entkräfteten, schlecht versorgten Gefangenen starben – allein in Lucks' Waggon ein Viertel der Männer.

Nur wer sich nicht aufgab, überlebte. Also betätigte sich Lucks als «Ausguck», versuchte, durch die mit Stacheldraht gesicherte, kleine Klappe die Route zu erkunden. Er war das Küken unter den Kameraden, die ihn wegen seines kindlichen Äußeren Bubi nannten. Doch auch ihn verließ, gepeinigt von Hunger und der nicht verheilten Verletzung, der Lebensmut. Er wollte nicht mehr, verfiel in einen Dämmerzustand.

Ein älterer Kamerad, der aus Dresden stammende Walter, kümmerte sich um den Jungen wie um einen Sohn: Er bewahrte Essen auf, teilte seine Decke mit ihm, munterte ihn mit Reimen im breitesten Sächsisch auf – und hatte Erfolg. Er brachte ihn zum Lachen, Günter schöpfte wieder Mut. Nach sechswöchiger Zickzack-Tour durchs Sowjetreich erreichte der Zug Anfang November Tallinn. Unter den letzten Toten, die im Waggon verblieben, war auch Walter, dem Günter das Leben verdankte.

Es war eiskalt, klimatisch und menschlich. Im estnischen Lager gab es nur für wenige Gefangene kleine, unbeheizte Finnhütten. Der Rest musste in Erdlöchern bei minus zehn Grad kampieren. Jeden Tag ging es zum Arbeitseinsatz in Steinbrüche oder zum Straßenbau. Die Verpflegung war schlecht, wässrige Suppe und Brot. Lucks wurde häufig verlegt, kam vorübergehend in eine Möbelfabrik mit geradezu paradiesischen Zuständen, dann wieder in Lager, in denen die Wachen den Gefangenen die Nahrung vorenthielten. Lucks wurde immer wieder verhört: «Warum du SS?», so die stereotype Frage.

Allmählich begriff er, dass nicht nur er litt, sondern die ganze Sowjetunion einem großen Armenhaus glich. Und dass sein Land für das Leid im zerstörten Europa verantwortlich war. Nach der Odyssee auf Schienen begann die Odyssee im Kopf: Kommunismus, Nationalsozialismus, Demokratie – was ist richtig, was falsch?

Wochen, Monate vergingen. Günters Odyssee indes ging weiter: Von Estland wurde er in lettische Lager verlegt, Auts, Bene, Salaspils, Ogre, Mittau bei Riga, Klin in Russland; im April 1947 war in Tuschino vor den Toren Moskaus vorerst Endstation. Die Verhältnisse besserten sich, die Versorgung, aber auch die Behandlung durch die Sieger. Das Verhältnis zwischen den Kriegsgefangenen und ihren sowjetischen Wachsoldaten war Anfang 1949 bereits weitgehend entspannt. Mit «skorra domoi» (bald nach Hause) wurden die Gefangenen aufgemuntert. Nach der oft brutalen Behandlung in den ersten Jahren der Gefangenschaft gab es zwischen Wachen und Bewachern nun sogar so etwas wie Freundschaften, so wie zwischen Lucks und Jorka, einem gleichaltrigen Usbeken. Der sowjetische Wachsoldat und der ehemalige SS-Mann hatten die gleiche Wellenlänge, wie man das heute nennen würde. Sie flachsten viel herum, betitelten sich wechselseitig scherzhaft als «alter Faschist» oder «Bolschewik».

Schon früh in der Gefangenschaft war in Lucks die Überzeugung gewachsen, sich als Mitglied der Waffen-SS schuldig gemacht zu haben, Teil eines verbrecherischen Instruments gewesen, von Hitler und der Nazi-Führung missbraucht worden zu sein. Schon in den tschechischen Sammellagern hatte er Tafeln mit Bildern aus den befreiten Konzentrationslagern gesehen, in sowjetischen Lagern wurden Filme gezeigt. Viele seiner Kameraden taten das als Propaganda der Sieger ab. Doch seine ganz persönlichen Erfahrungen, zumal als Sohn kommunistischer Eltern, ließen in ihm die Gewissheit reifen, dass er einem verbrecherischen System gedient hatte. Lucks wandelte sich vom überzeugten Jung-Nazi mit erklärtem Berufswunsch, Offizier zu werden, zu einem linken Weltverbesserer mit Uniform- und Befehlsallergie. Es waren Mitgefangene wie Thilo Ruppel aus Trier, er leitete in Tuschino eine «Antifa-Gruppe», die Lucks auf dieser ideologischen Reise begleiteten. Er besuchte politische Veranstaltungen, die natürlich zum Ziel hatten, aus den ehemaligen Wehrmachtssoldaten überzeugte Marxisten zu machen. Vieles kam Lucks bekannt vor, er verstand diesen ideologischen Jargon, der ihn an sein Elternhaus erinnerte. Die sowjetische Lagerkommandantur wollte Lucks sogar auf eine Antifa-Schule schicken, wo man junge Menschen auf künftige Aufgaben in einem sozialistischen Deutschland vorbereitete – wie man hoffte. Es gab sogar den Punkt, an dem Lucks bereit war, freiwillig in Stalins Sowjetunion zu bleiben, weil er sich in

9) Günter Lucks, genannt «Bubi», mit 17 im Frühjahr 1946. Das Foto entstand in Gefangenschaft; es wurde von Frauen in einer Möbelfabrik in Tallinn gemacht.

ein Mädchen verliebt hatte, das ihn vom Fenster aus beobachtete, während der junge Kriegsgefangene auf einer der Baustellen schuftete, auf der die moderne sozialistische Stadt von morgen aus dem sowjetischen Boden gestampft wurde.

Am Anfang dieser kleinen Liebesgeschichte war ein Blick. Sie fixierte ihn einen Wimpernschlag länger, als es bei sich zufällig treffenden Blicken für gewöhnlich der Fall ist. Dass da in den Augen dieses Mädchens etwas Liebes, Warmes, Mitfühlendes ruhte, dafür hatte der inzwischen

20-jährige Kriegsgefangene Günter Lucks eine Antenne. Das Gefühl, von mitfühlenden Mädchenaugen fixiert zu werden, hatte Lucks so irrsinnig lange vermisst. Ein angenehmer Schauer durchfuhr ihn. Er stand in abgewetzter Wattejacke, in seiner von einem Strick gehaltenen Hose und Filzstiefeln auf der Baustelle «Dom Stieri», wo im Akkord die sozialistische Stadt der Zukunft gebaut wurde – natürlich nur, falls pünktlich Baumaterial eintraf. Sie stand in etwa 30 Meter Luftlinie entfernt am Fenster einer dieser charakterlosen sozialistischen Mietskasernen.

Ich kann ja mal winken, dachte Lucks. Er hatte mit vielem gerechnet: mit Wegschauen, einem bösen Blick, einer ausgestreckten Zunge. Doch sein Herz schien zu zerspringen, als er gewahr wurde, dass dieses Mädchen seine Geste zaghaft erwiderte. Schließlich war er in den Augen dieser Menschen hier ein Faschist, ein gewissenloser Nazi-Scherge, zudem Mitglied der berüchtigten Waffen-SS. Auch wenn sie das nicht wissen konnte: Für dieses Mädchen da am Fenster war er zumindest ein «woina plenni», ein Kriegsgefangener, von denen auch 1949 noch Hunderttausende in sowjetischen Lagern waren. Und dennoch winkte sie zurück, verzog dabei den Mund ganz leicht zu einem zuckersüßen Lächeln. Sie war hübsch, etwas pausbäckig, hatte ein Blümchenkleid an. Am nächsten Tag stand sie wieder am Fenster, schaute zu Lucks, Lucks schaute zurück – und wurde etwas mutiger. Er rief ihr «dobry utrom» zu, guten Morgen. Und es dauerte nicht lange, da stand dieses blonde Mädchen plötzlich am Bauzaun, hinter dem ihre Eltern einen kleinen Schrebergarten hatten, in dem sie wohl gerade beschäftigt war. Lucks, der mal wieder nichts zu tun hatte, weil der sowjetische Schlendrian den Nachschub an Baumaterial und damit den Aufbau der Stadt der Zukunft blockierte, sprach sie an, natürlich auf Russisch, das er nach vier Jahren Gefangenschaft ganz leidlich sprach: Er faselte, dass er ihr Gemüse und ihre Sträucher schön finde, verhaspelte sich vor Aufregung aber ständig und ärgerte sich, dass er so einen Blödsinn daherredete, denn in Wahrheit sah der Garten ziemlich chaotisch aus, sprichwörtlich wie Kraut und Rüben.

Dann ergriff sie resolut das Wort: Er sei ein «faschistischer Okkupant», sagte sie, mit dem man eigentlich nicht reden dürfe. Aber sie wolle gnädigerweise eine Ausnahme machen und sich anhören, was er zu sagen hätte. Lucks nahm jetzt all seinen Mut zusammen – und erschrak ein wenig, als er sich selbst fragen hörte: «Darf ich mal deine Hände berühren?» Ihm war unwohl, so etwas Ungehöriges gefordert zu haben. Doch seine Sehnsucht nach einer Berührung durch eine Mädchenhand, und wäre es nur für einen winzigen Augenblick gewesen, war einfach zu groß.

Sie tat ihm den Gefallen, trat an den Zaun, ihre Finger berührten sich. Es war der Beginn einer großen Liebe, der Liebe des deutschen Kriegsgefangenen Günter Lucks zu der 16-jährigen Walja, einer stolzen sowjetischen Komsomolzin, wie sich die Mitglieder des kommunistischen

Jugendverbandes nannten, obendrein Tochter eines Hauptmanns der Moskauer Polizei. Natürlich ahnte Lucks in diesem Moment nicht, dass es nicht nur ein Bauzaun war, der die so gegensätzlichen Welten der beiden trennte, auch wenn sie in derselben Stadt lebten. Denn Kontakte zwischen diesen parallelen Universen, dem der Sowjetmenschen und dem der Kriegsgefangenen, waren einfach nicht vorgesehen.

Doch eherne Regeln eines totalitären Regimes waren das eine, zwei Teenager, die sich einfach nur ihren Gefühlen hingaben, das andere. Walja und Günter trafen sich fast jeden Tag am Bauzaun. Ihr gefiel der junge Deutsche, den seine Kameraden Bubi nannten, weil er trotz seiner 20 Jahre noch immer sehr jungenhaft aussah, ein wenig wie Leonardo di Caprio. Günter hatte immer Zeit für Walja, denn viel zu tun gab es auf der Baustelle nicht, weil der Nachschub an Material oft stockte.

Der russische Wachsoldat Jorka ließ seinen Freund Günter zu Walja, wann immer er wollte, und ließ sich das gelegentlich in Zigaretten bezahlen. Wie Jorka nannte auch sie ihn scherzhaft «meinen kleinen Faschisten», zumeist aber Shenja, weil sie Günter nicht aussprechen konnte. Wenn sie aus der Schule kam und er sie fragte, ob sie Zeit für ihn hätte, antwortete sie mit dem Komsomolzengruß «wsegda gotow», «Immer bereit!». Sie schenkte ihm ein Foto, es ist noch heute in seinem Besitz. Sie trafen sich in der Laube des kleinen Schrebergartens. Sie brachte ihm besseres Russisch bei. «Ja tibja ljublju», sprach sie ihm vor. Günter sprach es nach, aber sie war nicht zufrieden. Er versuchte es erneut, es war immer noch nicht gut genug – befand zumindest seine gestrenge Lehrerin. Er wunderte sich: so schlecht war das doch gar nicht ausgesprochen? Bis er merkte, dass es ihr nur darum ging, jene magischen Worte möglichst oft aus seinem Mund zu hören: «Ja tibja ljublju», zu Deutsch: Ich liebe dich.

Walja wurde zum Quell, der Günter Lucks in diesen schweren Monaten seiner Gefangenschaft Trost, Lebensfreude, Überlebenswillen spendete. Denn regelmäßig wurden ganze Hundertschaften von Kameraden in die Heimat entlassen, nur er war nie dabei. Seine Blutgruppentätowierung am linken Oberarm, das untrügliche Zeichen der Waffen-SS, wirkte wie ein Kainsmal. Zwei Mal durfte Lucks im Lager Tuschino seine Sachen packen, um nach bangen Stunden des Wartens aus dem Waggon der Entlassungskandidaten wieder zurück ins Lager geschickt zu werden – «Du SS? Nix nach Hause», so die knappe Begründung. Doch all die Träume von Heimkehr, sie waren plötzlich wie weggewischt, seit Walja in Günters Leben getreten war.

Von April bis Herbst 1949 dauerte diese Romanze, er hatte das Gefühl, zu schweben. Blind vor Liebe und grenzenlos naiv, vertraute er sich dem sowjetischen Lagerkommandanten an. Günter Lucks wollte in der Sowjetunion bleiben und heiraten. Zunächst mitfühlend, zunehmend aber auch ungehalten, hörte der Politoffizier zu. Dann schrie er Günter Lucks an: «Schweigen Sie davon, das ist verboten! Solche Verbindungen mit faschistischen Deutschen sind nicht erlaubt! Ich will das alles nicht gehört haben.» Eine solche Liebe war vier Jahre nach Ende des schrecklichsten Mordens der Geschichte zwischen Angehörigen verfeindeter Völker offensichtlich undenkbar.

Als Günter Lucks am nächsten Morgen in seinem Lager beim Morgenappell zum alltäglichen Arbeitseinsatz aufgerufen wurde, ging die anschließende Fahrt auf eine andere Moskauer Baustelle. Er sollte Walja nie wiedersehen. Über einen Kameraden, der auf der Baustelle «Dom stieri» weiter beschäftigt war, wechselten noch einige Briefchen hin und her. Sie hat wohl mächtigen Ärger bekommen, wurde zu einem Ingenieur-Studium geschickt, das ihr aber nicht zusagte.

Lucks dachte an Flucht, Selbstmord, tröstete sich dann mit dem Gedanken an eine Rückkehr in die Sowjetunion nach seiner Freilassung. Als er schließlich in den ersten Januartagen des Jahres 1950 nach fünf Jahren Krieg und Gefangenschaft in seine Heimatstadt Hamburg zurückkehren durfte, war der Gedanke an Walja, seine große Liebe, noch allgegenwärtig. Doch die Zeiten waren frostig, alle rieten ihm von einer Rückkehr in die Sowjetunion ab, längst teilte der Eiserne Vorhang Europa in einen freien und einen unfreien Teil. Die Liebe scheiterte an den Realitäten des Kalten Krieges.

Mit der Rückkehr nach Hamburg endete die fast fünfjährige Odyssee von Günter Lucks quer durch Europa, seine ideologische Odyssee auf der Suche nach dem richtigen Weg ging indes weiter: Durch seine Erfahrungen im Krieg, dem Wissen über die Verbrechen der Nazis und die seiner Meinung nach nur halbherzige Aufarbeitung nach dem Krieg fremdelte er bald mit der noch jungen Bundesrepublik. Die Erfahrungen in der Sowjetunion – sie prägen Lucks bis heute, und sie beeinflussten seine politische Überzeugung, zumal in der Nachkriegszeit. Er entwickelte eine Aversion gegen Uniformen, gegen den konservativen Mief der Adenauer-Zeit, gegen diese Stille wegen der nicht erwünschten Aufarbeitung der Nazi-Zeit. Weshalb er auch seinen alten Beruf bei der Post nicht mehr ausüben mochte. In der Behörde herrschte noch der alte Obrigkeitsmief, teils schwangen die alten Vorgesetzten das Zepter.

Seine Mutter, eine Kommunistin alter Schule, riet ihm, der Freien Deutschen Jugend (FDJ) beizutreten, die zwar eine Kinderorganisation der ostdeutschen Kommunisten war, aber auch im Westen existierte. Lucks wurde in der FDJ aktiv, die in Fundamentalopposition zum Adenauer-Staat stand. Besonders gefiel ihm ein Ausspruch Walter Ulbrichts, des starken Mannes der DDR: «Ost und West an einen Tisch.» Nachts pinselten sie die Parole an die Hamburger Häuserwände. Im August 1950 nahm er sogar am Deutschlandtreffen der Jugend und Studenten in Ostberlin teil. Weil sich Delegationen aus vielen Ländern angekündigt hatten, hoffte er klammheimlich auf ein Wiedersehen mit Walja. Er sprach sogar die sowjetische Delegation an, doch dort kannte niemand das Mädchen aus Moskau. Es war auch eine ziemlich naive Annahme, zu hoffen, ihr sei das für Sowjetmenschen seltene Glück beschieden, nach Deutschland zu reisen.

Auf der Rückfahrt sollten sie von den westdeutschen Sicherheitskräften registriert werden, doch die Jungkommunisten weigerten sich – und wollten die Polizeiabsperrung durchbrechen. Es kam zu Rangeleien, Lucks wurde als «linker Aufrührer» registriert. Noch einmal geriet er mit dem Gesetz in Konflikt: Als er am Jungfernstieg Flugblätter verteilte, wurde er verhaftet und von einem englischen Militärgericht zu drei Monaten Haft verurteilt. Was Lucks innerhalb der kommunistischen Bewegung viel Respekt einbrachte, denn als der FDJ-Vorsitzende Erich Honecker, der spätere DDR-Staats- und Regierungschef, im gleichen Jahr Hamburg besuchte, überreichte er Lucks die «Friedensmedaille der Jugend».

Bei den zahlreichen Treffen mit anderen Jugendorganisationen hatte Günter ein Mädchen kennengelernt: Doris war Hamburgerin und bei den Pfadfindern aktiv. Weil Lucks in Hamburg keine Perspektive für sich sah, übersiedelten beide 1956 – inzwischen verheiratet und Eltern eines kleinen Sohnes – in die DDR. Ein in Rostock ansässiger Onkel «mit Einfluss» versprach ihnen Wohnung und Arbeit. Doch es kam anders: Die SED schickte den

10) Günter Lucks heute.

westdeutschen Jungkommunisten ins triste Braunkohlerevier in der Niederlausitz. In Lauchhammer verlor der reale Sozialismus ostdeutscher Prägung für Lucks schnell an Glanz: Gängelung, Parteienbürokratie, Misstrauen, Mangelwirtschaft, Stasi-Bespitzelung prägten den Alltag. Vieles in der DDR erinnerte ihn an den Dogmatismus während der NS-Zeit. Keine zwei Jahre hielten sie es aus, als «Republikflüchtlinge» kamen sie zurück in ihre alte Heimatstadt Hamburg. Den alten Idealen von sozialer Gerechtigkeit, vom Kampf für eine bessere Welt, von der Zähmung des auf Profitmaximierung zielenden Kapitals aber blieb Lucks treu, ein Leben lang. Er engagierte sich fortan in der Gewerkschaft, arbeitete als Drucker im Hamburger Springer-

Verlag und vertrat als Betriebsrat die Arbeitnehmerrechte. Erst im hohen Alter begann Günter Lucks, seine Lebensgeschichte aufzuschreiben, seine Irrungen zwischen den Systemen, seine fünfjährige Odyssee und seine Erlebnisse als Kindersoldat der Waffen-SS.

Der Tag, an dem das Lachen starb
Gottfried Heinrich: Gefoltert von Amerikanern

Löbau in der Oberlausitz im Juni 1944, damals eine 15 000 Einwohner zählende Kleinstadt: Der Jungbannführer der Hitlerjugend hatte alle Jungen des Jahrgangs 1928 in das über 700-jährige Rathaus mit seinem prächtigen gotischen Turm einbestellt. Neben dem Jugendfunktionär stand ein Hauptscharführer der Waffen-SS und hielt eine mit Phrasen gespickte Rede. Auch der 16-jährige Gottfried Heinrich lauschte den markigen Worten des SS-Mannes, der wegen eines offenbar fehlenden Auges eine Augenbinde trug: Der Mann erzählte von den Heldentaten der SS-Division «Hitlerjugend», die nie ihre Stellung aufgäbe und der wahre Stolz der NS-Führung sei. Der Mann bellte mehr, als dass er sprach. Und stimmte am Ende seines Vortrags das Lied der SS-HJ-Division an: «Ja, wir sind die Garde, die unser Führer liebt, ja liebt, die SS-HJ-Standarte, die da kämpft und sich nie ergibt …»

Viele der Jungen waren sichtbar beeindruckt – Gottfried Heinrich war es nicht. Heute würde er sein damaliges Gefühl eher mit «Schrecken» beschreiben. Nein, er wollte nicht so sterben, wie es das Lied nahelegte. Und er glaubte den Phrasen dieses SS-Mannes nicht, denn ihm waren noch die Erzählungen seines Vaters in Erinnerung. Der war aufgrund eines Knieschadens im Jahr davor zur Organisation Todt (OT) eingezogen worden, einer Pionier- und Bautruppe, die zumeist im Hinterland eingesetzt wurde. Als sein Vater im Oktober 1943 auf Heimaturlaub war, hatte er von den Schrecken des Russlandfeldzuges berichtet. «Wenn die Russen hier sind und tun uns das Gleiche an, was wir denen antun, dann bleibt hier kein Stein auf dem anderen», hatte er gesagt. Zur Organisation Todt war Gottfrieds Vater vermutlich nur eingezogen worden, weil er dem Ortsgruppenführer entgegengeschleudert hatte: «Das ist nicht meine Partei.» Der hatte ihn zuvor gefragt: «Willst du nich och bald mal zur NSDAP kommen?»

Die meisten der Löbauer Jungen des Jahrgangs 1928 unterschrieben an jenem Junitag 1944 ihren Aufnahmeantrag zur Waffen-SS. Gottfried und ein Freund drückten sich, indem sie angaben, die Luftwaffe vorzuziehen, weil sie so begeistert von Flugzeugen seien. Was zumindest im Fall von Gottfried Heinrich auch stimmte.

Die Einberufung erfolgte ein halbes Jahr später, am 8. Dezember 1944. Jeder musste sehen, wie er nach Dresden kam, wo Gottfried Heinrich mit seinem schicken Holzkoffer eintraf, zusammen mit Manfred Kiesewalter aus Görlitz. Er traf auf Gleichaltrige wie Horst von der Insel Sylt und Karl aus Glückstadt, mit denen er sich anfreundete. Noch in der Nacht ging es mit dem Zug über Prag in die sechstgrößte tschechische Stadt Olmütz, Olomouc, gelegen im Osten des «Protektorats». Sie kamen in einer Schu-

11) *Gottfried Heinrich mit 16 Jahren und 7 Monaten. Einen Monat später, am 8.12.44, musste er einrücken.*

le unter, wurden in einer Artilleriekaserne verpflegt und mussten in ihrer HJ-Winteruniform bei klirrender Kälte an einer Eisenbahnbrücke Wache schieben. Gottfried begann bereits jetzt, diesen Krieg zu hassen. Er machte brav mit, was von ihm gefordert wurde, doch sein Körper verweigerte sich – eine Diphtherie brach bei ihm aus. Bis 27. Dezember hütete er das Bett im Lazarett. Der versprochene Genesungsurlaub fiel jedoch aus, weil es plötzlich hieß, es gebe erhöhte Alarmbereitschaft, sodass Gottfried Heinrich seinen Kameraden, die längst nach Bad Luhatschowitz verlegt worden waren, über verschiedene Umwege nachreiste und dort am 4. Januar 1945 eintraf.

Es war ein wunderschöner, sonnenbeschienener Wintertag, als er in dem tief verschneiten mährischen Kurort eintraf. Zusammen mit Horst von der Insel Sylt und anderen Kameraden wurde er im Haus Flasta untergebracht, einer weiteren jener schon erwähnten schönen Jugendstil-Villen, gelegen am östlichen Ortsrand. Erst jetzt begann die militärische Ausbildung – in den fürs Gelände untauglichen HJ-Uniformen marschierten, rannten, robbten sie durch die verschneiten mährischen Wälder. Im Ort spürten sie schnell, dass es sich bei jenen, die sich ihnen gegenüber reserviert verhielten, zumeist um Tschechen handelte. Die Slowaken dagegen waren stets betont herzlich. Während einer dieser Geländeübungen passierten sie, fünf Jugendliche an der Zahl, ein Gehöft. Mit Pelzmütze und langstieliger Pfeife saß ein Mann davor, sagte zu den Jungen: «Kamerad, komm rein, essen und trinken ...» Die Jungen riefen dem Mann zu: «Geht nicht, wir sind zu spät und müssen zurück.» Der Mann ließ nicht locker: «Kommt rein, wenn Offiziere kommen, ich bleibe hier und gucke, ihr schnell hinten raus.» Die Jungen willigten ein. Drinnen wurden ihnen gebratene Eier, Speck, Brot und Butter vorgesetzt. Sie fragten den Mann: «Du Tscheche?» Er schüttelte den Kopf: «Ich Slowake ...», sagte er. Einmal die Woche kam eine Bauernkapelle nach Luhatschowitz, spielte für die Jungen slowakische Heimatmusik. Das Ständchen begann stets mit dem Lied «Alte Kameraden». Und endete auch mit diesem vermutlich einzigen deutschen Lied, welches die Slowaken im Repertoire hatten.

Einmal hörten sie während einer ihrer Geländeübungen Schüsse aus dem Wald. Die Ausbilder zogen die Jungen umgehend aus der Gegend ab, vermutlich waren im Wald Partisanen aktiv. Im Lager versuchten sie, mit den hübschen Tschechinnen zu flirten, die in der Küche arbeiteten. «Bleib doch heute noch ein bisschen länger hier», sagte Heinrich zu einer hübschen 16-Jährigen, doch die lächelte nur verschämt – und verschwand natürlich wie an jedem Tag, wenn die Jungen das Abendbrot gegessen hatten.

Ihre Ausbildung setzte sich aus Geländeübungen und aus Unterricht zusammen – bei Letzterem handelte es sich zumeist um NS-Gehirnwäsche. Die Ausbilder waren zumeist als «uk» (unabkömmlich) eingestufte kriegsversehrte ehemalige Frontsoldaten. Einige von ihnen, zumal die Jüngeren, gefielen sich darin, die unter Heimweh leidenden Jungen zu schleifen. Die Älteren strahlten zumeist eine angenehme Gelassenheit aus – und wollten vermutlich auch nur so bald wie möglich nach Hause.

Ende Februar musste eine merkwürdige Prüfung abgelegt werden, eine schriftliche Arbeit mit ziemlich dämlichen Fragen, die Jungen kicherten sich hinter vorgehaltener Hand zu: Warum schützen wir das deutsche Mädchen, lautete eine der Fragen. Die korrekte Antwort hatte zu lauten: «Weil eines der Mädchen mal meine Frau werden könnte.» Andere Fragen: Wird das Dritte Reich ewig bestehen? Ist der Geschlechtsverkehr in der Ehe «schmutzig»? Sein Kumpel aus Glückstadt raunte: «Ich werde, bevor ich mit ihr ins Bett gehe, meine Frau fragen, ob sie schmutzig ist» – alle lachten, schrieben aber hin, was die Ausbilder erwarteten. Einige der Jungen mussten bei den sich anschließenden Geländeübungen probeweise eine Kompanie führen. Danach erfuhren sie, dass auf die Offiziersschule käme, wer die Prüfungen mit 1 oder 2 bestanden, auf die Unteroffiziersschule, wer eine 3 oder 4 habe. Der Rest sollte an das Wehrkreiskommando in der Heimat übergeben werden, nachdem der Lehrgang beendet sei und man sie auf Heimaturlaub geschickt habe.

Am 5. März wurde die Ausbildung unterbrochen, die Einheit von Gottfried Heinrich musste sich zusammen mit etwa 2000 weiteren Jugendlichen auf dem Kurplatz vor den Kolonnaden versammeln. Ein hoher SS-Offizier hielt unter freiem Himmel eine Ansprache, die sinngemäß so endete: «Ab sofort sind auf Führerbefehl sämtliche Reichsausbildungslager im Protektorat der Waffen-SS zu übergeben ... Wer Fragen hat, kann zu mir kommen.» Gottfried Heinrich und sein Freund aus Löbau kramten aus ihren Unterlagen einen Wisch hervor, der bestätigte, dass sie sich im Juni zur Luftwaffe gemeldet hatten. Sie gingen zu dem SS-Offizier: «Für uns gilt das doch nicht, wir sind Freiwillige der Luftwaffe, hier sind unsere Papiere!» Der SS-Mann besah sich die Papiere und zerfetzte sie dann mit den Worten: «Die haben keine Gültigkeit mehr.» Deprimiert gingen Heinrich und sein Kamerad zu den anderen zurück und erzählten, was ihnen soeben widerfahren war. «Da brauchen wir ja gar nicht erst zu ihm hinzugehen», sagten die anderen – und fügten sich in ihr Schicksal.

Gottfried bemächtigte sich ein Gefühl der Enttäuschung, Wut – und Ohnmacht. Was sollte er tun? Unter den Jugendlichen hatte die Waffen-SS damals einen tadellosen Ruf. Von den zahllosen Verbrechen war kaum etwas bekannt, einmal abgesehen von der schlimmen Ahnung, die man hatte und die auf Erzählungen wie jener von Gottfrieds Vater beruhten. Sie galt als Eliteformation, als «Front-Feuerwehr», die stets dort im Einsatz war, wo die anderen Verbände zurückwichen. Und genau das war es auch, was Gottfried Heinrich abschreckte. Er wollte nach Hause – und nicht in den Krieg, schon gar nicht mit der «Front-Feuerwehr». Doch auch der versprochene Heimaturlaub fiel ins Wasser.

Dennoch gab es viele Kameraden, die tatsächlich freiwillig und mit Stolz die Reihen der Waffen-SS füllten. Die Truppe hatte die beste Ausrüstung, und es gab mehr Sold als in der Wehrmacht. Mitunter kamen auch «Quereinsteiger» von der schwarzen SS hinzu, KZ-Wachmannschaften zum Beispiel, die aber im Dienstrang stets herabgestuft wurden, weil ihnen die Fronterfahrung fehlte.

Im Haus Flasta packte Gottfried Heinrich seinen Holzkoffer. Im Zug ging es nach Beneschau bei Prag, einem von der Waffen-SS beschlagnahmten und zur Ausbildung genutzten Truppenübungsplatz. Die Jungen staunten, dass in jedem der Waggons drei mit Maschinenpistole oder Karabiner bewaffnete Slowaken für Sicherheit sorgten; offenbar ging es durch unsicheres, von Partisanen bedrohtes Terrain. Sein Görlitzer Freund Manfred Kiesewalter hatte sich sein Akkordeon umgeschnallt – und wurde auf dem Ankunftsbahnhof von einem SS-Mann rüde angeraunzt: «Euch wird das Musizieren schon noch vergehen!»

Von Beneschau marschierte die mehrere Tausend Jugendliche starke Truppe in den kleinen Ort Networschitz südöstlich der Hauptstadt Prag. Hier begann eine aufreibende Ausbildung zur Panzernahbekämpfung. Die Jungen tauschten ihre HJ-Winteruniformen erstmals gegen weißes Drillichzeug ein, das bereits nach wenigen Tagen vor Dreck stand. Sie lernten, mit den neuen deutschen Panzerabwehrwaffen umzugehen – Panzerfaust und Panzerschreck. Besonders unangenehm war es, auf mit Tempo 30 fahrende Panzer vom sowjetischen Typ T34 aufzuspringen und eine Tellermine in den Freiraum, die verwundbarste Stelle zwischen Turm und Fahrgestell, zu klemmen und anschließend wieder vom Panzer zu springen, nachdem die Mine mittels Ziehen der Kordel scharf gemacht worden war. Das war ein Spiel, das für die angehenden Soldaten tödlich enden konnte, denn wenn man nicht aufpasste, konnte man unter die schweren Ketten des Panzers geraten. Noch furchteinflößender war es, diese stählernen, tonnenschweren Ungetüme über sich rollen zu lassen, während man in einem engen, zwei Meter tiefen Schützenloch kauerte. Im schlimmsten Fall konnte der Panzer die Ränder des Loches zum Einsturz bringen und man war verschüttet. Neben dem russischen gab es auch einen schweren amerikanischen Sherman-Panzer.

Die Fahrer der Panzer warfen von Zeit zu Zeit Blendgranaten aus den Öffnungen des T34, im gebührenden Abstand zu den Jungen. Bei Gottfried ging das beinahe schief. Der Panzerfahrer warf eine der Blendgranaten zu früh, sodass sie direkt neben Heinrich explodierte: Für den Rest des Tages konnte er fast nichts mehr sehen und hören. Nach dem Krieg, längst wieder in seiner Heimatstadt Löbau, unterhielt er sich bei seinem späteren Arbeitgeber mit einem Kollegen, Franz Trosziak, über dieses einschneidende Erlebnis. Als der vier Jahre ältere Trosziak dem erstaunten Heinrich unterbreitete: «Mensch, Gottfried, das war ich damals im Panzer. Das habe ich bis heute nicht vergessen, dass ich da beinahe einen von uns gegrillt habe.»

Übel war auch die Ausbildung am Flammenwerfer. Wehe, man vergaß, alle sieben Sekunden den Zünder zu betätigen, dann schoss die brennbare Ladung unverbrannt heraus. Im Unterschied zu dem sehr verschulten Alltag in Luhatschowitz war das hier schon ein Vorgeschmack auf den Krieg. Kompaniechef war ein Österreicher, Untersturmführer Hans Neumann, schätzungsweise 28 Jahre alt, dessen Frau am selben Ort beim Stab arbeitete. Neumann war ein ausgesprochen angenehmer, kultivierter Typ, der die Jungen eher an eine Vaterfigur, denn an einen Befehlshaber erinnerte. Dafür schien der Zugführer, Hauptscharführer Ulf, ein ebenfalls aus Österreich stammender Mittzwanziger, ein Ekel zu sein. Gleich am ersten Tag schrie er die Jungen an, scheuchte und beschimpfte sie. Am zweiten Tag veränderte er sich schlagartig auf angenehme Weise und erklärte: «So, ich glaube, jetzt verstehen wir uns. Macht einfach, was ich will, dann werden wir beste Freunde …» Gegen ihren Zugführer mussten sie im Nahkampf mit aufgepflanztem Bajonett antreten. Gelegentlich ließ er sie an andere Züge, die gerade geschliffen wurden, heranrobben und sagte dann: «So, liegen bleiben. Schaut zu und freut euch, wie die anderen leiden müssen …»

Es war Ende März, als es hieß, es gehe zur Front. Die Truppe solle noch mit Schützenpanzerwagen verstärkt werden. Heinrichs Kompanie sollte ursprünglich nach Ungarn geschickt werden, nach Stuhlweißenburg, ungarisch Székesfehérvár. Der Österreicher Hans Neumann wurde Kompaniechef. Bevor sie abmarschierten, wurden sie eingekleidet. Unter verschiedenen Uniformteilen konnte gewählt werden. Und es gab bei den Teenagern sogar so etwas wie einen «modischen Trend». Alle wollten nämlich, getrieben von Eitelkeit, die schicken kurzen Uniformjacken haben. Wenn es schon in den unvermeidlichen Untergang ginge – dann bitte im schneidigen Outfit, so der Gedanke. Doch Neumann riet ihnen, die längeren Waffenröcke zu wählen, weil es in deren Taschen mehr Platz für Munition gäbe. Dann wurden sie zum Revier geschickt, der Sanitätsstation. Es hieß, es müsse Blut abgenommen werden. Heinrich sollte den linken Arm der Krankenschwester zudrehen, die ihm mit einer Art Stift mit vier Nadeln an der Spitze fünf Mal in den linken Oberarm stach. Erst als er seine Kameraden wieder traf und die ihn fragten: «Welche Blutgruppe hat man dir denn eintätowiert?», sah er, was geschehen war. Ein «A» markierte ihn am linken, inneren Oberarm – man hatte ihn als SS-Mann gekennzeichnet. Hätte er geahnt, welche Folgen dieser kurze Moment des Schmerzes ein Leben lang zeitigte, er hätte sich mit Händen und Füßen dagegen gewehrt, sagt er heute. Doch damals wusste das natürlich niemand.

Es waren keine Schützenpanzerwagen (SPW), die auf die Jungen warteten, sondern steinzeitlich anmutende Holzgas-LKW mit tschechischen Fahrern. Die Jungen scherzten: «Das sind unsere Holzgas-SPW, mit denen wir die Russen besiegen, weil die vor Lachen tot umfallen werden.» Auch Waffen wurden verteilt, Karabiner 98, jede Gruppe erhielt zudem ein LMG Maschinengewehr 42, welches in Heinrichs Gruppe sein Freund Manfred Kiesewalter aus Görlitz bediente. Sie bekamen Feldmützen, Helm, Stab- und Eierhandgranaten. Aber vieles schien auch improvisiert: So gab es keinen Wehrpass und keine Erkennungsmarke. Als Ersatz wurden ihnen Pappkärtchen ausgehändigt, die sie beschriften und in eine am Rücken ihres Waffenrockes eingearbeitete kleine Tasche schieben mussten. Je 30 Mann bildeten einen Zug, drei Züge, also 90 Mann, eine Kompanie. Drei Unterscharführer befehligten eine Gruppe, ein Hauptscharführer einen Zug. Sie wurden der SS-Division «Hitlerjugend» angegliedert, die allerdings am Balaton lag – den sie nie erreichen sollten.

Stattdessen kamen sie bis zur Donau, an deren Nordufer sie durch die österreichische Wachau bis nach Krems fuhren. Es war Ende März. Ständig hielt die Kompanie an, der Kompanieführer orientierte sich, empfing Befehle, schlug einen anderen Weg ein. Im Bereich der Stadt Krems biwakierten sie, Gottfried wurde zum Holzholen geschickt, ein Bäcker des Ortes sollte für die Truppe Brot backen. Doch das Brot war noch nicht einmal fertig, da hieß es schon wieder einpacken. Es ging bis vor Wien. Jetzt wurden die jungen Rekruten tatsächlich in ihren ersten Einsatz geschickt. In einem Waldstück, so hieß es, hätten sich Russen versteckt, Gefangene, die kurz zuvor geflohen seien. Die Jungen sollten den Wald durchstreifen und die Russen erschießen – so lautete der Befehl. Tatsächlich schnappten sie auch vier der entflohenen Sowjetsoldaten, die vor Angst schlotterten. Die Jungen bildeten einen Halbkreis um Kompaniechef Neumann. Der Österreicher sagte: «Hört mal zu: Ich bin Soldat! Ich möchte keinen Menschen kaltblütig erschießen. Der Befehl lautet aber, wenn wir entflohene Russen gefangen nehmen, sind diese zu erschießen. Ich erteile euch diesen Befehl nicht! Ist einer von euch dabei, der es dennoch tut?» Keiner meldete sich. Woraufhin Neumann sagte: «Jungs, ihr glaubt gar nicht, was für einen Gefallen ihr mir getan habt!»

Die Russen hatten wohl verstanden, was die deutschen besprachen, und waren maßlos erleichtert. Doch was sollten sie mit ihnen anfangen? Es gab keine andere Möglichkeit, als sie mitzunehmen. Also bestand die Kompanie fortan aus 90 jugendlichen Soldaten und vier Russen, die sich große Mühe gaben, sich nützlich zu machen – zum Beispiel bei der Essensvorbereitung. Die Kompanie war jetzt in unmittelbarer Nähe zur Front, sofern es in diesen letzten Kriegswochen so etwas überhaupt noch gab. Denn es herrschte großes Chaos.

Ihre Feuertaufe erlebten sie an einem Bahndamm, wo sie in Stellung gingen und mit Artilleriefeuer eingedeckt wurden. Sie hatten ihre ersten, schweren Verluste. Auch drei der vier Russen starben. Der vierte, ein kleiner Kerl, sie nannten ihn – wie sonst – Iwan, blieb bei ihnen.

Sie sollten ein Dorf zurückerobern. Der Zugführer schickte Gottfried als Melder vor. Er war bereits weit gekommen, als er auf der Straße einen deutschen Panzerspähwagen sah, der ebenfalls in seine Richtung fuhr. Plötzlich gab es einen lauten Knall. Und das fast 13 Tonnen schwere gepanzerte Fahrzeug flog gut einen guten Meter hoch in die Luft, landete krachend wieder auf der Fahrbahn – es war auf eine Mine gestoßen. Die vier Insassen kletterten unverletzt heraus, besahen sich den Schaden, der Radpanzer war nur noch Schrott. Hier ging es nicht weiter vorwärts, zumal es plötzlich wieder Granaten regnete. Einer aus dem zerstörten Spähwagen sagte: «Ich habe eigentlich vor gar nix Angst, nur vor Granatwerfern.» Kurze Zeit später zerriss ihn eine dieser heimtückischen, weil fast lautlosen Geschosse. Sie mussten zurück, durch offenbar vermintes Terrain. Heinrich schloss sich der Spähwagenbesatzung an. Die fronterfahrenen Soldaten benutzten für den Weg Stäbe mit langen Nadeln, die sie mitführten, um Minen aufzuspüren. Alles ging gut.

Zurück beim Zug, warteten bereits die Holzgaslastautos.

Und weiter ging die Fahrt, jetzt bis Nikolsburg, tschechisch Mikulov. An der Südseite des Ortes unweit des bekannten Schlosses gab es ein Kloster, das sollten die jungen Rekruten befreien. Sie pirschten sich heran und schossen durch das weit aufstehende Tor. Die ersten Russen kamen, besser torkelten ihnen mit erhobenen Händen entgegen. Zu Kampfhandlungen kam es glücklicherweise nicht, die wenigen anwesenden Sowjetsoldaten waren sturzbetrunken, sie hatten sich über die Vorräte an Welschriesling hergemacht. Die Nonnen, die offenbar Schreckliches erlebt hatten, flohen in Panik in Richtung Mikulov.

Es war der 1. Mai, Radiosender meldeten, dass Hitler tot sei. Und dass es in den sächsischen Orten Bautzen und Weißenberg zu entscheidenden Kämpfen gekommen war – in Gottfried Heinrichs Heimat. Das prächtige Schloss von

Mikulov brannte. Sie hatten kaum zu essen, tranken aber viel Most, der in Unmengen vorrätig war. Halb vergoren, löste er bei den Jugendlichen einen leichten Rausch aus. Des Nachts marschierte die Kompanie 15 Kilometer in Richtung Nordwesten bis Dürrnholz, tschechisch Drnholec. Dort besetzten sie eine leichte Anhöhe, an die sich in Richtung Osten mit Blick auf die Burg von Mikulov eine Senke anschloss. Es gab da ein schweres sowjetisches Maschinengewehr (SMG), das ihnen zu schaffen machte und bereits für den Tod mehrerer Kameraden verantwortlich war. Kompaniechef Neumann fragte die Jungen: «Drei Freiwillige vor, ich gehe mit, wir heben das MG-Nest aus! Kommt ihr mit?» Heinrich stand bei der Gruppe, die direkt angesprochen wurde. Ihm war nicht wohl, doch er hatte keine Wahl. Sie stopften sich die Taschen mit Handgranaten voll und pirschten sich an die Stellung heran. Schüsse krachten, und dann warfen sie aus unmittelbarer Nähe ihre Handgranaten und schalteten so die MG-Stellung aus. Ohne Verluste – so dachten sie. Sie hockten beieinander, flüsterten: «Kompaniechef, haben sie das gesehen?» Neumann hockte da, gab keine Antwort. Erst aus der Nähe sahen sie, dass der Hinterkopf des Österreichers aufgerissen war. Doch er lebte noch. Sie nahmen ihn mit zurück. Am Tag darauf starb er auf dem Verbandsplatz, seine Frau, die im Tross beschäftigt war, konnte von ihm Abschied nehmen.

Der neue Kompaniechef hieß Kirmse. Als Heinrich ihm Meldung erstattete, hakte Kirmse nach: «Woher bist du denn?» – «Aus Sachsen!» – «Na das höre ich doch. Nein, woher genau», wollte Kirmse wissen. «Aus der Oberlausitz», antwortete Heinrich. Kirmse: «Noch genauer!» – «Aus Löbau», so Heinrich. «Ah. Kennst du in Löbau das Hutgeschäft Lachmann?», fragte Kirmse. Nachdem Heinrich genickt hatte, sagte er: «Ich bin der Schwiegersohn des Inhabers.» Kirmse überlebte diesen Krieg. Und obwohl beide im selben Städtchen wohnten, trauten sie sich nach dem Krieg nicht, zueinander Kontakt aufzunehmen. Und sie mieden jeden, der von ihrer unfreiwilligen Mitgliedschaft in der Waffen-SS wusste, weil sie in Ostdeutschland mit Konsequenzen rechnen mussten. 2011 las Heinrich in der Lokalzeitung von Kirmses Tod.

Der Krieg, der längst verloren war, ging für die Jungen weiter. Gottfried Heinrich weiß nicht genau, ob er einen Menschen erschossen hat. Er weiß nur, wann er keinen erschoss, weil er nicht traf: als sie einen Hang erstürmen mussten. Er hatte bei den vorhergehenden Gefechten das Visier seines Karabiners auf lange Distanz gestellt – also 400 Meter. So weit entfernt waren die feindlichen Stellungen. Als sie die Stellung erstürmten, sah er, wie ein Sowjetsoldat, den er zuvor aufgrund des Grüntons der Uniform, der sich vom Untergrund schlecht abhob, nicht gesehen hatte, floh. Er schoss instinktiv und verfehlte ihn, weil er seine Zielvorrichtung nicht auf Nahdistanz umgestellt hatte. Ihre ehemals 30 Mann starke Gruppe bestand inzwischen nur noch aus sieben unverletzten Soldaten und vier Verwundeten. Seinem ebenfalls aus der Oberlausitz stammender Freund, dem MG-Schützen Manfred Kieswalter, war die Wade zerfetzt worden. Ein weiterer Kamerad hatte einen Lungenschuss, einem dritten war der Ellenbogen zerschossen, der vierte hatte einen glatten Unterschenkeldurchschuss. Es war aussichtslos. Den eben eroberten Hang mussten sie wieder räumen, weil die Sowjets mit Verstärkung in die Stellung drückten. MG-Schütze Manfred mit der zerfetzten Wade versprach Deckung, der Rest sollte sich zurückziehen. Doch Gottfried blieb bei ihm. Die Kameraden waren längst verschwunden, die Munition ging ihnen aus, da rief Manfred: «Jetzt hau du auch ab, ich habe ja noch die Pistole.» Doch Gottfried bestand darauf, dass er mitkam. Er hakte ihn unter. Es war ein Himmelfahrtsunternehmen: Niemand deckte ihren Rückzug. Den Verletzten untergehakt und – Gipfel der Idiotie! – das schwere MG geschultert, wankte Gottfried Heinrich über eine freie Fläche, etwa 200 Meter leicht aufsteigend. Sie bildeten ideale Ziele und rechneten wohl auch damit, beschossen zu werden. Doch es geschah ein Wunder: Niemand schoss auf sie! Woran das lag, ist Heinrich bis heute ein Rätsel. «Das gibt es doch nicht, ihr lebt noch! Gott sei Dank! Und wir dachten schon, sie hätten euch erwischt, weil keiner mehr schoss», entfuhr es ihrem Gruppenführer.

Es war der 8. Mai, Deutschland hatte kapituliert. Sie sagten ihrem Russen: «Iwan, domoi ...» Nach Hause, und wiesen in Richtung Osten. Doch Iwan sagte «Njet» und formte aus den Fingern seiner beiden Hände Gitter. Er wusste, dass man ihm als ehemaligen Gefangenen der Deutschen misstrauen würde. Irgendwann ging er, wohin, wer weiß das schon.

Der Krieg war zu Ende – und war es doch nicht. Bis 16 Uhr sollte die Stellung geräumt werden. Heinrich sollte als Meldegänger die versprengten Soldaten des Zuges benachrichtigen. Wieder setzte Granatwerferbeschuss ein. Inzwischen hatte er gelernt, immer dorthin zu springen, wo soeben eine Granate explodiert war, denn nie wurde hintereinander derselbe Flecken getroffen. Alle wurden informiert, alle bis auf einen, Heinz, einen jungen Schmied aus Mecklenburg, der in seinem Schützenloch verschlafen hatte. Doch er stieß am nächsten Tag zur Truppe.

In der Ferne hörten sie die Russen schon feiern. Sie wollten weg, möglichst nach Hause, vielleicht zu den Amerikanern, aber auf keinen Fall in sowjetische Gefangenschaft. Durch versprengte Soldaten verstärkt, umfasste die Gruppe jetzt wieder 200 Mann. Sie marschierten nachts und versteckten sich tagsüber auf einem kleinen, bewaldeten Hügel. Unten sahen sie sowjetische LKW auf der Landstraße vorbeirollen. Doch sie mussten auch vor tschechischen Partisanen auf der Hut sein, die mit Gefangenen keine Gnade kannten, zumal nicht mit Mitgliedern der Waffen-SS.

Der Krieg war vorbei, doch der Tod blieb ihr ständiger Begleiter, er konnte hinter jedem Busch lauern. Und mitunter hatten scheinbar belanglose Handlungen tödliche

Folgen. Horst, sein Freund von der Insel Sylt, kündigte an, während sie sich im Gebüsch des Hügels versteckten, er wolle ein Stück weiter hinaufklettern – ein Bedürfnis dränge ihn dazu. Die Jungen scherzten und rieten ihm davon ab: «Komm schon, Horst, nun hab dich nicht so, keiner sieht dir zu, wenn du dich hierherhockst.» Doch er ließ sich nicht beirren. Minuten später hörten sie seine jämmerlichen Schreie von oberhalb des Hügels. Als sie ihm zu Hilfe eilen wollten, fanden sie ihn erschlagen, vermutlich von tschechischen Partisanen. Sie begruben ihn und zogen mit Anbruch der Dunkelheit weiter.

Ihre «eisernen Reserven» waren aufgebraucht, inzwischen ernährten sie sich von Baumrinde und Sauerampfer. Die Gruppe teilte sich. Zusammen mit 40 Kameraden überschritt Gottfried am kommenden Tag die Grenze nach Österreich. Endlich durften sie zumindest auf die Hilfe der Zivilpersonen hoffen. Von einem Hügel aus beobachteten sie ein Paar auf der Straße, das plötzlich zu rennen begann. «Warum rennt ihr denn?», riefen sie dem Paar zu.

«Wir dachten, ihr seid Russen», so die Antwort der Frau, «wir haben noch nie russische Uniformen gesehen …»

Das klang beruhigend, offenbar gab es hier nicht viele Sowjetsoldaten. «Wo kann man hier etwas Essbares bekommen?», fragten sie.

«Wartet hier im Wald, ich hole euch eine Milchkanne. Außerdem steht auf den Bahngleisen dort ein Verpflegungszug der Wehrmacht mit Kommissbroten», so der Mann.

Die beiden hielten tatsächlich Wort: Das Paar schleppte später eine gefüllte Kanne mit frisch gemolkener Milch heran, im Zug fanden sie Brot, es war das leckerste Mahl, an das er sich erinnern kann, so Heinrich heute.

Ein Bauer im nächsten Ort, dessen Hof durch riesige Brennholzstapel nur schwer einsehbar war, nahm die Gruppe kurzzeitig auf. Sie konnten sich endlich ihrer Uniformen entledigen und bekamen zivile Sachen, Gottfried Heinrich die Arbeitskleidung eines Tischlers. Aus dem Zug nahmen sie noch massenhaft tschechische Zigaretten mit, dann setzten sie ihre Flucht in kleinen Gruppen fort. Mit fünf weiteren Kameraden schlug sich Heinrich durch Österreich. Er lernte die Österreicher als hilfsbereite, liebenswerte Menschen kennen, die den Flüchtigen immer etwas zu essen gaben und mit wichtigen Tipps halfen.

Allmählich ließ ihre gewissenhafte Vorsicht nach, und prompt liefen sie im niederösterreichischen Sigmundsherberg einer sowjetischen Streife in die Arme. Die Russen brauchten Arbeiter und verdonnerten die sechs Jugendlichen dazu, einem Metzger zu helfen, der täglich zwei bis drei Schweine für die Sowjetsoldaten zu schlachten hatte. Sie wurden im Bahnhof des 1500-Einwohner-Ortes interniert, dessen Fenster mit Stacheldraht gesichert waren. Die Russen gingen durchaus davon aus, dass es sich bei den sechs Jugendlichen um Soldaten handelte, aber momentan interessierte sie nur, dass sie die ihnen gestellten Aufgaben erfüllten. Im Akkord schlachteten und zerlegten sie die Schweine. Die Innereien der Tiere wurden ihnen selbst zur Verwertung überlassen, Hunger litten sie also nicht. Ende Mai, es war Pfingsten, informierte sie der Metzger, der russisch verstand, dass es mit der Tätigkeit demnächst vorbei sei und ihnen der Abtransport nach Russland drohe. Gottfried Heinrich schmuggelte eine Drahtschere in ihre Bahnhofszelle, in der Nacht schnitten sie ein Fenster frei. Niemand verfolgte sie.

Die nächste Etappe ihrer Flucht legten sie auf dem Tender der Lok eines österreichischen Zuges zurück. Sie bezahlten den Lokführer mit Zigaretten. Kurz vor der Demarkationslinie, die den sowjetischen vom amerikanisch besetzten Teil Österreichs trennte, sprangen sie ab. Sie waren in der Nähe der Stadt Linz. Ein Mann, den sie nach Übernachtungsmöglichkeiten fragten, lud sie mit tschechischem Akzent zu sich ein. Am nächsten Morgen sprang die Tür auf, und zwei sowjetische Maschinenpistolen richteten sich auf sie. Das zweite Mal waren sie den Russen ins Netz gegangen.

Heinrich saß in der Schreibstube einer Kommandantur, vor deren Tür ein sowjetischer Posten schlief, und wurde von einem Offizier verhört. Zwei seiner Kameraden saßen mit im Raum, durch eines der geöffneten Fenster strömte Frühlingsluft herein. Als der Verhöroffizier kurz den Raum verließ, sprang Heinrich aus dem Fenster, der Raum befand sich im ersten Stock. Ein Park schloss sich an, durch den rannte er, nur verfolgt von seinen beiden Kameraden. Sie waren den Russen zum zweiten Mal entkommen. Abermals wollten sie über die tschechisch-österreichische Grenze, doch in der Grenzgemeinde Kautzen rieten ihnen die Einwohner ab: «Drüben machen sie Jagd auf Deutsche», hieß es.

Allmählich verzweifelten die jungen Leute – und wurden erneut von einem sowjetischen Offizier gestellt. Doch dieser sprach zu ihrer Überraschung fließend Deutsch, und zwar mit sächsischem Akzent. Er war ein gebürtiger Chemnitzer. Heinrich und den deutschen Sowjetsoldaten verband sofort ihre sächsische Herkunft. «Wart ihr Soldaten?», fragte er. Und wartete die Antwort erst gar nicht ab: «Geht nach Hause. Nehmt einfach die Straßen. Wenn ihr sowjetische Soldaten seht, tut so, als wäre alles ganz normal, das ist die beste Tarnung. Gute Heimreise und grüßt mir Sachsen!» Sie beherzigten seinen Rat – und es funktionierte tatsächlich! Es schien, als seien sie in ihren Zivilklamotten unsichtbar. Mit schlotternden Knien, aber gespieltem Selbstbewusstsein passierten sie die sowjetischen Militärposten, lachten sie an und kamen durch. So erreichten sie bei Linz den amerikanischen Sektor.

Aufgrund der großen Zahl deutscher Soldaten, die sich insgesamt bis hierher hatten durchschlagen können, herrschte bei den Amerikanern eine erhöhte Wachsamkeit. Ortsfremde waren den Amerikanern generell suspekt. Wiederum schliefen sie tagsüber im Wald und kamen nur nachts voran. Bei Wegscheid unweit von Passau überquerten sie die deutsche Grenze. Gottfried erreichte Neunburg vorm Wald in der Oberpfalz – und trennte sich von seinen beiden Kameraden, einem Thüringer und einem Schlesier. Fortan war er auf sich gestellt. Bis hierher, so war er fest überzeugt, hat er alles richtig gemacht.

Und das bekam ihm nicht gut, denn er wurde leichtsinnig. Auch weil die Todesangst, die die Jungen noch auf der Flucht vor Russen und tschechischen Partisanen umgetrieben hatte, jetzt gewichen war. Der 17-Jährige fühlte sich erleichtert – ein Irrtum. Denn für ihn begann das eigentliche Leiden erst noch.

Kurz hinter Neunburg vorm Wald fragte er einen Einheimischen nach dem Weg. «Ich komme ein Stück des Weges mit», sagte der. Zu spät registrierte er, dass sie direkt eine Brücke ansteuerten, vor der ein amerikanischer Streckenposten patrouillierte. Er wurde übergeben, kam in ein Gefängnis in Neunburg, gleich vier US-Soldaten nahmen sich seiner an. Umgehend wurde er scharf befragt: «Was du gewesen? Reichsarbeitsdienst …?» Er verneinte. «Du SS?» Heinrich nickte kleinlaut, er dachte an seine verräterische Tätowierung und vertraute auf einen fairen Umgang, er war doch noch ein halbes Kind. Ein Offizier schlug ihm mit der Reitpeitsche ein Kreuz über die Brust, die blutende Wunde brannte höllisch.

Er wurde in eine Zelle geschleppt. Dort lag noch ein anderer Mann. Beide mussten sich eine Holzpritsche teilen. Kurt Bokelmann hieß der andere, kam aus der Nähe von

Lüneburg und war etwas älter als er. Heinrich wurde wieder aus der Zelle geholt, musste einen langen Gang entlanglaufen, wobei ihm an jeder Zellentür ein amerikanischer Soldat mit Peitsche oder Stock eins überzog. In der letzten Zelle saßen acht Amerikaner. Er musste sich ausziehen, jeder dieser Soldaten ersann eine andere Art, ihm Schmerzen zuzufügen. Am Ende musste er vor einer Pritsche knien, und zwei Mann schlugen ihn mit einer Peitsche und Stöcken so lange, bis er das Bewusstsein verlor. Er erwachte, weil er mit kaltem Wasser übergossen wurde, und sie setzten ihr grausames Tun fort. Nun wurde er an die Wand gelehnt und mit Fäusten bearbeitet. Dann schleppten sie ihn in die Zelle zurück und holten seinen Zellengenossen.

Gottfried dachte an die lange Flucht, an die Hoffnung auf Gnade und eine menschlichere Behandlung durch die Amerikaner. Welch ein Irrtum! Er bedauerte es nun, vor den Russen geflohen zu sein. Vermutlich wäre es ihm bei ihnen besser ergangen. Doch «wäre» oder «hätte» zählte in diesen Tagen nicht. Jetzt galt es, die sadistischen Exzesse dieser US-Soldaten zu überleben, ihnen möglichst keinen Anlass zu geben, der sie zu immer kreativeren Gewaltentladungen anspornen könnte.

Fünf Tage war er dieser Gewalt ausgesetzt. Dann brachten sie ihn und seinen Zellengenossen nach Weiden in die Oberpfalz. Sie wurden nicht mehr geschlagen, kamen in ein Auffanglager, wo sie unter freiem Himmel kampierten und nicht versorgt wurden. Fünf Tage lang. Dann wurden sie in das ehemalige Konzentrationslager Flossenbürg gebracht. An der Fläche eines sich in die Länge ziehenden Abhangs lagen dicht gedrängt Reihen von etwa 60 Meter langen, schäbigen Baracken. Oberhalb und unterhalb des Hanges befanden sich Wachtürme. Hier hatten die Nazis bis zu 100 000 Zwangsarbeiter ausgebeutet, von denen gut ein Drittel gestorben war, Vernichtung durch Arbeit. Jetzt war es ein Lager für die einstigen Täter.

Die meisten der hier inhaftierten Deutschen waren Angehörige der Waffen-SS, aber auch höhere Chargen der schwarzen SS waren darunter. Viele von ihnen erwarteten Kriegsverbrecherprozesse, oder sie waren als Zeugen im Nürnberger Prozess bestimmt. Die Verpflegung war schlicht: Morgens gab es Kaffee, sonst nichts. Mittags eine Wassersuppe mit Erbsen und etwas Grünzeug, abends den Rest derselben Suppe. Fleisch, Brot, Kartoffeln? Fehlanzeige. Sie mussten mit der Kreuzhacke in einem nahen Steinbruch arbeiten, Wege schlagen zum Beispiel.

Doch am 2. September 1945 wurde alles anders: Plötzlich gab es Brot, sogar Fleisch in Form von Corned Beef, die Jugendlichen bekamen sogar eine Traubenzuckerinjektion, wurden regelrecht aufgepäppelt. Zaghaft regte sich Zuversicht in Gottfried, offenbar war das Gröbste überstanden. Am 21. September wurde er wieder nach Weiden überführt, in ein ehemaliges Barackenlager des Reichsarbeitsdienstes. Er sollte eine von Wanzen befallene Baracke säubern. Gottfried kam mit seinem Bewacher ins Gespräch, zum ersten

Mal erkundigte sich ein Amerikaner nach seinem Alter und zeigte sich interessiert, warum er denn hier sei. Heinrich sagte etwas vom «Führerbefehl».

«Mein Vater wollte auch nicht, dass ich zur Armee gehe», sagte der Amerikaner. «Wir haben eine Hühnerfarm, mein Vater wollte mich freikaufen. Aber daraus wurde dann nichts.»

Und dann fragte der Amerikaner: «Was hältst du eigentlich von uns US-Soldaten?»

«Ihr seid nicht gut», sagte Heinrich. Und erzählte von seinen Erlebnissen seit der Gefangennahme.

«Ich schäme mich, wie meine Landsleute mit euch umgehen», sagte der Amerikaner. Heinrich tat dieses Mitgefühl gut.

Am 20. März 1946 wurde er entlassen. Nach drei Tagen in einem Entlassungslager in Auerbach kam er über Erlangen und Hof an der Zonengrenze an. Er hatte einen Entlassungsschein, auf dem seine Mitgliedschaft in der Waffen-SS vermerkt war. Und er hatte eine Art Meldezettel, auf dem lediglich seine Entlassung aus US-Kriegsgefangenschaft und die Berechtigung, sich im US-Sektor Berlins 45 Dollar abzuholen, vermerkt waren. Diesen zeigte er den Russen an der Grenze, die ihn in Empfang nahmen. Zusammen mit ein paar anderen entlassenen, überwiegend älteren Kriegsgefangenen ging es nach Saalfeld, zu Fuß neben einem vom Sowjetsoldaten geführten Pferdegespann. Dort wurden sie in den Keller einer Art Kommandantur gesperrt. Heinrich befürchtete, dass nun alles wieder begann: Sie würden von seiner SS-Mitgliedschaft erfahren und ihn in die Mangel nehmen.

Tatsächlich ging Stunden später die Tür auf. Eine junge Deutsche erschien und fragte: «Wer ist hier Gottfried Heinrich?»

Er gab sich zu erkennen. Er wurde in einen Raum geführt, ein sowjetischer Offizier saß vor einer Landkarte. Er fragte: «Sie kommen aus amerikanischer Kriegsgefangenschaft?»

Er bejahte.

«Sie wollen in unsere Zone nach Hause?» Er nickte nochmals.

«Wo sind Sie denn zu Hause?»

Heinrich trat an die Karte, wies mit dem Finger auf die Oberlausitz.

«Das ist aber weit», sagte der Russe. «Sie waren Soldat, also machen Sie sich auf den Weg, Ihr Weg ist ja noch weit ...»

Ungläubig fragte Heinrich zurück: «Sofort?»

«Ja», sagte der Russe, «gute Reise!»

Heinrich verließ die Kommandantur im Eilschritt und rannte zum Bahnhof. Dort stand ein Zug, abfahrbereit in Richtung Osten. Er schaffte es, im letzten Moment aufzuspringen, und gestand der Schaffnerin, kein Ticket und kein Geld zu haben.

«Ach, das kennen wir doch. Wir nehmen von hier immer Entlassene mit ...»

Die Fahrt ging bis Plauen im Vogtland. Abends dort angekommen, nahm er sich ein Hotelzimmer am Bahnhof. Morgens sprang er aus dem Fenster, weil er kein Geld hatte, das Zimmer zu bezahlen.

Am 7. April wurde er 18, tags darauf kam er endlich in seiner Heimat an. Er hatte sich verändert. Seine Kusine machte ihn darauf aufmerksam, dass er das Lachen verlernt hatte. Und er sollte es auch nicht so schnell wieder erlernen. Ihn trieb die Sorge um, die SS-Mitgliedschaft könnte ihm die Zukunft verbauen. Er wollte Technischer Zeichner werden und bewarb sich 1947 erstmals an einer der neugegründeten «Arbeiter-und-Bauern-Fakultäten», einem proletarischen Uni-Ersatz für einfache Leute. Mit Verweis auf seine Mitgliedschaft in der Waffen-SS wurde seine Bewerbung mehrfach abgelehnt. «Es ist besser, wenn ich in den Westen gehe», sagte er seinen Eltern. «Warte doch ab, das wird sich schon geben», ermunterten sie ihn. Und dann dachte er an seine schlimmen Erfahrungen mit den Amerikanern – und blieb.

Wenn auch nicht beruflich, so fand er doch privat sein Glück: Schon am nächsten Tag nach der Rückkehr beobachtete er vom Fenster aus, wie eine Schulfreundin aus Niedercunnersdorf zusammen mit einem anderen Mädchen von der Molkerei Milch holte. Er kam mit der Schulfreundin ins Gespräch, hatte aber nur Augen für ihre Freundin Elsa. Sie lernten sich kennen, wurden ein Paar und heirateten bald, wie es damals üblich war.

1952 wurde sein Sohn, ein Jahr später seine Tochter geboren.

Im Dezember 1947 erreichte ihn ein Anruf des Löbauer Arbeitsamtes: «Sie haben sich doch zwei Mal für ein Studium beworben?»

Er bejahte.

«Wir haben keinen Markscheider mehr, der letzte ist in den Westen abgehauen. Wäre das etwas für Sie …?»

Markscheider waren Vermessungsingenieure, die sich im unterirdischen Gewirr der Bergwerke zurechtfinden mussten. Ihm wurde ein Schnellstudium an der Bergakademie in Freiberg angeboten. Er nahm an. Sein Studium begann am 3. Januar 1948. Es war das, was man heute einen Crashkurs nennen würde: Er hatte in sechs Monaten zu lernen, wofür andere drei Jahre Zeit hatten. Dazu lernte er Russisch, weil die Besatzer seine neuen Arbeitgeber werden sollten.

Stets hatte er Angst, die Vergangenheit in der Waffen-SS könnte ihn doch noch einholen. Zumal er in Freiberg ein Formular ausfüllen musste und sich zu seiner Vergangenheit bekannte. Einer der Lehrer, der nach 1933 im Gefängnis der Nazis saß, bat ihn zum Gespräch: «Gottfried, erzähl mir, wie es dazu kam», bat er ihn altväterlich.

Heinrich erzählte vom kollektiven Zwang nach der militärischen Ausbildung, von seinem vergeblichen Protest gegen die Übernahme durch die Waffen-SS. Als der Lehrer zugehört hatte, sagte er: «Das hat keine Bedeutung, hab keine Angst.»

Er vertraute darauf, trat der SED bei. Er wollte alles richtig machen. Dieses Mal.

Nach einer Prüfung, die er bestand, begann im Schneeberger Stadtteil Neustädtel im Erzgebirge seine erste Beschäftigung für die Wismut AG: Wismut, das ist eigentlich ein chemisches Element, ein Metall, das aber nicht von großem Wert ist. Doch der Name des Unternehmens war eine Täuschung, denn in Wahrheit baute die Wismut AG das für die nukleare Aufrüstung der Sowjetunion so dringend benötigte radioaktive Uran ab. Und zwar 150 bis 800 Meter unter der Erde. Dass der Uranabbau erhebliche Gesundheitsrisiken birgt, wurde damals nicht groß thematisiert, es war wohl den meisten von Heinrichs Kollegen auch egal. Es wurde vergleichsweise gutes Geld verdient, dazu wurde man für ostdeutsche Verhältnisse optimal mit begehrten und knappen Konsumgütern versorgt.

Nicht das hohe gesundheitliche Risiko war der Grund dafür, dass Gottfried Heinrich 1951 dort kündigte. Vielmehr wollte er in seinem Wunschgewerbe arbeiten, Fahrzeug- oder Flugtechnik konstruieren. Und so fand er 1952 im Automobilwerk Phänomen in Zittau eine Anstellung als Technischer Zeichner und begann gleichzeitig nach einer Eignungsprüfung 1952 ein Fernstudium als Ingenieur. Als er es erfolgreich beendet hatte, wurde er 1958 Assistent des Werksleiters. Er war stolz darauf, was sein Phänomen-Werk produzierte, trotz anfänglicher Demontage durch die Sowjets und alltäglichem Mangel: Als Ägypten den Auf-

12) Gottfried Heinrich heute.

trag für einen Allrad-LKW ausschrieb, der es schaffte, die steilen Abhänge des Berges Sinai zu erklimmen, scheiterten alle namhaften Automobilwerke, inklusive Mercedes. Nur der ‹Robur› des Phänomen-Werkes schaffte es, die Zittauer bekamen den Zuschlag.

Gottfried Heinrich blieb dem Fahrzeugwerk bis zum Ende der DDR treu, wurde Abteilungsleiter und hauptamtlicher Assistent des Betriebsdirektors. Aber die Monate, die er als Jugendlicher Mitglied der Waffen-SS war, wurden zu seinem Trauma. Stets schwebten sie wie ein Damoklesschwert über ihm und seiner Existenz. Erst nach der Wende begann er, darüber zu sprechen.

Der Tod im Nacken
Heinz Schütze: Im «Wachschlaf» die Lager überlebt

Der gebürtige Leipziger Heinz Schütze kam nicht zur Waffen-SS, die Waffen-SS kam zu ihm. Zum ersten Mal in Gestalt eines schneidigen Obersturmführers, der eines Herbsttages im Jahr 1943 vor der Berufsschulklasse Schützes stand und mit markigen Worten für den Eliteverband warb. Der 15-jährige Schütze lernte zu diesem Zeitpunkt bei der Post und strebte die mittlere Beamtenlaufbahn an. Der SS-Mann unterhielt sich anschließend leise mit dem Lehrer, zeigte auf fünf Schüler der 30-köpfigen Klasse, während ihm der Lehrer die Namen und Adressen verriet.

Einer dieser fünf Auserkorenen war der 1,82 Meter große Heinz Schütze. Den Jungen war nicht entgangen, dass der Mann in der beeindruckenden Uniform Nachwuchskämpfer suchte, die den Gardemaßen entsprachen. Heinz bekam wenige Wochen später eine Einladung nach Dresden, nahm an einem Eignungstest teil, überwiegend ging es um ärztliche Untersuchungen. Doch sein Stiefvater riet ihm, sich dem Werben der Runenträger trickreich zu entziehen. Denn er hielt es für keine gute Idee, Kinder in den Krieg zu schicken. Also simulierte Schütze bei der Überprüfung seiner Augen Farbenblindheit – und verlängerte so seinen Frieden und seine Kindheit um ein weiteres Jahr.

13) Heinz Schütze 1942.

Doch wirklich wohl fühlte sich Schütze damals nicht im elterlichen Haus, wo er, der unehelich Geborene, im Umfeld von Stiefvater und Stiefgeschwistern immer schon etwas fremdelte. Zu einer Art Ersatzfamilie war ihm das Jungvolk geworden, die Jugendorganisation der Nazis. Er liebte die Heimatabende, an denen den Pimpfen jeweils mittwochs in trauter Runde Geschichten vorgelesen wurden, ebenso wie den samstäglichen Fähnleindienst oder die Geländespiele mit Lagerfeuer, gemeinsamen Liedern und Abenteuererzählungen.

Er vergaß nie, wie der Fähnleinführer einmal Mark Twains «Tom Sawyer» vorgelesen hatte, Schütze träumte sich hinein in diese ferne Welt. Als Höhepunkt dieser Zeit ist ihm ein Aufenthalt in einem Wehrertüchtigungslager im sächsischen Dahlen in Erinnerung, wo er beim Kartenlesen, beim Orientierungslauf und den Geländespielen so viel Ehrgeiz an den Tag legte, dass er am Ende eine der besten Beurteilungen des Durchgangs bekam.

Anfang Dezember 1944, keine drei Monate nach seinem 16. Geburtstag, lag die Einberufung in das Reichsausbildungslager Bad Luhatschowitz im Briefkasten der Schützes im Leipziger Stadtteil Schönefeld. Heinz Schütze ging ohne Begeisterung, aber mit der kleinen Hoffnung, im Krieg vielleicht doch so etwas wie die schönen Abende im Wehrertüchtigungslager noch einmal zu erleben. Denn schließlich waren ja seine Leipziger Freunde und Pimpf-Kameraden Horst Friedemann und Helmut Scheffler an seiner Seite. Und das half erheblich, eine erste ungute Vorahnung zu überspielen.

Zunächst ging die Fahrt mit der Bahn nach Dresden. In einem Sonderzug kamen die Sachsen im neu eröffneten Reichsausbildungslager Bad Luhatschowitz an, friedlich und winterlich verschneit schlummerte der Ort im tiefsten Frieden. Gauweise kamen die jungen Männer im Ort unter, Sachsen, Bayern, Preußen unter sich. Schütze erinnert sich, dass sich mit den Bayern ein gutes, mit den Preußen und Norddeutschen hingegen ein eher gespanntes Verhältnis entwickelte. Und zu den im Ort lebenden und arbeitenden Tschechen gar keines, sie gingen den Deutschen aus dem Wege. Wie versprochen durften die Jungen über die Weihnachtstage nach Hause, noch einmal tankten sie Kraft in der Familie, erlebten eine Welt, die nur wenige Wochen später nicht mehr existieren sollte.

Es war der 5. März 1945, als die etwa 600 Jungen des Lehrgangs vor dem Gesellschaftshaus des Ortes, einem eckigen Zweckbau, antreten mussten. Ein HJ-Bannführer, der den Aufzeichnungen anderer Absolventen zufolge Meyer hieß, hielt eine kurze Ansprache. «Der Führer hat demnächst Geburtstag ...», hört Heinz Schütze ihn noch sagen, «... machen wir ihm also ein Geschenk und treten gemeinsam der Waffen-SS bei. Sollte es unter euch Feiglinge geben, die kneifen wollen, dann sollen sie jetzt vortreten.»

Niemand wagte es, obwohl Schütze ein ganz mieses Gefühl hatte. Er dachte an den kurzen Weihnachtsurlaub zurück und wollte in diesem Moment eigentlich nur nach Hause. Keiner der Jungen machte sich die Illusion und glaubte den geschwollenen Worten von Bannführer Meyer, denen zufolge sie demnächst als Teil einer Armee von Helden dem Bolschewismus den Todesstoß versetzen würden. Nein, das Ende des «Dritten Reichs» stand unmittelbar bevor, das spürten selbst diese von allen Informationen abgeschnittenen Jugendlichen.

Noch immer in ihre dunkelblauen HJ-Uniformen gekleidet, bestiegen sie am nächsten Tag am Bahnhof Luhatschowitz Züge mit beheizbaren Güterwagen. Die Uniformen waren ihr Privatbesitz, auch hatten sie Koffer mit privater Wäsche dabei. Noch sahen sie nicht aus wie Soldaten. Horst und Helmut, seine Leipziger Freunde, waren stets an seiner Seite, zumindest das nahm der Situation ein wenig den Schrecken. Die Bahnfahrt dauerte über drei Stunden und führte in westliche, leicht nordwestliche Richtung nach Networschitz (Netvořice) in die Nähe von Prag. Die militärische Ausbildung ging auf dem dortigen Truppenübungsplatz Beneschau weiter – schießen, marschieren, Geländeübungen. Einen weiteren Monat nahm man sich Zeit, um aus diesen Kindern Soldaten zu machen. Dann wurden sie militärisch eingekleidet, erhielten Tarnhosen, italienische Schuhe mit Gamaschen, einen warmen Wehrmachtspullover, die Schildmütze, einen Waffenrock mit dem verräterischen Ärmeladler der Waffen-SS. Stahlhelme gab es nicht.

Am Tag darauf, dem 8. April, marschierten sie geschlossen eine acht Kilometer lange Strecke bis nach Teinitz an der Sassau, tschechisch Týnec nad Sázavou. Die schicken italienischen Treter wurden für Heinz Schütze zum Fluch, denn an seinen Füßen hatten sich große Blasen gebildet. Mit der Bahn ging es weiter bis ins österreichische Langelois nördlich der Donaustadt Krems, dann mit Bussen hinein ins österreichische Weinviertel, wo auch die meisten anderen der hier im Buch porträtierten jungen Soldaten in ihre ersten Kampfeinsätze geschickt wurden. Hier war Krieg, das spürten sie schon, als sie von sowjetischen Tieffliegern empfangen wurden. Sie warfen sich zitternd und mit vor Angst geweiteten Augen in den Straßengraben und überstanden die erste Attacke unbeschadet.

Jetzt wurden sie neu eingeteilt, ihre Koffer und ihre HJ-Uniformen sollten sie nie wiedersehen. Zum Leidwesen der drei wurden die Leipziger getrennt: Helmut Scheffler und Horst Friedemann wurden Melder, der kräftige Heinz Schütze sollte sich bei einem Grantwerferzug melden. Zu einem jeden «8-Zentimer-Granatwerfer 34» gehörte eine Stahlplatte, die auf weichem Boden das Einsinken der Waffe verhindern sollte. Heinz sollte eine solche, bestimmt 50 Kilo schwere Stahlplatte anheben – und schaffte es nicht. Doch die Männer des Zuges hatten offenbar andere Sorgen, als sich um den Kindskopf zu kümmern, und so schlich sich Heinz klammheimlich davon und reihte sich bei den noch keiner militärischen Einheit zugeteilten Jugendlichen wieder ein. Heimlich hoffend, man möge ihn doch noch den Meldern zuteilen, um wieder mit Horst Friedemann und Helmut Scheffler zusammenzukommen. Schützes Mogelei blieb unbemerkt, doch leider wies man ihn jetzt einem Panzervernichtungszug zu. An die Jugendlichen wurden Panzerfäuste ausgeteilt. Wobei sich ein neues Problem ergab: Schütze hatte noch nie mit einer solchen «Panzerfaust 30» geschossen. Je drei Jugendliche sollten ein Team bilden – einer war der Panzervernichter, die beiden anderen, darunter Heinz Schütze, sollten ihn mit ihren Maschinenpistolen vom Typ MP40 decken.

Für Heinz Schütze war es ein einschneidendes Erlebnis, dass die drei Leipziger Jungen von diesem Moment an getrennte Wege gingen. Er fühlte sich einsam, wie ferngesteuert, verlor das Gefühl für Raum und Zeit. Sein Panzervernichtungszug wurde in eine hügelige Region dieser an sich platten Tiefebene beordert. Was ein großes Glück war. Denn hierher verirrte sich kein einziger russischer Panzer. Und ein Panzervernichtungszug ohne feindliche Panzer ist arbeitslos. Dafür hoben sie die Schätze, welche die Gewölbe der Kellergassen bargen, die es in jedem der Dörfer im Weinviertel noch heute gibt: flüssige Schätze mit so klangvollen Namen wie Grüner Veltliner oder Welschriesling. Die Jungen betranken sich und wurden ansonsten kreuz und quer durch die Gegend geschickt.

Heinz litt nicht nur mental, sondern auch körperlich: Seine Füße entzündeten sich, außerdem bekam er eitrige Beulen an der Hand. Als sein Bataillonskommandeur Freiwillige für einen Stoßtrupp suchte, durfte er aufgrund seiner Gebrechen auf dem Bauernhof bleiben, den sie gerade als Quartier für die Nacht in Beschlag genommen hatten. Er sollte Hühner fangen, um sie zu schlachten und ein Essen vorzubereiten. Doch das schaffte er nicht, die Viecher waren einfach zu schnell. Als der einst 20-köpfige Stoßtrupp am Abend zurückkam, war ein Viertel der Jungen nicht mehr dabei – gefallen oder in Gefangenschaft geraten, so recht wusste das keiner. Einmal bekam Schütze, der «Quartiermeister», Besuch: Sein Leipziger Freund Horst Friedemann kam vorbei, der als Meldegänger ganz in der Nähe einen Auftrag erledigt hatte. «Heinz, hast du was zu essen?», fragte er. Schütze briet ihm ein halbes Dutzend Eier, die der Freund verschlang. Dann nahmen sie Abschied – für lange Zeit.

Ohne dass sich Heinz ein Sinn erschloss, marschierten sie mal kreuz, mal quer, verharrten in namenlosen österreichischen Orten, zogen wieder ab. Und glücklicherweise waren sie stets da, wo die Front gerade nicht war, wo keine Gefechte tobten. Wie für die meisten seiner Kameraden begann mit dem 8. Mai auch für Heinz Schütze eine wilde Flucht in Richtung Westen. Die italienischen Schuhe blieben ein Handicap, seine Füße waren schlimm entzündet. Schon am ersten Tag dieser Flucht hatte Schütze das Gefühl, am Ende seiner Kräfte zu sein. Am Abend des 8. Mai rasteten sie an einem Wäldchen in Böhmen. Ein Offizier teilte ihnen mit, dass hinter dem Wäldchen in etwa zwei Kilometern Entfernung Busse auf alle Verletzten warteten. Sie rafften sich erneut auf, liefen durch den dunklen Wald. Jedermann hielt den Vordermann am Koppel, um nicht verloren zu gehen. Das funktionierte aber nur kurze Zeit, dann riss die «Kette», zusammen mit nurmehr neun anderen irrte Heinz Schütze durch den nächtlichen Wald. Sie erreichten ein Bauernhaus, einer von Schützes Kameraden, ein Sudetendeutscher, der gut tschechisch sprach, erreichte, dass der Bauer zwei Pferde vor einen Wagen spannte – so konnten sie ihre Flucht fortsetzen. Doch der Tscheche half nicht aus Nächstenliebe, sondern aus Angst vor dem bewaffneten Haufen Jugendlicher. In Tschechien, wo es fast während des ganzen Krieges ruhig geblieben war, hatte mit dem Tag der Kapitulation ein blutiger Kleinkrieg begonnen – Tschechen machten Jagd auf die verhassten, jetzt besiegten Besatzer.

Schütze saß auf dem Kutschbock, neben sich zwei Kameraden und den Tschechen, der die Zügel in der Hand hielt. Die anderen saßen auf dem Wagen. Der Morgen dämmerte bereits, da hörte Schütze hinter dem Gespann ein schnell anschwellendes Motorengeräusch. Ehe sie registrierten, um was es sich handelte, fielen bereits Schüsse. Ein sowjetischer LKW rauschte heran, man feuerte auf das Gespann. Die Jungen sprangen geistesgegenwärtig vom Bock, rannten querfeldein, durch eine Senke, der sich ein Wald anschloss. Heinz Schütze war wegen seiner entzündeten Füße der langsamste, doch auch er schaffte es unversehrt in den Wald, hatte aber die anderen aus den Augen verloren. Jetzt hieß es, sich allein durchschlagen. Er durchwatete einen Bach, dann ließ er sich auf den Waldboden fallen. Er konnte keinen Meter weiterlaufen, ihm war jetzt alles egal. Während der Flucht hatte er noch geistesgegenwärtig seine Uniformjacke von sich geworfen – zum Glück, denn plötzlich standen Gestalten um ihn herum, die aussahen wie die Räuber, die er aus seinen Kinderbüchern kannte:

schmutzig, unrasiert, in Lumpen gehüllt, aber mit Karabinern bewaffnet. Es waren tschechische Partisanen.

Er musste sich mit den Händen über dem Kopf an einen Baum lehnen. «Wo sind die anderen», fragte einer auf Deutsch.

Er schüttelte den Kopf, was keine Ahnung bedeuten sollte. Ein scheinbar gleichaltriger Tscheche hielt ihm die Pistole an den Kopf, schrie: «Du SS?»

Er verneinte und war in diesem Moment froh, sich der verräterischen Jacke entledigt zu haben. Er muss ein erbärmliches Bild eines Soldaten abgegeben haben, leise wimmernd, mit blutig entzündeten Füßen. Der Älteste dieser Gruppe von «Strauchdieben», vermutlich der Anführer, herrschte seine Leute an, den Jungen in Ruhe zu lassen, und fragte Heinz, wie alt er sei. Dann brachen sie auf. Als der Anführer Schützes blutige Füße sah, ließ er den Gefangenen sogar auf einen Esel setzen. Den Bewohnern des etwa einen Kilometer entfernten Ortes Datschitz, tschechisch Dačice, 30 Kilometer nördlich der tschechisch-österreichischen Grenze, muss sich wenig später ein seltsames Bild geboten haben. Während sie auf den Straßen standen und die sowjetischen Sieger erwarteten, erreichte, einer seltsamen Prozession gleich, diese kleine Gruppe das Dorf. Eine Handvoll bewaffneter Tschechen im «Räuberzivil» eskortierte einen uniformierten deutschen Jugendlichen, der auf einem Esel ritt.

Schütze schlug der Hass der Leute entgegen. Man hätte

ihn vermutlich gelyncht, wenn «seine» Partisanen ihn nicht beschützt hätten. Sie schrien «Schwein», er sah die nackte Wut in ihren Gesichtern. Er wurde ins Gefängnis gebracht, später in eine Schule. Darin saßen viele gefangene Deutsche, alle waren älter als er, einige richtig alt. Gelegentlich wurden deutsche Namen in den Schulraum gerufen. Die Aufgerufenen verschwanden dann, viele auf Nimmerwiedersehen. Aus der Ferne, vermutlich vom Hof, drangen dann ihre Schreie bis zu den Gefangenen. Einer der Gefangenen erklärte, dass die Tschechen anhand der Soldbücher prüften, wer bei der Zerschlagung des Prager Aufstandes dabei war – den Identifizierten erging es schlecht.

Eine Woche blieb Schütze in der Schule. Er wurde gefilzt, sie entdeckten seine Tätowierung, doch wie durch ein Wunder geschah ihm nichts. Er war in dieser Schule nicht der einzige SS-Mann. Einmal wurden er und zwei andere Mitglieder der Waffen-SS aus dem Raum geholt, man drückte ihnen Spaten in die Hand, und sie mussten auf dem Friedhof drei Gräber ausheben. Für Heinz Schütze stand in diesem Moment fest: Das war es! Als er tief in der Erde das Loch grub, bewacht von zwei Tschechen, kamen erneut «Freischärler» vorbei. Sie fragten den Wachposten auf Tschechisch: «Sind das SS-Leute?» Offenbar suchten sie Nahrung für ihren unstillbaren Hass. Der Tscheche schüttelte den Kopf, und die Partisanen zogen wieder ab. Heinz atmete auf. Zum x-ten Mal. In der Schule bekamen er und die anderen SS-Männer Schilder umgehängt, auf denen die beiden Runen abgebildet waren – SS. Tags darauf wurden sie den Russen übergeben, separat von den anderen Gefangenen. Jetzt war es so weit, dachte Schütze.

Nun war er also bei jenen, gegen die der Krieg geführt worden war. Bei jenen, von denen man ihm gesagt hatte, dass sie ihn abgrundtief hassten und dass sie mit SS-Leuten keine Gnade kannten. Doch wieder kam es anders, als er dachte, befürchtete. Der russische Kommandant riss ihnen die Schilder vom Hals, murmelte auf Russisch so etwas wie «Was soll der Quatsch!» und scheuchte die drei zurück zu den anderen Gefangenen. Die Botschaft war klar: Keine Unterschiede, Gefangener ist Gefangener! Es war Anfang Juni, erstmals hatte er für einen Moment das Gefühl relativer Sicherheit.

Es begannen endlose Märsche quer durch die Tschechoslowakei, ein Waldlager löste das nächste ab. Sie ernährten sich teils von Schnecken, Baumrinde und Gras. Aber sie waren nicht mehr den Hassattacken der Tschechen ausgesetzt. Die Russen plünderten sogar die umliegenden Höfe aus, um sich und die Gefangenen zu ernähren. Abends sah man diese fremden Soldaten am Feuer sitzen und hörte sie schwermütige Lieder singen. Für Heinz Schütze verloren sie einiges von dem Schrecken, der ihnen einst vorauseilte.

Anfang Oktober, im Osten der Tschechoslowakei, wurden sie in Viehwagen verladen, je 60 Männer in einen Waggon. In der Mitte des Waggons gab es große Schiebetüren auf dem Boden, dort hatte der Wagen einen Trichter mit einem Loch als Latrine. Links und rechts vom Mittelbau waren die «Aufenthaltshöhlen» in der Höhe halbiert worden, sodass zwei Etagen entstanden. Je 15 Männer lagen also in einem auf diese Weise geviertelten Viehwagen, an Bewegung war nicht groß zu denken, man lag dicht gedrängt wie die Sardinen in der Dose. Die kleinen Ausgucke waren verrammelt. Nur wer oben lag und eine Lücke erspähte, konnte ab und zu einen eingeschränkten Blick nach draußen riskieren. Die Fahrt ging über Ungarn, Rumänien in die Sowjetunion, so viel war anhand von Bahnhofsschildern gerade noch in Erfahrung zu bringen. Doch früh schon hatte Heinz Schütze es aufgegeben, sich Gedanken über sein Schicksal zu machen, zu versuchen, aktiv Einfluss darauf zu nehmen. Er fühlte sich krank, ausgelaugt und ließ sich treiben, wie ein Blatt im Wind. Orte, Namen, Gespräche – er nahm sie nicht mehr wahr, der Modus seiner Lebensfunktionen war auf «Standby» geschaltet, wie man es heute vielleicht ausdrücken würde. Er versuchte, täglich etwas zu essen und Wasser zu ergattern, und begab sich ansonsten in eine Art Wachschlaf.

Kameradschaft, Nächstenliebe, Barmherzigkeit – Dinge, von denen andere Gefangene aus der Zeit ihres Martyriums auch in diesem Buch berichten, Heinz Schütze begegnete ihnen nicht. Er fühlte sich in das Tierreich zurückversetzt. Jeder war sich selbst der Nächste, das eigene Überleben wurde zur Maxime des Handelns. Die ersten zwei Wochen gab es noch halbwegs frisches Brot und etwas Wassersuppe, dazu einen Eimer Wasser pro Waggon. Die Tagesrationen wurden verabreicht, sobald der Zug einmal hielt. Nach 14 Tagen war das mitgeführte Brot aufgebraucht, dann wurden Trockenbrot und Suppe aus Salzfisch verabreicht. Wasser gab es immer seltener. Wer noch sein Kochgeschirr oder zumindest eine Blechdose hatte, war privilegiert und konnte sich mit Wasser versorgen. Ansonsten war man auf Nachbarschaftshilfe angewiesen – und litt zumeist großen Durst. Das Wasser in der Blechtonne schmeckte bald ranzig, erste Fälle von Ruhr traten auf. Die Männer schafften es dann nicht mehr bis zum Trichter, es stank bestialisch im Waggon. Es begann das große Sterben. Immer, wenn der Zug auf freier Strecke hielt, rief ein Russe in den Waggon: «Kranke, Tote?»

Die Gestorbenen, täglich zwei bis drei pro Wagen, wurden neben die Gleise gelegt. An ein Grab war nicht zu denken, der Boden war bereits gefroren. Die Sowjetsoldaten teilten sich die letzten Habseligkeiten der Gestorbenen. Für die im Waggon Verbliebenen hatte sogar das einen Vorteil: Es gab mehr Platz. Wer schwer krank war, kam in einen sogenannten Krankenwaggon. Dort waren die jeweiligen Schlafebenen links und rechts der Schiebetür nochmals geteilt worden, sodass Löcher entstanden waren, in die je zwei bis drei Gefangene gepfercht wurden. Auch Heinz Schütze wurde nach gut vier Wochen Bahnfahrt in den Krankenwaggon verfrachtet, Verdacht auf Ruhr. Die nächsten Tage lag er in einer der «Höhlen» des Krankenwaggons neben einem, der ein blutig-eitriges Gesicht hatte. Er phantasierte im Fieberwahn und wollte Schütze ständig umarmen. Angewidert kroch Heinz Schütze nach kurzer Zeit aus diesem Loch heraus und suchte sich im oberen Stockwerk eine Höhle, in der ein Mann lag, der weniger litt.

Auf der anderen Seite des Krankenwaggons lagen drei oder vier deutsche Ärzte, die es sich gut gehen ließen. Schütze beobachtete, wie sie Fleischkonserven aßen und aus Flaschen Frischwasser tranken. Sie unterhielten sich munter mit einem, der aus Oberschlesien stammte und sehr gut russisch sprach. Im Zug war er der Übersetzer.

Die Aufgabe dieser Ärzte war es eigentlich, sich um die Kranken zu kümmern. Doch das taten sie nicht. Sie wurden nur aktiv, wenn jemand gestorben war, erleichterten ihn um Schuhe oder andere brauchbare Dinge, die sie mit Hilfe des Übersetzers bei den Russen gegen Lebensmittel eintauschten. Heinz Schütze nahm sich von der kalten Suppe, die es für die Kranken gab, wenngleich außer ihm kaum noch einer von ihnen imstande war, überhaupt etwas zu essen. Die Suppe schmeckte ekelhaft, doch er wollte überleben und seinem Körper so viel Nährstoffe und Wasser zuführen wie möglich.

Zwei Wochen brachte er in diesem Waggon zu, dann hielt der Zug auf einem freiliegenden Bahndamm. Es war Mitte November, inzwischen herrschten draußen eisige

Temperaturen. Sein Blick nach dem ersten Verlassen des Waggons glitt über eine schier endlose Ebene. Die Kranken, die kaum noch laufen konnten, wurden an den Füßen aus dem Waggon gezogen. Viele hatten keine Schuhe mehr. Immerhin warteten sie auf LKW, auf deren Ladefläche sie geworfen wurden. Schütze konnte allein laufen. Die gesunden Männer mussten antreten und querfeldein marschieren. Erst später erfuhr er, dass er in Nordwestsibirien war. Von den 2000 Gefangenen waren 800 gestorben. Der Transportkommandeur dieses Todestransportes, wie man diese Höllenfahrt später nannte, wurde vom sowjetischen Geheimdienst NKWD verurteilt, denn er hatte im großen Stil Lebensmittel verschoben. Der schlesische Dolmetscher wurde eines Tages im Lager tot aufgefunden – erschlagen von den eigenen Leuten, denn auch er war am Diebstahl beteiligt gewesen.

Ihr neues Zuhause war ein ehemaliges Verbanntenlager, einst gebaut für Stalins Feinde. Das Lager Nummer 200 lag in Nähe der sowjetischen Kleinstadt Alapajewsk, etwa 130 Kilometer nordöstlich der westsibirischen Gebietshauptstadt Swerdlowsk, die heute wieder Jekaterienburg heißt. Das Lager sah ein wenig so aus, wie man sich ein Fort der US-Armee im Indianerkrieg vorstellt: An den vier Ecken des Quadrates aus mehreren Hundert Meter langen Holzpalisaden standen Wachtürme, im Lager gab es Holzbaracken, in denen die Gefangenen auf Strohsäcken ihre Schlaflager hatten. Zu Öfen umfunktionierte alte Ölfässer,

14) Heinz Schütze heute.

die mit Holz befeuert wurden und kaum ausreichend Wärme spendeten, sollten die Baracken beheizen. Neben dem Hauptlager gab es zahlreiche kleine Nebenlager, in denen auch Heinz Schütze später gelegentlich eingesetzt wurde, beispielsweise, um Holz zu schlagen. Drei Mal am Tag gab es Kohl- oder Hirsesuppe, dazu nasses Brot. Schütze war bei seiner Ankunft der jüngste Lagerinsasse, und er war gesundheitlich dermaßen am Ende, dass ihn die Sowjets erst einmal für drei Wochen zur Quarantäne in die Krankenbaracke schickten.

Wenn Heinz Schütze heute an diese Zeit zurückdenkt, dann fallen ihm kaum Zeiten, Namen, Orte, Gespräche ein. Denn bis ans Ende seiner Gefangenschaft gelang es ihm nicht, diesem bereits beschriebenen «Wachschlaf», dem Sich-treiben-Lassen zu entfliehen. Mit «Dystrophie», dem lateinischen Begriff für akute Unterernährung, beschrieben die im Lager anwesenden sowjetischen Ärztinnen Schützes Zustand in den letzten Monaten seiner Gefangenschaft. Vielleicht lag es daran, dass er mit seinen 17 Jahren das Küken im Lager war – jedenfalls kümmerten sich die Ärzte rührend um ihn. Trotzdem wollten Fieber, Bronchitis, Husten und Kraftlosigkeit nicht weichen. Viele seiner Kameraden starben im Lager – an immer den gleichen Krankheitsbildern, aber auch an der Hoffnungslosigkeit.

An einen der ganz raren Momente des Erwachens, der Hoffnung und Freude erinnert sich Schütze dann doch. Es war einer dieser scheinbar namens- und datumslosen Tage, als Kameraden in der «Stalowaja», dem Speisesaal, plötzlich die Tische anders anordneten und eine ins Lager geschmuggelte Kerze aufstellten. Sie wurde angezündet, und einer der Gefangenen stellte sich hinter einen quer gestellten Tisch, der jetzt wie ein Altar wirkte, faltete die Hände und sprach: «Kameraden, heute ist Heiligabend ...»

Heinz Schütze war total überrascht und zu Tränen gerührt, zumal dieser Gefangene plötzlich feierlich die Weihnachtsgeschichte rezitierte. Er war nie ein gläubiger Mensch gewesen. Doch die heimatliche und warme Aura des Festes der Familie und der Liebe zog ihn magisch in ihren Bann. Einen größeren Kontrast zum kalten, menschenverachtenden Lageralltag konnte es nicht geben. Heinz, der Gefahr lief, sich jeden Tag ein Stück weiter aus dem Kreis der Lebenden zu verabschieden, wurde an diesem Tag daran erinnert, dass es jenseits der hässlichen Holzpalisaden etwas gab, für das es sich lohnte, zu leben, zu überleben. Das gemeinsame Singen, sogar das Gebet gab dem Nichtgläubigen Kraft – und bleibt ein unvergessener Moment in der schwersten Zeit seines Lebens.

Schütze überstand weitere zwei Jahre in Westsibirien, eingesetzt zu kräfteraubenden Arbeiten wie Gleiseverlegen, Bäumefällen und Hilfstätigkeiten in einer Metallfabrik. Im Dezember 1947 schickten sie den völlig unterernährten, kranken 19-Jährigen nach Hause, er hätte vermutlich keinen Monat länger im Lager überlebt.

Und dort spürte er schnell, dass die Heimat, der im Entstehen begriffene ostdeutsche Staat, ihm misstraute – ihm, dem «SS-Kindersoldaten», der im Krieg keinen einzigen Schuss abgegeben hatte. Seine bei der Post unterbrochene Ausbildung durfte er nicht fortsetzen, der von ihm angestrebte Staatsdienst blieb für ehemalige SS-Mitglieder versperrt.

Seine Großmutter, bei der er in Leipzig wohnte, weil er sich in der Wohnung seines Stiefvaters nicht willkommen fühlte, riet ihm, in die Fußstapfen seines Großvaters zu treten und Zimmermann zu werden. Wie viele seiner

Schicksalsgenossen haderte er nicht mit seinem Schicksal als «Gezeichneter», sondern suchte die Bewährung – durch Anpassung, Fleiß und Pflichterfüllung.

Er absolvierte die Meisterschule als Zimmermann, war Polier bei der Bau Union, trat dann in ein Projektierungsbüro ein und absolvierte zugleich ein Abendstudium, das er als Bauingenieur abschloss. Fortan war er an der Finanzplanung der größten DDR-Warenhauskette beteiligt, Konsumtempeln wie der Leipziger «Blechbüchse», die zwar optisch beeindruckten, im Inneren aber zumeist den üblichen Mangel verwalteten. Heute ist Heinz Schütze stolz, in den 40 Jahren DDR seine Nische gefunden zu haben, in der er kreativ am architektonischen «Gesicht» seiner Heimat mitwirken konnte.

Seine SS-Mitgliedschaft blieb stets ein Familiengeheimnis, das man nicht frei von Angst hütete. Ebenso hielt es sein Freund Horst Friedemann, den er umgehend nach seiner Rückkehr besuchte und in die Arme schloss. Friedemann, durch den Verlust eines Beines eingeschränkt, hatte die Bäckerei seiner Eltern im Leipziger Zentrum übernommen. Endlich erfuhr Heinz, wie es Horst nach ihrer Trennung in Niederösterreich ergangen war.

Als Meldegänger war Friedemann stets da im Einsatz gewesen, wo es gefährlich war. So auch an jenem Tag, als er über ein weites Feld lief. Kein Schuss fiel. Doch plötzlich spürte Friedemann dieses Knacken unter dem linken Fuß. Kurze Zeit später knallte es, nicht einmal besonders laut.

Unter Schock lief Friedemann weiter, immer weiter. Er wunderte sich noch, wie es sein könne, dass sich das Laufen über dieses platte Feld plötzlich anfühlte, als handle es sich um einen tief gefurchten, holprigen Acker.

Bis er gewahr wurde, dass die Mine seinen rechten Fuß zerfetzt hatte. Bis zu diesem Zeitpunkt hatte er keinerlei Schmerzen gespürt. Erst jetzt stürzte er hin. Es dauerte, bis Kameraden kamen und den blutenden Jugendlichen wegtrugen. Weil sich alles in Auflösung befand, man schrieb den 7. Mai und dieser Krieg sollte in Europa keine zehn Stunden mehr dauern, fanden sie erst sehr spät einen Verbandsplatz. Und weil ihm nur unzureichend geholfen wurde, entzündete sich seine Wunde bis hinauf zum Oberschenkel, sodass nach einigen Tagen das rechte Bein bis hinauf zum Knie amputiert werden musste.

Kameraden brachten Horst Friedemann schließlich zu einem Sanitätszug, der nahe der südböhmischen Stadt Pisek, 100 Kilometer südlich von Prag, im Niemandsland zwischen Amerikanern und Russen stand. Der Krieg war bereits seit mehreren Tagen zu Ende, doch um diesen Zug kümmerte sich keine der Siegerparteien. Es war ebenjener Zug, in dem auch Günter Lucks lag, dessen Schicksal in einem der vorhergehenden Kapitel beschrieben wurde. Friedemann und Lucks begegneten sich aber erst gut 65 Jahre nach diesen Ereignissen, zusammengeführt hat sie Lucks' Buch «Ich war Hitlers letztes Aufgebot». Anders als Lucks, dem die Sieger bescheinigten, nicht schwer genug

15) Freunde, die verschwiegen ihr Schicksal teilten: Horst Friedemann (rechts, mit seiner Lebensgefährtin) und Heinz Schütze.

verletzt zu sein, durfte Friedemann im Sanitätszug bleiben und Richtung Heimat fahren. Und das hätte ihn beinahe sein Leben gekostet: Denn an der tschechisch-bayerischen Grenze wurden die Insassen von tschechischen Freischärlern auf das verräterische Blutgruppenmerkmal am Oberarm hin kontrolliert. Wurde man als SS-Mann identifiziert, gab es keine Gnade, man wurde erschossen. Friedemann entging dem nur, weil ihm eine Schwester den linken Oberarm bandagiert hatte und seine Beinamputation offenbar alle Zweifel, hier könnte ein Simulant am Werk sein, zerstreute. Kriegsversehrt, aber glücklich kam Friedemann noch im Sommer via Straubing in Leipzig an.

Die beiden Leipziger Heinz Schütze und Horst Friedemann verband eine Freundschaft, die erst mit Friedemanns Tod 2012 endete. Über ihre SS-Mitgliedschaft sprachen sie kaum. Doch abgesehen von Schützes verhinderter Beamtenlaufbahn, wurde sie beiden in der DDR nie zum Verhängnis. Dafür, dass sie als Jugendliche von der SS ohne zu fragen kassiert worden waren, hatten sie ohnehin ausreichend gebüßt.

Das letzte Aufgebot der Waffen-SS
Zwei Runen und ein Schrecken, der nie verebbte

Fast 70 Jahre nach Ende des 2. Weltkriegs ist sie immer noch für Schlagzeilen gut – die Waffen-SS, die selbsternannte Elite-Armee der Nationalsozialisten, die im Nürnberger Prozess 1946 von den Alliierten als Verbrecherorganisation gebrandmarkt worden war. So meldeten deutsche Medien Ende April 2013, dass der 2008 verstorbene Schauspieler Horst Tappert (*1923) spätestens seit 1943 Mitglied der Waffen-SS gewesen war. Der Soziologe Jörg Becker hatte bei der Recherche für eine Biographie über die deutsche «Demoskopie-Ikone» Elisabeth Noelle-Neumann eher beiläufig eine Anfrage an die «Deutsche Dienststelle für die Benachrichtigung der nächsten Angehörigen von Gefallenen der deutschen Wehrmacht» (WASt) gestellt, weil sich Tapperts und Noelle-Neumanns Lebensläufe kreuzten. Becker war bekannt, dass einige der damaligen Zeitzeugen eine SS-Vergangenheit hatten. Das Ergebnis seiner Anfrage warf kein gutes Licht auf den Hauptdarsteller der im Ausland beliebtesten deutschen Krimi-Serie.

Laut WASt war Tappert zu einem noch unbekannten Datum Mitglied einer SS-Flak-Ersatzabteilung in Bad Arolsen geworden. Am 22. März 1943 vermeldete nunmehr das damals in Russland eingesetzte SS-Panzergrenadierregiment 1 «Totenkopf» ganz offiziell die Mitgliedschaft des 19-Jährigen. Tappert diente im Range eines einfachen Grenadiers. Über seine Zeit im 2. Weltkrieg sprach er später nur selten. «Ich war zuerst beim Arbeitsdienst und habe in Russland Straßen gebaut. Dann wurde ich zum Kompaniesanitäter ausgebildet. Aber es war schon 1945, und es ging aufs Kriegsende zu», so seine kurze Antwort 1998 in einem Interview mit dem Magazin *Focus*.

Die zweifelsfrei dokumentierte und auf Nachfrage von der WASt bestätigte SS-Mitgliedschaft sorgte bundesweit für großes Aufsehen – und Empörung. Auch im Ausland. In den Niederlanden nahm der öffentlich-rechtliche Fernsehsender «Omroep MAX» noch Ende April 2013 «Derrick»-Wiederholungen aus dem Programm. «Wir werden keinen Schauspieler ehren, der so über seine Vergangenheit gelogen hat», erklärte der Programmdirektor.

Nicht die politischen Irrungen eines jugendlichen Kriegsteilnehmers waren der Stein des Anstoßes, sondern seine Heimlichkeit im Umgang mit diesem Thema. Und Horst Tappert ist nicht der einzige Fall einer späten, hier sogar post mortem bekannt gewordenen SS-Mitgliedschaft. Immer wieder tauchen Informationen über bislang verschwiegene NS-Karrieren noch lebender oder bereits verstorbener Personen des öffentlichen Lebens der Bundesrepublik auf. Der Literaturnobelpreisträger Günter Grass, ein über alle Zweifel erhabener Mahner gegen Krieg und Militarismus, sorgte im August 2006 für ein Beben im deutschen Feuilleton, als er bekannt gab, 17-jährig in der Waffen-SS gewesen zu sein und die letzten Kriegswochen als Ladeschütze gedient zu haben. Grass nahm dazu in dem damals erschienenen Buch «Beim Häuten der Zwiebel» Stellung.

«Die doppelte Rune am Uniformkragen war mir nicht anstößig. (...) Auch ging von der Waffen-SS etwas Europäisches aus: In Divisionen zusammengefasst kämpften freiwillig Franzosen, Wallonen, Flamen und Holländer, viele Norweger, Dänen, sogar neutrale Schweden an der Ostfront in einer Abwehrschlacht, die, so hieß es, das Abendland vor der bolschewistischen Flut retten werde», heißt es im Kapitel «Wie ich das Fürchten lernte». Und so begründete Grass sein langes Schweigen: «Was ich mit dem dummen Stolz meiner jungen Jahre hingenommen hatte, wollte ich mir nach dem Krieg aus nachwachsender Scham verschweigen. Doch die Last blieb, und niemand konnte sie erleichtern.» Weniger seine SS-Mitgliedschaft als der Zeitpunkt seines Geständnisses stieß auf Kritik. Charlotte Knobloch, Präsidentin des Zentralrates der Juden in Deutschland, sah sein spätes Bekenntnis gar als PR-Maßnahme für sein neues Buch an, das plötzlich besonders eifrig diskutiert wurde.

Der Schauspieler Hardy Krüger (85), damals Schüler der «Adolf-Hitler-Schule» auf der NS-Ordensburg in Sonthofen, war 16-jährig im März 1945 zusammen mit Mitschülern von der neu gegründeten SS-Division «Nibelungen» eingezogen worden. «Ich habe mich nicht freiwillig gemeldet. Wir wurden einfach alle in Uniformen gesteckt. Als ich die SS-Runen sah, wurde mir fast schlecht. Wir wurden als Kanonenfutter an die Front geschickt», erinnert sich Krüger 2006 in der *Bild*-Zeitung. Bei Regensburg kämpfte Krüger gegen US-Soldaten. «Bei der ersten Schlacht kam bereits die Hälfte unserer Division ums Leben», erinnerte er sich. Tausende «Nibelungen» wurden verletzt oder getötet. Krüger gab weiter an, wegen Landesverrats bereits vor einem Erschießungskommando gestanden zu haben – als er in letzter Sekunde aufgrund seines jungen Aussehens begnadigt wurde. «Er hat gesehen, dass ich ein Kindersoldat war. Ich war 16, sah aber aus wie 12.»

Auch Krüger brauchte Jahre, bis er sein Geheimnis lüftete: «Als ich es geschafft hatte, mir einen Namen zu machen, habe ich zunächst nicht darüber gesprochen, dass ich auf einer Adolf-Hitler-Schule und in der Waffen-SS war.» Der Schauspieler Klaus Havenstein, der ostdeutsche Schriftsteller Erwin Strittmatter, der Erbe des Pudding-Imperiums Rudolf August Oetker, der ostdeutsche SED-Funktionär Ernst Großmann und viele mehr waren im Krieg mehr oder weniger freiwillig der Waffen-SS beigetreten, so wie insgesamt etwa 900 000 Männer während des Krieges.

Doch warum war es in der Nachkriegszeit so schwer, Mitgliedschaften in NS-Organisationen oder der Waffen-SS preiszugeben, während man in der Bundesrepublik, aber auch in der DDR mit Wehrmachtskarrieren offenbar wesentlich weniger Probleme hatte? Prof. Bernd Wegner, Historiker an der Helmut-Schmidt-Universität der Bundeswehr in Hamburg und der deutsche «Nestor» der SS-Forschung, hat Verständnis für die Zurückhaltung der Nachkriegseliten, SS-Mitgliedschaften preiszugeben. Richtig findet er sie dennoch nicht, «zumal bei Personen, die sich als moralische Instanz sahen», so Wegner. «Man ersparte sich damals unangenehme Nachfragen, mit einer SS-Vergangenheit musste man sich erklären. Die 50er Jahre waren zwar restaurativ, bei der Bundeswehr gab es aber den Personalgutachterausschuss, der im Zweifel auch mal Offizierskarrieren versperrte. Später, nach dem Auschwitz-Prozess und in den 70er Jahren, war es in der Öffentlichkeit anrüchig, eine Vergangenheit in der Waffen-SS gehabt zu haben.»

Niemand machte sich die Mühe zu differenzieren. Allein die Zugehörigkeit zur SS – ob als KZ-Wachmann oder als jugendlicher Zwangsrekrut – galt als Stigma.

Doch was verbarg sich wirklich hinter diesen Runen des Schreckens? Die Waffen-SS war eine Untergruppe der 1925 von Adolf Hitler gegründeten «Schutzstaffel». Dabei war die SS nie als militärische oder staatliche Institution gedacht, sondern als Partei-Miliz, rekrutiert aus politisch zuverlässigen und motivierten Nationalsozialisten. «Ich sagte mir damals, dass ich eine Leibwache brauche, die, wenn sie auch klein war, mir bedingungslos ergeben wäre und sogar gegen ihren eigenen Bruder marschieren würde. Lieber nur 20 Mann in einer Stadt, unter der Bedingung, dass ich mich absolut auf sie verlassen konnte, als eine unzuverlässige Masse», begründete Hitler später den Aufbau der SS. Doch sie blieb zunächst ein Teil der viel größeren «Sturmabteilung» (SA), die ideologische Elite in diesem proletarischen Schlägerheer.

Während und nach der Machtergreifung Hitlers im Januar 1933 spielte die bereits auf 100 000 Mitglieder angewachsene SS eine wesentliche Rolle. Bei der Bekämpfung der zahlreichen Gegner – Kommunisten, Sozialdemokraten, Gewerkschafter – übernahm die SS de facto und ohne rechtliche Grundlage Polizeiaufgaben. Danach wurde ihr die Bewachung der Konzentrationslager und die Organisation der «Geheimen Staatspolizei» (Gestapo) übertragen. Das war vor allem der Rücksichtslosigkeit und «Führerergebenheit» eines studierten Landwirts zu verdanken, der Hitler bereits beim gescheiterten Putsch von 1923 zur Seite gestanden hatte: Heinrich Himmler. 1929 übergab Hitler dem elf Jahre jüngeren Bayern die Führung der SS, seitdem durfte sich Himmler «Reichsführer SS» nennen. Zwischen der kleinen, aber ideologisch linientreuen SS und dem mächtigen, aber auch schwer zu disziplinierenden «Parteiheer» SA, das gerne die Rolle der Reichswehr übernommen hätte, entwickelten sich Spannungen, die sich entluden, als Hitler den zu mächtig gewordenen SA-Führer Ernst Röhm und dessen Unterführer ermorden ließ: durch die SS. «Im Hinblick auf die großen Verdienste der SS, besonders im Zusammenhang mit den Ereignissen vom 30. Juni 1934, erhebe ich dieselbe zu einer selbständigen Organisation im Rahmen der NSDAP», erklärte ein dankbarer Hitler nur einen Monat nach Entmachtung der SA.

Noch im selben Jahr, also 1934, wurde eine bewaffnete Gliederung der SS aufgestellt, SS-Verfügungstruppe genannt, die aber zunächst der Reichswehr unterstellt war. Daneben existierte zu diesem Zeitpunkt noch die «allgemeine» SS, die fest im Verwaltungsapparat verankert war. Zudem gab es die SS-Totenkopfstandarten, deren Aufgabe es war, die Konzentrationslager zu bewachen und zu verwalten. Spätestens zu diesem Zeitpunkt war die SS zum Staat im Staat geworden.

Die militärische Bewährungsprobe für Hitlers Elite-Truppe war 1936 die Besetzung des seit dem Versailler Vertrag 1919 entmilitarisierten Rheinlandes durch die «SS-Leibstandarte Adolf Hitler». Aus der SS-Verfügungstruppe wurde aber erst nach Kriegsbeginn eine eigenständige Division. In einem Geheimbefehl Hitlers hieß es über die SS-Verfügungstruppe: «Sie ist eine stehende bewaffnete Truppe zu meiner ausschließlichen Verfügung. Im Kriegsfalle soll sie im Rahmen des Heeres eingesetzt werden oder im Bedarfsfalle im Inneren nach meinen Weisungen.» Denn Hitler litt an einem Trauma, welches er auch in seinem Machwerk «Mein Kampf» beschrieb: der Angst vor dem «Dolchstoß», sprich dem «Verrat» durch das eigene Volk. So stellte die Revolution im November 1918 für Hitler ein Schlüsselerlebnis dar, als seiner Lesart nach «der kämpfenden Truppe in den Rücken gefallen wurde». Nie wieder sollte die Reichswehr der Zerreißprobe ausgesetzt werden, auf das eigene Volk schießen zu müssen. Eine reine Parteiarmee als innere Ordnungsreserve hielt er für effizienter.

Erstmals am 7. November 1939 tauchte dann die Bezeichnung «Waffen-SS» auf, vermutlich eher zufällig in einem Befehl als Sammelbezeichnung für die «bewaffneten Einheiten der SS und Polizei». Die Reichswehr leistete Aufbauhilfe. Regimentskommandeur Felix Steiner hatte die Idee einer mobilen, elitären und eingeschworenen Truppe, mit der er bei den eher konservativen Verantwortlichen der Wehrmacht (oder Reichswehr) nicht durchgekommen war. Bei der Ausbildung setzte er auf mehr Sport und andere, modernere Ausbildungsmethoden, dafür weniger auf Drill. «Härte gegen sich selbst und den Feind» war ebenfalls eine seiner Prämissen. Bestimmte körperliche Voraussetzungen waren obligatorisch, eine zuverlässige NS-Gesinnung wurde begrüßt, die militärische Ausbildung litt jedoch unter der mangelnden Qualität des Führerkorps der Waffen-SS. Und das ging oft genug zu Lasten des militärischen Niveaus, wie der Historiker René Rohrkamp feststellt. «Die Waffen-SS war sehr gut ausgestattet, vor allem was die Motorisierung ihrer Einheiten betraf. Aber es gab auch – vor allem zu Beginn des Krieges – Enthusiasmus bei Führern und Mannschaften und den unbedingten Willen zur Aktion, der sich jedoch taktisch oft als militärische Stümperei herausstellte. Vom handwerklichen Gesichtspunkt aus war die Waffen-SS keine militärische Elite. Das lag zumindest in den ersten beiden Kriegsjahren nicht an mangelnder Ausbildung, sondern oft an der Unfähigkeit der militärischen Führer. Der Elitebegriff, der heute oft falsch auf die militärischen Fähigkeiten projiziert wird, wurde von der Waffen-SS selbst jedoch vielmehr ideologisch verstanden. So ist die Waffen-SS nicht als militärische, sondern vielmehr aus ihrem Selbstverständnis heraus als ‹weltanschauliche› Elite zu begreifen, die es in ihrer Außendarstellung geschickt verstanden hat, sich auch als militärische Elite darzustellen. Die Ausstattung ihrer Verbände spielte dabei eine wichtige Rolle, demonstrierte sie doch die Modernität der Parteitruppe im Vergleich zu den Heeresdivisionen.»

Die Truppe wuchs schnell. Bereits im Winter 1939 existierten drei volle Divisionen der Waffen-SS. In Polen und in Frankreich demonstrierte die ausschließlich aus Freiwilligen bestehende Waffen-SS, bedingt durch Motorisierung und Rücksichtslosigkeit, ihre Schlagkraft. Bis ins Jahr 1942 hinein verstand sich die Waffen-SS als Elitetruppe, die strenge Anforderungen an die Auswahl ihrer Mitglieder stellte. Der Andrang von Freiwilligen war groß. Einen Eindruck davon, welche Attraktivität die Waffen-SS damals für junge Menschen besaß, vermittelt eine Passage aus den Erinnerungen Franz Schönhubers («Ich war dabei»), des 2005 gestorbenen Gründers der rechten Partei «Die Republikaner»: «Endlich kam der Einberufungsbefehl. Darauf stand als Zielort Berlin-Lichterfelde, der Name der Truppe:

‹Leibstandarte SS Adolf Hitler›. Ich konnte es kaum fassen. Das war für mich die Elite der Elite. Das Tragen des Ärmelstreifens ‹Leibstandarte SS Adolf Hitler› war der sichtbare Ausweis, dass man zur Garde gehört, ein Prätorianer geworden war.»

Doch war man das wirklich? Auch Prof. Wegner hält das für einen Mythos. «Sie war eine selbsternannte Elite. Nach den neusten Forschungen war die Waffen-SS aber nie eine wirkliche Elite.» So hat der Historiker Dr. Jens Westemeier nachgewiesen, dass die militärische Ausbildung an den Junkerschulen mittelmäßig bis schlecht war. Aufgrund der hohen Verluste durchliefen mit fortschreitendem Kriegsverlauf immer weniger Offiziere in der Waffen-SS das, was man unter einer «ordentlichen militärischen Laufbahn» verstand.

Populär war die SS bei jungen Männern auch, weil sie eine Art Eintrittstor in den öffentlichen Dienst mit der Aussicht auf eine spätere Polizeikarriere bildete. Hier kamen zu Kriegsbeginn auch Männer unter, die noch oder bereits jenseits des Wehralters waren. Ab Herbst 1942 setzte die Waffen-SS das Mindestalter ihrer Freiwilligen gar auf 16 Jahre herab, zunächst schickte man die Jugendlichen zum Reichsarbeitsdienst. Die Zustimmungspflicht der Erziehungsberechtigten wurde kontinuierlich ausgehöhlt. Die zunächst von der Reichsjugendführung betriebenen Reichsausbildungslager (RAL) für die militärische Nachwuchsausbildung gingen ab 1943 in die Hoheit der SS über, womit Himmlers Garde den direkten Zugriff auf militärischen Nachwuchs bekam.

Zudem konnten sich «Volksdeutsche» aus den nicht zum Reich gehörenden deutschen Siedlungsgebieten schon früh zur Waffen-SS melden, zu einem Zeitpunkt, als für sie noch keine Dienstpflicht in der Wehrmacht bestand. Im Verlaufe des Krieges wurde die Waffen-SS zu einem Sammelbecken freiwilliger Europäer aller Nationen: Anfang 1945 dienten in ihr insgesamt etwa 60 000 Holländer, 50 000 Ungarn und 43 000 Belgier sowie mindestens 100 000 ehemalige Sowjetbürger. Es gab die indische Legion «Azad Hind» (Freies Indien») mit bis zu 2600 Soldaten und die muslimische 13. Waffen-Gebirgs-Division der SS «Handschar». Von «rassischer Elite» nach nationalsozialistischem Verständnis konnte da längst keine Rede mehr sein.

Konnten sich die jungen Menschen wie Günter Lucks oder Günter Dullni dem Werben der Waffen-SS entziehen? Der Grundsatz der Freiwilligkeit begann bereits 1941 sich aufzuweichen, wie Prof. Wegner betont. «Zwischen der Freiwilligkeit und dem Zwang gab es ein breites Spektrum von Pressionen, die sich im weiteren Kriegsverlauf verschärften», so Wegner, «sodass es gegen Ende des Krieges nur noch schwer möglich war, diesem Werben zu entgehen. Beispielsweise im Rahmen von HJ-Versammlungsabenden.»

Es fällt auf, dass die in diesem Buch porträtierten Veteranen oft aus Sachsen stammten und zur Ausbildung in

Bad Luhatschowitz und dem sich anschließenden Dienst in der Waffen-SS zwangsverpflichtet wurden. Die Historiker Wegner und Rohrkamp halten es für möglich, dass hier besonders eifrige Oberabschnitte aktiv waren, die Minderjährige zwangsverpflichteten, um Soll-Zahlen an Rekruten zu erreichen. Administrativ hatte die SS das Reich in «Oberabschnitte» eingeteilt, die den Wehrkreisen entsprachen. Die Möglichkeiten für die Jugendlichen, sich dem Zugriff der Waffen-SS zu entziehen, waren also gering. Über die Verbrechen der Waffen-SS war damals kaum etwas bekannt.

Bereits kurz nach Kriegsbeginn war die Waffen-SS in unzählige Kriegsverbrechen verstrickt, sowohl an der Front als auch in den besetzten Gebieten. Menschenjagden auf untergetauchte Juden in den Pripjat-Sümpfen und auf dem Balkan gehörten ebenso dazu wie der rücksichtslose «Partisanenkampf», bei dem Waffen-SS-Einheiten vielfach «verbrannte Erde» hinterließen. Auch gab es einen regen Personalaustausch zwischen Waffen-SS und den KZ-Wachmannschaften, vor allem über die Totenkopf-Division der Waffen-SS.

Untrennbar ist der Schrecken, der von der Waffen-SS ausging, bis heute mit dem französischen Ort Oradour-sur-Glane nordwestlich von Limoges verbunden. Nur wenige Tage nach der Invasion der Alliierten in der Normandie löschte hier die 2. SS-Panzerdivision «Das Reich» ein ganzes Dorf aus – als Reaktion auf die Entführung des SS-Sturmbannführers Helmut Kämpfe durch die Résistance, die aber in keinem Zusammenhang mit dem Ort stand. 642 Menschen, darunter 240 Frauen und 213 Kinder, wurden am 10. Juni 1944 niedergemetzelt und verbrannt. Von Oradour blieben nur Ruinen übrig, wie auf den Tag genau zwei Jahre zuvor von der tschechischen Ortschaft Lidice, wo ebenfalls falsche Partisanenbeschuldigungen nach dem Attentat auf den SS-Obergruppenführer Reinhard Heydrich zu einem blindwütigen Rachefeldzug und einem Massaker geführt hatten. Die Liste der Kriegsverbrechen, begangen durch die Waffen-SS, ist lang. Ebenfalls am 10. Juni 1944 wurden im griechischen Dorf Distomon 218 Einwohner von Soldaten der 4. SS-Polizei-Panzergrenadierdivision ermordet, bevor ihr Dorf in Flammen aufging. Der italienische Ort Marzabotto südlich von Bologna war in derselben Zeit von der Panzeraufklärungsabteilung 16 der Panzer-Grenadier-Division «Reichsführer SS» besetzt und wurde 19 Tage lang zum Mordplatz für 1830 Menschen. Es gab Hunderte Oradours.

Es waren diese Verbrechen, die nach dem Krieg den schrecklichen Ruf der Waffen-SS begründeten und dazu führten, dass die Nürnberger Richter die Waffen-SS als verbrecherische Organisation brandmarkten. Am 30. September 1946 verlas Richter Sir Geoffrey Lawrence in Nürnberg folgendes Urteil:

«Der Internationale Militärgerichtshof erklärt die Personengruppe als verbrecherisch im Sinne des Statuts, die offiziell als Mitglieder in die SS aufgenommen wurden ...

einschließlich der Mitglieder der Allgemeinen SS, der Waffen-SS, der SS-Totenkopfverbände und der verschiedenen Polizeiabteilungen.»

Für die beiden deutschen Staaten wurde das zum existenziellen Problem: Wie vermied man, dem Schuldspruch der Alliierten Rechnung tragend, die Ausgrenzung Hunderttausender Leistungsträger, auf deren Loyalität man angewiesen war? Grundlage der Wiedereingliederung ehemaliger Soldaten in die neue, demokratische Gesellschaft der Bundesrepublik war eine «Ehrenerklärung» des Bundeskanzlers Konrad Adenauer am 3. Dezember 1952 vor dem Deutschen Bundestag, die «alle Waffenträger unseres Volkes, die im Namen der hohen soldatischen Überlieferung ehrenhaft zu Lande, auf dem Wasser und in der Luft gekämpft haben», einbezog.

Darin hieß es: «Es muss unsere gemeinsame Aufgabe sein, und ich bin sicher, wir werden sie lösen, die sittlichen Werte des deutschen Soldatentums mit der Demokratie zu verschmelzen. Der kommende deutsche Soldat wird nur dann seiner deutschen und europäischen Aufgabe gerecht werden, wenn er von den Grundprinzipien erfüllt ist, auf denen die Ordnung unseres Staates ruht.» Auf einen Nenner gebracht hieß das: Alle ehemaligen deutschen Soldaten sind unschuldig – bis zum Beweis des Gegenteils, also individueller Schuld.

Damals bestanden in der Öffentlichkeit große Zweifel, ob diese «Ehrenerklärung» auch die etwa 500 000 Veteranen der ehemaligen Waffen-SS einschloss, bei denen große Unsicherheit herrschte, galten sie doch als ehemalige Mitglieder einer Verbrecherorganisation. Zudem hatten sie in alliierter Gefangenschaft besonders gelitten, wurden direkt nach dem Krieg separat untergebracht, waren endlosen Verhören ausgesetzt, waren oft körperlich misshandelt worden und verbrachten zumeist längere Zeit in der Gefangenschaft als die Wehrmachtssoldaten. Für die Alliierten war die Waffen-SS das Feindbild schlechthin, deren Angehörige am eintätowierten Blutgruppenmerkmal einfach zu erkennen waren.

Adenauer stellte in einem Schreiben an den Sprecher der ehemaligen Angehörigen der Waffen-SS, Paul Hausser, zweifelsfrei klar: «Einer Anregung nachkommend, teile ich mit, dass die von mir in meiner Rede vom 3. Dezember 1952 vor dem Deutschen Bundestag abgegebene Ehrenerklärung für die Soldaten der früheren deutschen Wehrmacht auch die Angehörigen der Waffen-SS umfasst, soweit sie ausschließlich als Soldaten ehrenvoll für Deutschland gekämpft haben.»

Aus heutiger Sicht war die Überführung «einer vom NS-Milieu geprägten wenn nicht dominierten Gesellschaft in die neue demokratische Ordnung eine der großen Leistungen Adenauers», betont Prof. Wegner. Hätte man diesen Teil der Gesellschaft für den neuen Staat nicht gewonnen, wäre von ihm eine erhebliche Bedrohung für die demokratische Nachkriegsordnung ausgegangen. Mit bösen Erinnerungen an die nationalen, konservativen, faschistischen Feinde der ersten deutschen Demokratie nach 1919.

Auch die Richter im Nürnberger Prozess hatten im Nachtrag des Urteils festgehalten: Ausdrücklich ausgenommen werden jene Menschen, die «vom Staat auf solche Art in die Reihen der SS gezogen wurden, dass ihnen keine andere Wahl blieb und die keine Verbrechen begingen». Trotz dieser Einschränkung und Adenauers «Ehrenerklärung» – stets blieb ein Verdacht, ein grundsätzliches Misstrauen gegenüber den Veteranen. Die Waffen-SS wurde im Nachkriegsdeutschland von ihrem zuvor gepflegten Selbstverständnis eingeholt: eine Armee aus Parteisoldaten zu sein, rücksichtslose, ideologische Kämpfer, «die für die meisten der heute bekannten größeren Kriegsverbrechen verantwortlich war und zudem meist brutaler vorging als die Wehrmacht», wie der Historiker Dr. René Rohrkamp beschreibt. Was aber nicht bedeutet, dass jedes Mitglied der Waffen-SS auch ein Verbrecher war. So kann die Frage, ob ein Mitglied der Waffen-SS oder auch ein Soldat der Wehrmacht Kriegsverbrechen begangen hat, nie pauschal beantwortet werden. Medien neigen dazu, wie im Fall Grass oder im Fall Tappert, vorschnell jemanden schuldig zu sprechen.

Es war einer der Nachkriegsmythen, die Deutschen glauben zu machen, dass die Wehrmacht und damit die große Mehrheit der deutschen Kriegsteilnehmer «nur ihre soldatische Pflicht getan» hätten, primär gelte die «Unschuldsvermutung». Also sprach man sie kollektiv und pauschal von dem Verdacht frei, Kriegsverbrechen begangen zu haben. Das stand natürlich im Widerspruch zu der Zahl der dokumentierten Kriegsverbrechen.

Gleichzeitig einigte man sich darauf, Kriegsverbrechen überwiegend den vom NS-Staat geschaffenen Institutionen anzulasten, also auch der Waffen-SS. Die SS wurde zum «Alibi einer Nation», wie es der britische Historiker Gerald Reitlinger (1900–1978) in seinem gleichnamigen Buch auf den Nenner brachte: Man erklärte sich pauschal für unschuldig an den Nazi-Verbrechen, indem man den NS-Eliten die alleinige Schuld zuwies.

«Richtig ist, dass die Waffen-SS aufgrund ihrer besonderen Personalzusammensetzung und der Prägung neuer Rekruten durch die Veteranen und SS-Führer schneller Kriegsverbrechen beging, denn sie ging brutaler vor. Das Selbstverständnis als NS-Elite, die ideologische Prägung von Führern und Mannschaften und ihr Transfer in die Praxis begünstigten das», erklärt der Historiker René Rohrkamp. «Gleichzeitig war die Wehrmacht als Institution nicht unschuldig. Sie war ein Teil des Vernichtungskrieges», ergänzt Prof. Wegner.

Gesellschaftlich wurden die Fundamente für die Integration von ehemaligen Nazis bereits in der noch jungen Bundesrepublik gelegt. 1949 und 1954 verabschiedete der Bundestag einstimmig Amnestiegesetze. Die große Mehrheit der von deutschen Gerichten verurteilten Nationalsozialisten wurde auf diese Weise begnadigt. Die Urteile der Spruchgerichte aus der Entnazifizierung der Alliierten wurden aus dem Strafregister gestrichen. Artikel 131 des Grundgesetzes regelte die Wiedereingliederung von Beamten, die 1945 von den Alliierten aus politischen Gründen entlassen worden waren, und von ehemaligen Berufssoldaten in den Öffentlichen Dienst. Auch dieses Gesetz wurde einstimmig verabschiedet. Damit wurden Mitglieder der NSDAP entlastet und amnestiert. Aufgrund des durch das 131er-Gesetz garantierten Wiedereinstellungsanspruchs konnten sie in Positionen in Politik, Justiz und Verwaltung eingestellt werden oder zurückkehren. Der Wiederaufbau rückte in den Vordergrund. Sich daran aktiv zu beteiligen kompensierte das moralische Versagen in der NS-Zeit. Ein expliziter Bruch mit der NS-Vergangenheit schien nicht mehr notwendig. Nicht einmal die höchsten Ämter in Politik, Verwaltung und Justiz blieben Personen vorbehalten, deren Vergangenheit ohne Belastung aus der NS-Zeit war. Im Vorfeld der Wiederbewaffnung Deutschlands wurde die ehemalige Generalität der Wehrmacht umworben, und die Kommandeure nutzten die neue Lage. In der Himmeroder Denkschrift legten sie ihre Vorstellungen von den neuen deutschen Streitkräften nieder und verlangten von den Regierungen der Westmächte eine Ehrenerklärung für die Wehrmacht. Fast alle in den Nürnberger Prozessen verurteilten Verbrecher wurden vom amerikanischen Hochkommissar John McCloy freigelassen und fast alle der zum

Tode Verurteilten begnadigt. Im Gewahrsam blieben nur die Gefangenen des Kriegsverbrechergefängnisses Spandau.

In Ostdeutschland war die Situation grundlegend anders. In der am 7. Oktober 1949 gegründeten DDR war der Antifaschismus Staatsdoktrin, für Personen mit einer SS- oder NSDAP-Vergangenheit gab es keine Zukunft. Zumindest wurde das damals oft betont. Die DDR sah sich als legitimen Erben der progressiven Kräfte deutscher Geschichte, wozu auch die KPD, der kommunistische und sozialistische Antifaschismus zählten. Was dazu führte, dass sich die DDR de facto zu den Siegermächten des 2. Weltkriegs erklären konnte. Mit der Realität hatte das indessen nichts zu tun, denn auch in Ostdeutschland lebten Millionen von Kriegsteilnehmern, Hunderttausende von ehemaligen NSDAP-Mitgliedern und Angehörigen der Waffen-SS. Die ostdeutsche Gesellschaft konnte und wollte all diese nicht ausgrenzen, sie war wie auch die Adenauer-Regierung auf dieses enorme Potential an Leistungsträgern angewiesen. Und im Widerspruch zu allen offiziellen Verlautbarungen hatte sie keine Skrupel, ehemaligen Nazis die Türen sogar bis hinauf in höchste Partei- und Regierungsämter zu öffnen.

Bereits 1948 ergriff die SED auf Empfehlung Stalins die Initiative zur Gründung der National-Demokratischen Partei (NDPD) als Auffangorganisation für «geläuterte» NS-Kader, NSDAP-Mitglieder, Offiziere und andere

«Problemfälle». Doch dabei blieb es nicht, auch die SED selbst öffnete sich den ehemaligen Nazis, in einigen Ortsgruppen der neu gegründeten Einheitspartei machten ehemalige NSDAP-Mitglieder 30 Prozent aus. In einer Zählung gaben 1950/51 174 928 SED-Mitglieder an, zuvor Mitglied der NSDAP oder einer ihrer Organisationen, Offiziere oder Berufssoldaten gewesen zu sein. Allein der Anteil der NSDAP-Mitglieder lag bei bis zu zehn Prozent der Genossen – und war damit höher als in der als offizielles Auffangbecken gedachten NDPD. Und noch 1958 waren im Apparat der SED-Kreisleitung Saalekreis vier ehemalige NSDAP-Mitglieder und je ein Angehöriger der Waffen-SS und der SS tätig. Bei entsprechender Anpassung und SED-loyaler Haltung konnten ehemalige Nazis auch in hohe Ämter aufsteigen. Beispielsweise gehörten 56 der insgesamt 400 der im November 1958 per Einheitsliste gewählten Volkskammer-Abgeordneten vormals der NSDAP an. In diversen SED-Zentralkomitees auf Bezirksebene saßen 27 ehemalige NSDAP-Mitglieder, darüber hinaus hatten acht Minister und neun stellvertretende Minister, darunter zwei stellvertretende Ministerratsvorsitzende, eine entsprechende Vergangenheit.

Der damalige sächsische Innenminister (und spätere erste Staatssicherheitsminister) Wilhelm Zaisser formulierte: «Wir verlangen nicht den negativen Nachweis des nicht Belastetseins, des Neutralseins, sondern den positiven Nachweis des Mitmachens.» Kurzum: Jedes NSDAP-Mitglied, jeder Berufssoldat, jedes Mitglied der Waffen-SS galt als unschuldig – bis zum Beweis des Gegenteils. In der Realität verlangte man Sühne, bot gleichzeitig Vergebung an – und erinnerte nicht an die Vergangenheit des Betreffenden, die man kannte, wenn der Betreffende im Dienste des Systems spurte.

Nur wer sich nicht opportun verhielt, wurde mit seiner Vergangenheit konfrontiert – mitunter vor Gericht. Das sicherte der Partei ein großes, an Erfahrungen reiches Potenzial loyaler, weil verängstigter Mitläufer. Die Angaben beruhen auf Zahlen und Fakten, die Henry Leide in seinem Buch «NS-Verbrecher und Staatssicherheit: die geheime Vergangenheitspolitik der DDR» zusammengetragen hat.

Mehr als die Illoyalität der ehemaligen Nazis fürchtete man jedoch, dass ihre hohe Zahl das öffentlich gepflegte Bild vom konsequenten Antifaschismus beschädigen könnte. Auf Veröffentlichungen wie das 1981 in Westberlin erschienene «Braunbuch DDR» von Olaf Kappelt oder das in den 60er Jahren erschienene Buch «Ehemalige Nationalsozialisten in Pankows Diensten» reagierte das Regime äußerst gereizt. Am spektakulärsten war der Fall des aus Ostpreußen stammenden Panzergenerals Arno von Lenski (1893–1986), der 1940 von Hitler selbst zum ehrenamtlichen Richter am berüchtigten «Volksgerichtshof» berufen wurde und dort an mindestens einem Todesurteil gegen Antifaschisten mitgewirkt hat. Als Generalleutnant wurde er 1943 nach Stalingrad geschickt, geriet in Gefangenschaft, wurde im «Bund deutscher Offiziere» umerzogen, im Sommer 1949 entlassen und im Oktober als Opfer des Faschismus (OdF) anerkannt. Nach 1952 baute er die paramilitärische Kasernierte Volkspolizei (KVP) mit auf und wurde 1958 mit der «Medaille für Kämpfer gegen den Faschismus» ausgezeichnet.

Soziologen der Friedrich-Schiller-Universität Jena um den Wissenschaftler Heinrich Best untersuchten im Rahmen eines von der Deutschen Forschungsgemeinschaft finanzierten Sonderforschungsbereichs über Eliten in Deutschland die Lebensläufe aller SED-Spitzenfunktionäre auf dem Gebiet des heutigen Thüringens. Zwischen 1946 und 1989 waren das insgesamt 441 Personen, von denen 263 vor 1928 geboren waren, also NSDAP-Mitglied gewesen sein könnten. Der Befund: 36 der 263 Männer wurden in der zu vier Fünfteln erhaltenen NSDAP-Mitgliederkartei geführt. Die Quote liegt bei 13,6 Prozent und ist damit höher als der Anteil der NSDAP-Mitglieder an der Gesamtbevölkerung. Überraschenderweise verschwiegen 35 der 36 jetzt durch den Vergleich von NS- und SED-Archivalien entdeckten Mitglieder der NSDAP ihre Vergangenheit auch in SED-internen Unterlagen.

Bleibt als Fazit festzustellen: Trotz aller ideologischen Unterschiede war die Praxis, sich der ehemaligen, mehr oder minder belasteten NS-Parteigänger bzw. Mitläufer zu bedienen, in beiden deutschen Staaten ähnlich. Man verfuhr stets zweigleisig, denn nach außen bekundete man

Distanz zum NS-Regime, gelobte die Ächtung der ehemaligen NS-Eliten und die konsequente Strafverfolgung begangenen Unrechts. Und achtete sehr darauf, dass nicht auffiel, dass man durchaus bereit war, sich des Potenzials der ehemaligen NS-Elite zu bedienen. Das betraf auch die ehemaligen Mitglieder der Waffen-SS. Aber gerade wegen dieser Zweigleisigkeit konnten sie nicht sicher sein, ob sie in den Nachkriegsgesellschaften angenommen oder geächtet wurden. Beides war möglich und fand auch statt, sodass auch die ganz jung von der SS kassierten Kriegsveteranen diesen Teil ihrer Vergangenheit lieber verschwiegen oder gar verdrängten.

Ein Treffen in Leipzig

Leipzig im Herbst 2011. Die alte Handelsstadt hat längst wieder etwas von ihrem alten Glanz, wirkt im milden Licht der Herbstsonne geradezu lebensfroh. Die Straßencafés sind noch geöffnet, überall stehen Tische vor den Restaurants, die Menschen genießen die vielleicht letzten warmen Tage im Jahr.

Im Café «Zum Arabischen Coffe Baum» – Eigenwerbung: eines der ältesten Café-Restaurants Europas – treffen sich an diesem Tag fünf Männer, alle weit jenseits der 80. Es ist eine kuriose Situation: Die fünf Männer haben sich noch nie gesehen, zumindest nicht bewusst. Und falls sie sich doch je begegnet waren, dann vielleicht für den Moment eines Wimpernschlages als Teil einer Armee von Namenlosen. Denn was sie verband und an diesem Septembertag 2011 nach Leipzig führte, war ein Stück gemeinsam erlebte Geschichte. Im Frühjahr 1945 wirkten Peter Hatzsch, Günther Lange, Gerhard Naumann, Günter Lucks und mit ihnen viele andere als Statisten im letzten Kapitel des untergehenden Nazi-Reiches mit, sie waren Teil von Hitlers vergessener Kinderarmee. Dabei war auch Heinz Fischer, der als Kindersoldat des Konopacki-Regiments gemeinsam mit Günter Lucks bei Altlichtenwarth im Einsatz war, später in einem Schützenloch für 36 Stunden verschüttet wurde und von den sowjetischen Siegern zunächst beinahe erschossen, dann aber geborgen und für eine Woche als eine Art «lebende Trophäe» mitgeführt wurde. Nach viereinhalbjähriger Kriegsgefangenschaft in der Sowjetunion kehrte er Ende 1949 heim.

Ihre Erlebnisse in Krieg und Gefangenschaft hatte diese Generation, dieser Jahrgang, lange, viel zu lange, wie ein Geheimnis gehütet. Nur im engsten Kreis der Familie, manchmal nicht einmal dort, sprach man darüber. Egal ob in Ost- oder Westdeutschland, man scheute das «Sich-erklären-Müssen», wissend, dass man von seinem Gegenüber für eine SS-Mitgliedschaft kein Verständnis zu erwarten hatte, auch dann nicht, wenn man als Jugendlicher von Himmlers selbsternannter «Elite-Armee» schlicht einkassiert worden war. Man suchte nicht die Nähe zu ehemaligen Kameraden, man mied sogar den Kontakt, weil die Erinnerungen zu oft schmerzten und man sich als Therapie das Vergessen verordnet hatte. Wenn überhaupt, dann waren es Schicksalsgenossen wie die beiden Leipziger Horst Friedemann und Heinz Schütze, die ein Leben lang ihr Geheimnis teilten, es sich in endlosen Gesprächen von der Seele zu reden suchten.

Diese Zeit des Leugnens, Schweigens, des Verschweigens und Nichtbewältigens endete erst, als die Männer bereits im hohen Alter waren. Die Wiedervereinigung Deutschlands hatte mit einem dicken roten Strich die Nachkriegszeit definitiv beendet. Männer wie Günter Lucks und Günter Dullni begannen, ihre Erlebnisse aufzuschreiben, dachten zunächst nicht an Veröffentlichungen. Jetzt wollte man für seine Angehörigen das dramatischste Kapitel der eigenen Lebensgeschichte festhalten. Vermutlich spielte auch eine Rolle, sich von einer Last zu befreien, die man lange mit sich herumgetragen hatte. Karl-Heinz Gülland nutzte die neu gewonnene Reisefreiheit, um die Orte seiner Gefangenschaft an Italiens Adriaküste, an die er sehr freundliche Erinnerungen hatte, zu besuchen. Die Erinnerungen von Günter Lucks («Ich war Hitlers letztes Aufgebot», 2010 im Verlag Rowohlt erschienen) lösten schließlich einen wahren Sturm an Reaktionen aus. Bis heute hat sich das Buch weit über 60 000-mal verkauft, ist zudem in zwei Fremdsprachen erschienen.

Viele Männer im gleichen Alter, die Ähnliches erlebt hatten, schilderten ihre Erfahrungen, froh darüber, über ähnliche Schicksale zu erfahren. Für viele war es wie eine Befreiung. Spät, beinahe zu spät, meldete sich der letzte Jahrgang der Frontsoldaten des schrecklichen Krieges – Jungen damals, die in der zweiten Jahreshälfte 1928 sowie 1929 geboren wurden. Der bereits im Vorwort erwähnte Ausspruch von der «Gnade der späten Geburt», den der Publizist Günter Gaus, selbst ein «29er», formuliert hatte, verlor plötzlich seine Berechtigung. Denn vielen der damals 15- oder 16-Jährigen war diese Gnade nicht zuteil geworden.

*16) Treffen in Leipzig: Fünf der SS-Kindersoldaten (v. l.):
Gunther Lange, Gerhard Naumann, Günter Lucks, Peter Hatzsch und
Heinz Fischer.*

Ihre Geschichten sind das bislang kaum erzählte letzte Kapitel des schrecklichen Krieges, als die Nazis in einem verzweifelten letzten Akt die Jugend und damit die Zukunft Deutschlands verheizen wollten. Im Unterschied zu vielen Erinnerungen der älteren Soldatenjahrgänge verklärt diese Generation jene Zeit nicht, denn sie empfindet keinen Stolz auf das Erlebte, hat eher ein Bedürfnis der Rechtfertigung: Sie waren keine echten Soldaten, sondern eher verführte und missbrauchte Kinder, die dreifach bestraft wurden – als Kanonenfutter der Nazis, in SS-Uniformen als Prügelknaben der Sieger, als Menschen mit der Bürde einer

SS-Vergangenheit in den beiden Nachkriegsdeutschlands. Sie litten darunter, empfanden das Erlebte als Last. Und sind froh, den Nachgeborenen endlich deutlich machen zu dürfen, dass sie, obwohl sie im Krieg die Uniformen der SS trugen, keine Verbrecher waren. Sondern oft genug selbst Opfer.

Das Treffen der alten Männer in Leipzig, es wurde auch zu einem Anfang – zum Anfang eines intensiven Austausches ihrer Geschichten. Zum Anfang auch der Entstehung des vorliegenden Buches. Denn die Reaktionen auf die 2010 in Buchform erschienenen Erinnerungen von Günter Lucks waren so mannigfaltig, dass den Autoren alsbald klar wurde: Diese Geschichten müssen gesammelt, müssen für die Nachwelt aufbereitet werden.

Für das vorliegende Buch wurden zahllose Gespräche mit den Zeitzeugen in allen Teilen der Republik geführt, reisten die Autoren an die Orte des Geschehens, ins tschechische Lázně Luhačovice, dem früheren Bad Luhatschowitz, Ausgangspunkt für die Schicksale all der hier porträtierten jugendlichen Kriegsteilnehmer. In Niederösterreich und im tschechischen Grenzgebiet an der Thaya begaben sie sich mit der freundlichen Unterstützung des österreichischen Heimatforschers Gerhard Hofmeister auf Spurensuche. Hier sollten im April 1945 die meisten der Jungen im Kampf gegen die aus Osten heranstürmenden Sowjettruppen verheizt werden. Sie fanden dort in Österreich Zeitzeugen, die als Jugendliche entweder selbst einberufen worden waren oder sich an Details aus den schrecklichen Kämpfen in ihren Heimatdörfern erinnerten. Die Recherche zum Buch wurde zu einer Zeitreise in die europäische Vergangenheit. Herausgekommen ist kein Geschichtsbuch, das einen wissenschaftlichen Anspruch erhebt, sondern eine Sammlung von Erzählungen. Weil Geschichte auch von Geschichten lebt.

Danksagung

Allen, die bereit waren, ihre Erlebnisse zu schildern, zudem den beiden Historikern Dr. René Rohrkamp und Prof. Bernd Wegner gilt unser großer Dank. Besonders danken möchten wir Gerhard Hofmeister aus dem niederösterreichischen Katzelsdorf, der sein großes Wissen über die Geschichte der Region mit Harald Stutte geteilt hat. Ohne ihn wäre das vorliegende Buch in dieser Form nie zustande gekommen. Zudem hat Hofmeister sich mit ihm – gestärkt mit Welschriesling und Salzgurken aus eigener Produktion – auf eine zeitraubende Spurensuche im österreichisch-tschechischen Grenzgebiet begeben und uns Nordlichtern die fremde Welt der niederösterreichischen «Kellergassen» nähergebracht.

Auch Gerhard Naumann gilt ein besonderer Dank. Er war es, der das Treffen der «Generation 28»-Soldaten in Leipzig vor Ort organisierte, das einen der Anstöße für dieses Buch gab.

Es waren viele, die uns ihre Geschichten erzählt haben oder auch Teile davon, alles war wertvoll, um dieses Buch schreiben zu können. Nennen möchten wir hier ausdrücklich Heinz Fischer, Günther Lange und Arno Hermann, der zusammen mit Heinz Gülland in Gefangenschaft in

Italien war und inzwischen verstorben ist. Auch an Horst Friedemann erinnern wir uns dankbar. Er hatte vor seinem Tod noch mehr aus seinem Leben erzählen wollen, als in diesem Buch geschildert wird, aber es war ihm nicht mehr vergönnt. Für Günter Lucks ein Zeichen, dass es hohe Zeit gewesen ist, seine eigenen Erlebnisse und die seiner Generation aufzuschreiben.

Harald Stutte dankt seiner Frau Veronique und den beiden Söhnen Elian und Ezra für ihre Geduld während seiner gefühlten Abwesenheit, in der er in die Niederungen der jüngeren deutschen Geschichte abgetaucht war.

Hamburg, 8. November 2013

Bildnachweis

1) Seite 17; 2) Seite 25; 3) Seite 34; 6) Seite 116;
7) Seite 147; 10) Seite 193; 12) Seite 225; 14) Seite 242;
15) Seite 247 und 16) Seite 275 Harald Stutte

4) Seite 92 Günter Dullni

5) Seite 95 Günter Dullni

8) Seite 160 Berthold Meier

9) Seite 185 Günter Lucks

11) Seite 197 Gottfried Heinrich

13) Seite 227 Heinz Schütze

Die unglaubliche Geschichte eines deutschen Kindersoldaten

Das letzte Aufgebot der Nazis bestand zum Teil aus Kindern. Eines davon war der Hamburger Günter Lucks. Im März wird der 16jährige von der SS rekrutiert und an die Front bei Wien geschickt. Das Kind kämpft und tötet – und gerät in russische Gefangenschaft. Eine jahrelange Odyssee durch zahlreiche Lager beginnt. In Tuschimo bei Moskau, seiner letzten Station, erlebt er die erste große Liebe seines Lebens zu einer jungen Russin, die er zeitlebens nicht vergessen wird. Erst 1950 kehrt er nach Hamburg zurück, von jeglicher patriotischer Abenteuerlust geheilt.

Die große Gesamt-darstellung der «Urkatastrophe» des 20. Jahrhunderts

Der Erste Weltkrieg fegte die alte Welt hinweg und haftet seit vier Generationen im kollektiven Gedächtnis. Er veränderte alles. Nicht nur betraten die USA und die Sowjetunion die Weltbühne, auch die Ära der Ideologien und Diktaturen begann, die zu Hitler und schließlich zum Zweiten Weltkrieg mit all seinen Verwerfungen führte.

Herfried Münkler zeigt, wie der Erste Weltkrieg das Ende der Imperien besiegelte, wie er Revolutionen auslöste, aber auch den Aufstieg des Sozialstaats und der Nationalismen förderte. Ein Zeitpanorama von besonderem Rang, das auch zahlreiche Neubewertungen dieses epochalen Ereignisses vornimmt.

ISBN 978-3-87134-720-7

Geschichte

Schönheit und Schrecken – Eine Geschichte des Ersten Weltkriegs, erzählt in neunzehn Schicksalen Peter Englund schildert die Geschichte des Ersten Weltkriegs aus der Perspektive von 19 meist unbekannten Menschen, denen der Krieg etwas Entscheidendes raubt: ihre Jugend, ihre Illusionen, ihre Hoffnung, ihre Mitmenschlichkeit – ihr Leben.

Russlands Krieg 1941–1945 Im Herbst 1941 standen Hitlers Truppen vor Moskau, der Sieg über die Sowjetunion schien nur eine Frage der Zeit zu sein. Eine einzigartige Gesamtdarstellung des Krieges im Osten, der zu den grausamsten der Menschheitsgeschichte zählt.

Der Zweite Weltkrieg Nie zuvor wurden so viele Menschen getötet, so viele Städte vernichtet und Landstriche verwüstet wie im Zweiten Weltkrieg. Der bekannte Historiker John Keegan hat eine anschaulich und packend erzählte Gesamtdarstellung geschrieben, die Maßstäbe setzt.

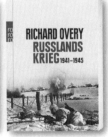

rororo 62623   rororo 62715   rororo 61914

Das für dieses Buch verwendete FSC®-zertifizierte Papier *Lux Cream* liefert Stora Enso, Finnland.